I0896089

MIMOS 2017

MIMOS
Schweizer Theater-Jahrbuch 79–2017
Annuaire suisse du théâtre 79–2017
Annuario svizzero del teatro 79–2017
Annuari svizzer dal teater 79–2017

Herausgegeben von der
Édité sous la direction de la
A cura della
Edì da la

Schweizerischen Gesellschaft für Theaterkultur
Société suisse du théâtre
Società Svizzera di Studi Teatrali
Societad svizra per cultura da teater

Mit Unterstützung von
Avec le soutien de
Con il sostegno di
Cun il sustegn da

Schweizerische Eidgenossenschaft
Confédération suisse
Confederazione Svizzera
Confederaziun svizra
Swiss Confederation

Bundesamt für Kultur BAK
Office fédéral de la culture OFC
Ufficio federale della cultura UFC
Uffizi federal da cultura UFC
Federal Office of Culture FOC

In der gleichen Reihe, beim gleichen Verlag
Dans la même collection, chez le même éditeur
Nella stessa collana, presso lo stesso editore
En la medema collecziun, dal medem editur

MIMOS 2011: Christoph Marthaler
MIMOS 2012: Daniele Finzi Pasca
MIMOS 2013: Yvette Théraulaz (avec DVD)
MIMOS 2014: Omar Porras
MIMOS 2015: Rimini Protokoll
MIMOS 2016: Theater HORA
MIMOS 2017: Ursina Lardi

Die Schweizerische Gesellschaft für Theaterkultur ist Mitglied der SAGW, die ihre Tätigkeit unterstützt
La Société suisse du théâtre est membre de l'ASSH, qui soutient ses travaux
La Società Svizzera di Studi Teatrali è membro della ASSU, che sostiene le sue attività
La Societad svizra dal teater è commembra da l'ASSUS che sustegna sias activitads

Schweizerische Akademie der Geistes- und Sozialwissenschaften
Académie suisse des sciences humaines et sociales
Accademia svizzera di scienze umane e sociali
Academia svizra da scienzas umanas e socialas
Swiss Academy of Humanities and Social Sciences

MIMOS 2017

Ursina Lardi

Herausgegeben von
Édité sous la direction de
A cura di
Edì da

Anne Fournier
Paola Gilardi
Andreas Klaeui
Yvonne Schmidt

Peter Lang

Bern · Berlin · Bruxelles · Frankfurt am Main · New York · Oxford · Wien

Bibliografische Information der Deutschen Nationalbibliothek
Die Deutsche Nationalbibliothek verzeichnet diese Publikation in der Deutschen Nationalbibliografie; detaillierte bibliografische Daten sind im Internet über http://dnb.d-nb.de abrufbar.

Umschlagbild / en couverture / in copertina / Cover
Ursina Lardi als Ljubow Andrejewna Ranjewskaja in *Der Kirschgarten* von Anton Tschechow, Berlin, Sophiensæle, Dezember 2011. Übersetzung und Regie: Thorsten Lensing und Jan Hein
Foto: © David Baltzer / bildbuehne.de

ISSN: 0026-4385
ISBN: 978-3-0343-3217-0
ISBN eBook: 978-3-0343-3218-7

Peter Lang AG, Wabernstrasse 40, 3007 Bern, Schweiz
info@peterlang.com, www.peterlang.com

Gestaltung / Layout: Büro 146. Maike Hamacher, Valentin Hindermann, Madeleine Stahel, Zürich; mit Christa Lanz

Bundesrat Alain Berset

Ursina Lardi bei der Verleihung des Schweizer Grand Prix Theater / Hans-Reinhart-Ring 2017, Lugano, LAC – Lugano Arte e Cultura, 24.05.2017
Foto: © Keystone / TI-Press (Gabriele Putzu)

Bundesrat Alain Berset

Mit leidenschaftlicher Leichtigkeit

Schriftliche Fassung der Rede für Ursina Lardi anlässlich der Verleihung der Schweizer Theaterpreise im LAC – Lugano Arte e Cultura, 24. Mai 2017

Ursina Lardi, die diesjährige Trägerin des Schweizer Grand Prix Theater / Hans-Reinhart-Ring, stammt aus einem kleinen Tal. Dieses erstreckt sich über drei Klimazonen: hochalpin, alpin, subalpin. Sie hat Deutsch erst mit zehn Jahren und als dritte Sprache gelernt, nach Italienisch und Romanisch.

Es ist, als durchziehe das Leitmotiv der Vielfalt bis heute das Berufsleben der Preisträgerin: Sie hat Königin Elizabeth gespielt – und eine obdachlose Alkoholikerin. Sie brillierte als Katharina von Siena – und als Dornröschen.

Spielerischer Wechsel der Identität

Ebenso mühelos, wie sie zwischen Rollen wechselt – also fremde Identitäten zu ihrer eigenen macht – ebenso mühelos wechselt Ursina Lardi zwischen den Medien Theater, Film und Fernsehen. Sie war Elsa im *Lohengrin.* Nicht etwa in der Oper von Wagner, sondern in der des zeitgenössischen sizilianischen Komponisten Salvatore Sciarrino. Sie war König – ja: König! – Ödipus und die Baronin Marie-Louise in *Das weisse Band* von Michael Haneke. Sie war Jelena in Anton Tschechows *Onkel Wanja* und die Chirurgin Gloria Riekert im *Tatort.*

Wir ehren heute eine höchst wandlungsfähige Schauspielerin. Eine Schauspielerin, die Leichtigkeit mit Leidenschaft verbindet. Mehr noch: Schwerelosigkeit mit Radikalität. Und die diese Verbindung spielerisch schafft. Sie entdeckt – für sich und für uns – im Spiel das Existentielle. Und im Existentiellen das Spiel.

«Bin ich weit genug gegangen?»

Der *Wochenzeitung* beschrieb Ursina Lardi ihr Berufsethos einst so: «Es ist immer ein Kampf gegen die Trägheit, ein Kampf gegen die Bequemlichkeit, gegen die Sicherheit. Bin ich weit genug gegangen? Habe ich mich weit genug dorthin bewegt, wo es ungemütlich wird? Dann ist überhaupt erst die Chance da, dass es interessant werden könnte.»[1]

Wir zeichnen eine Schauspielerin aus, die es meisterhaft versteht, die dargestellten Menschen in ihren Tiefen und Untiefen auszuloten. Ursina Lardi ist im Land des Kompromisses aufgewachsen – und hat sich der künstlerischen Kompromisslosigkeit verschrieben.

Es ist wohl kein Zufall, dass die Preisträgerin Bündnerin ist. In Graubünden spielt das Theater eine wichtige Rolle. Die Tradition des Laientheaters ist hier stark verwurzelt. Die katholischen Gegenden pflegen nach wie vor das Passionsspiel, die protestantischen Gegenden die patriotischen Heldenspiele.

Mit der erstmaligen Vergabe von Bundespreisen in der italienischsprachigen Schweiz wird die erste Runde der *Grand Tour* der Schweizer Theaterpreise (nach Winterthur und Genf) beendet. Aber eben: Beendet – das gibt es eigentlich gar nicht in der Schweiz.

Identität im Fluss

Unsere kulturelle Identität ist unabgeschlossen, sie ist fluid und flexibel – oder sie ist *nicht*. Die Vorzüge des Statischen, die Geborgenheit des Starren – sie sind auf den ersten Blick verlockend in einer unsicheren Welt. Aber sie sind eben auch etwas langweilig. Der Aufbruch zum Neuen ist auch immer ein Aufbruch zu uns selbst. Auch das zeigt uns Ursina Lardi.

Wir in der Schweiz haben das Privileg, den grossen europäischen Kulturräumen tief verbunden zu sein – und doch nicht ganz in diesen aufzugehen, stets eine partielle Aussensicht zu bewahren. Das kann besonders wertvoll sein im Hinblick auf Theaterkulturen, die bis heute stark national geprägt sind. Wir in der Schweiz haben die Chance und

1 Vgl. Florian Keller, «Ursina Lardi: Die Metadiva». In: *WOZ – Die Wochenzeitung*, 21.01.2016 (http://www.woz.ch/1603/ursina-lardi/die-metadiva; letzter Zugriff: 30.08.2017).

das Privileg, ihre Begegnung zu inszenieren – und so zur gegenseitigen Erkundung und Befruchtung beizutragen.

Alain Berset, Conseiller fédéral

Entre légèreté et passion

Version écrite du discours en l'honneur d'Ursina Lardi prononcé le 24 mai 2017 à l'occasion de la remise des Prix suisses de théâtre au centre LAC – Lugano Arte e Cultura

Ursina Lardi, la lauréate du Grand Prix suisse de théâtre / Anneau Hans-Reinhart, est originaire d'une petite vallée qui s'étend sur trois zones climatiques, de l'étage subalpin à la haute montagne. Elle a appris l'allemand à dix ans, comme troisième langue après l'italien et le romanche.

Cette diversité, on la retrouve dans sa vie professionnelle : elle a joué la reine Élisabeth, mais aussi une clocharde alcoolique. Elle a incarné avec brio Catherine de Sienne tout comme la Belle au bois dormant.

Une identité joyeusement mouvante

En plus d'interpréter avec aisance les rôles les plus divers – avec la capacité de s'approprier l'identité de ses personnages –, Ursina Lardi passe aisément du théâtre au cinéma et à la télévision. Elle a joué Elsa dans *Lohengrin*. Pas dans l'œuvre de Wagner, mais dans celle du compositeur contemporain d'origine sicilienne Salvatore Sciarrino. Elle a tenu le rôle du roi Œdipe – eh oui ! –, mais aussi de la baronne Marie-Louise dans *Le Ruban blanc* de Michael Haneke. Sans oublier le personnage d'Elena dans *Oncle Vania* d'Anton Tchekhov et la chirurgienne Gloria Riekert dans la série policière allemande *Tatort*.

C'est donc une actrice aux nombreux visages que nous récompensons aujourd'hui. Une actrice qui allie légèreté et passion. Je dirais même désinvolture et radicalité. Et qui joue à merveille de cette apparente contradiction pour révéler – pour nous révéler – l'essence des choses et, a contrario, pour dégager l'aspect ludique qui réside dans les sujets les plus sérieux.

« Suis-je allée assez loin ? »

Dans la *Wochenzeitung,* Ursina Lardi a décrit ainsi son éthique professionnelle : « C'est toujours une lutte contre la paresse, le confort, la sécurité. Suis-je allée assez loin ? Me suis-je suffisamment risquée hors de ma zone de confort ? Car c'est justement là que les choses peuvent devenir intéressantes. »[1]

Nous récompensons aujourd'hui une actrice qui parvient avec maestria à sonder les personnages qu'elle interprète au plus profond de leur âme. Ursina Lardi a peut-être grandi dans le pays du compromis, mais elle refuse toute forme de compromis artistique.

Ce n'est pas un hasard si notre lauréate vient des Grisons, un canton qui possède une tradition du théâtre amateur très vivace. Cette tradition s'incarne aussi bien dans les régions catholiques, qui continuent à privilégier les thèmes religieux, que dans les régions protestantes, qui préfèrent mettre en scène des pièces héroïques aux accents patriotiques.

Cette première remise de prix au Tessin vient clôturer le Grand Tour des Prix suisses du théâtre (après Winterthour et Genève). Enfin, clôturer… Manière de parler puisque dans notre pays, rien n'est jamais vraiment terminé.

Une identité mouvante

Notre identité culturelle est inaboutie. Elle est mouvante et élastique, une sorte d'éternel « work in progress » en somme. Bien sûr, on connaît les avantages de la constance, le confort de l'immuable. Ils peuvent sembler bien séduisants en ces temps d'incertitude globale. Mais aussi un peu ennuyeux. Vouloir et pouvoir s'ouvrir à la nouveauté, c'est aussi pouvoir et vouloir s'ouvrir à soi. C'est aussi ce que nous montre Ursina Lardi.

En Suisse, nous avons le privilège d'être étroitement liés aux grands espaces culturels européens qui nous

1 Cf. Florian Keller, « Ursina Lardi: Die Metadiva », dans *WOZ – Die Wochenzeitung,* 21.01.2016 (http://www.woz.ch/1603/ursina-lardi/die-metadiva ; consulté le 30.08.2017).

entourent. Sans pour autant nous y fondre totalement. Nous conservons ce regard de l'extérieur. Cette distance qui s'avère particulièrement précieuse, notamment dans le paysage théâtral, où les cultures restent fortement nationales. Carrefour de ces cultures, la Suisse a la chance de pouvoir mettre en scène leur rencontre, leur permettant d'échanger, de se nourrir et de s'enrichir l'une l'autre.

Consigliere federale Alain Berset

Leggerezza e passione

Trascrizione della laudatio per Ursina Lardi, tenuta il 24 maggio 2017 al LAC – Lugano Arte e Cultura in occasione della consegna dei Premi svizzeri di teatro

Ursina Lardi, la vincitrice del Gran premio svizzero di teatro / Anello Hans Reinhart 2017, è originaria di una piccola valle con ben tre zone climatiche: quella di alta montagna, quella alpina e quella subalpina. Ha imparato il tedesco quando aveva già dieci anni, e quella di Goethe è la sua terza lingua dopo l'italiano e il romancio.

È come se la diversità fosse una costante della sua vita professionale. L'attrice, infatti, ha vestito con disinvoltura i panni della regina Elisabetta e di una senzatetto alcolizzata, di Caterina da Siena e della Bella Addormentata.

Da un'identità all'altra

Con la stessa disinvoltura con la quale passa da un ruolo all'altro, facendo proprie identità altrui, Ursina Lardi alterna teatro, cinema e televisione. L'abbiamo potuta ammirare nei panni di Elsa nel *Lohengrin* – non l'opera di Wagner, ma la rivisitazione in chiave contemporanea del compositore siciliano Salvatore Sciarrino. Inoltre, è stata Edipo re – sì, proprio *un* re – e la baronessa Marie-Louise nel film *Il nastro bianco* di Michael Haneke. Infine si è calata nelle vesti di Elena, una delle protagoniste di *Zio Vanja* di Anton Čechov, e del medico chirurgo Gloria Riekert nel telefilm poliziesco *Tatort*.

Oggi rendiamo dunque omaggio a un'attrice dall'eclettismo straordinario, un'attrice capace di combinare leggerezza e passione – anzi, di più: levità e radicalità. Un'attrice capace d'interpretare ad arte quest'apparente contraddizione, per scoprire e farci scoprire l'essenza delle cose e la levità che si nasconde persino nei temi più seri.

«Mi sono avventurata abbastanza lontano?»

Tempo fa, sulla *Wochenzeitung*, Ursina Lardi ha descritto la sua etica professionale in questi termini: «È sempre una lotta contro l'inerzia, la comodità e la sicurezza. Mi sono avventurata abbastanza lontano? Ho osato uscire dalla zona di comfort? È lì, infatti, che le cose potrebbero farsi interessanti.»[1]

Oggi ricompensiamo un'attrice che con maestria riesce a sondare le profondità dell'animo dei personaggi che interpreta. Un'attrice che, seppur cresciuta nel Paese del compromesso, non si è mai piegata a nessuna forma di compromesso artistico.

Non è certo un caso che la vincitrice del premio sia grigionese. Nei Grigioni, infatti, il teatro ha sempre avuto un ruolo importante. Basti pensare alla tradizione del teatro amatoriale, che lì ha radici profonde: nelle regioni cattoliche si privilegiano ancora oggi rappresentazioni religiose, mentre in quelle protestanti si mettono in scena eroi con connotazioni patriottiche.

Dopo Winterthur e Ginevra, il *Grand Tour* dei Premi svizzeri di teatro si conclude, per la prima volta, nella Svizzera italiana... Si conclude, per modo di dire, visto che nel nostro Paese quasi nulla è mai definitivamente concluso.

Identità fluida

La nostra identità culturale può essere solo incompiuta, fluida e flessibile – o non esistere. I vantaggi della stabilità, la sicurezza dell'immutabile possono a prima vista essere allettanti, in un'epoca come la nostra, dominata dall'incertezza. A ben guardare, però, sono pure un po' noiosi. Andare alla scoperta del nuovo significa sempre anche andare alla scoperta di se stessi, come ci insegna Ursina Lardi.

In Svizzera abbiamo la fortuna di essere profondamente legati ai grandi spazi culturali europei, ai quali però non aderiamo del tutto, perché manteniamo sempre uno

1 Cfr. Florian Keller, «Ursina Lardi: Die Metadiva», in: *WOZ – Die Wochenzeitung*, 21.01.2016 (http://www.woz.ch/1603/ursina-lardi/die-metadiva; consultato il 30.08.2017).

sguardo parzialmente esterno. Questo sguardo può essere molto prezioso, in particolare nel panorama teatrale, in cui a tutt'oggi le culture rimangono fortemente nazionali. Crocevia di culture diverse, la Svizzera ha il privilegio di metterne in scena l'incontro, contribuendo così alla scoperta le une delle altre e all'arricchimento reciproco.

Federal Councillor Alain Berset

With Passionate Ease

Written Version of the Speech in Honour of Ursina Lardi at the Swiss Theatre Award Ceremony at the LAC Centre – Lugano Arte e Cultura, 24 May 2017

Ursina Lardi, this year's winner of the Swiss Grand Award for Theatre / Hans Reinhart Ring, comes from a small valley that spans three climate zones: high alpine, alpine and subalpine. She only learned German at the age of ten, as a third language after Italian and Romansh.

It is as if the leitmotiv of diversity still runs through the laureate's career: she has played Queen Elizabeth and a homeless alcoholic. She was brilliant as Katharina von Siena and Sleeping Beauty.

Effortless Identity Switching

As effortlessly as she switches between roles – by making an identity her own – she is also able to move between theatre, film and television. She appeared as Elsa in *Lohengrin*. Not in the opera by Wagner, but one by the contemporary Sicilian composer Salvatore Sciarrino. She played the king in *Oedipus the Tyrant* and Baroness Marie-Louise in *The White Ribbon* by Michael Haneke. She was Jelena in Anton Chekhov's *Uncle Vanya* and the surgeon Gloria Riekert in the German crime series *Tatort*.

We are here today to honour an amazingly versatile actress. An actress who not only combines ease and passion, but also weightlessness and integrity. In bringing opposites together in her roles, she explores existential questions through her acting – for herself and for the audience, and she explores acting through existential questions.

"Have I Gone Far Enough?"

Ursina Lardi described her professional ethos in the Swiss weekly newspaper *Wochenzeitung:* "It is a constant struggle against inertia, against getting too comfortable, against security. Have I gone far enough? Have I taken it to the point where I feel uncomfortable? Only then is there a chance for things to get interesting."[1]

We are honouring an actress who masters the art of bringing out the deep and the shallow of the characters she plays. Ursina Lardi grew up in the land of compromise, yet has devoted herself to artistic intransigence.

It is no coincidence that the prize winner is from the canton of Graubünden, where theatre plays a central role. Community theatre is deeply rooted in the canton's tradition: Catholic communities continue to stage the Passion Play, while Protestant communities stage plays about patriotic heroes.

The first-time presentation of federal awards in the Italian-speaking part of Switzerland brings to a close the first round of the *Grand Tour* of the Swiss Theatre Award Ceremony (after Winterthur and Geneva). But then, nothing really ends in Switzerland.

Identity in Flux

Our cultural identity is incomplete; either it is fluid and flexible, or it is *not.* In an uncertain world, there is an appeal to the security afforded by the static and the rigid. But this lack of initiative is also a bit mundane. Venturing something new always entails an element of self discovery. This is also something Ursina Lardi shows us.

In Switzerland, we have the privilege of being connected to the expansive European cultural scene – yet without being subsumed by it; we retain a certain distance. This is of particular value when it comes to theatre culture, which is still to a large extent shaped by national culture. We are fortunate and privileged in Switzerland to stage her encounters – and thus play a part in a mutual voyage of discovery and enrichment.

1 Cf. Florian Keller, «Ursina Lardi: Die Metadiva». In: *WOZ – Die Wochenzeitung,* 21 January 2016 (http://www.woz.ch/1603/ursina-lardi/die-metadiva; last accessed on 30 August 2017).

Mathias Balzer

Mathias Balzer

Laudatio der Jury

zur Verleihung des Schweizer Grand Prix Theater / Hans-Reinhart-Ring 2017 an Ursina Lardi

«‹Ich wechsle das Kleid, und dann geht's los.› So beschreibt Ursina Lardi die Essenz ihres Handwerks. Das Zitat unterstreicht ihre Radikalität und Meisterschaft. Um sie zu erlangen, ist die Bündnerin einen weiten Weg konsequent gegangen. Sie ist seit ihrer Ausbildung in Berlin nicht nur eine gefeierte, mit Preisen geehrte Filmschauspielerin geworden. Sie blieb auch der Bühne treu. Düsseldorf, Hamburg, Hannover – und immer wieder Berlin sind Stationen dieser Laufbahn. Seit 2012 ist Lardi festes Mitglied der Berliner Schaubühne. Die von ihr gespielten Figuren sind fundamental menschlich, weil sie nicht eindimensional, sondern immer widersprüchlich sind: kühl und zerbrechlich, forsch und fragil.»

Mathias Balzer

Laudatio du jury

à l'occasion de la remise du Grand Prix suisse de théâtre / Anneau Hans Reinhart 2017 à Ursina Lardi

« "Je change d'habit et c'est parti." C'est ainsi qu'Ursina Lardi définit l'essence de son travail. Cette citation souligne sa radicalité et sa maîtrise du sujet. Pour la Grisonne, c'est l'aboutissement d'un long parcours dont elle a posé les jalons un à un. Depuis l'époque de sa formation à Berlin, elle est devenue une actrice de cinéma célébrée et couronnée de prix, tout en demeurant également fidèle à la scène. Düsseldorf, Hambourg, Hannovre et encore et toujours Berlin ont été les étapes clés de cette carrière. Depuis 2012, Ursina Lardi est membre permanent de la Schaubühne de Berlin. Les personnages qu'elle incarne sont profondément humains parce que non monolithiques, mais emplis de contradictions, à la fois durs et vulnérables, forts et fragiles. »

Mathias Balzer

Laudatio della giuria

per il conferimento del Gran Premio svizzero di teatro / Anello Hans Reinhart 2017 a Ursina Lardi

«"Mi cambio d'abito e via." È così che Ursina Lardi descrive l'essenza della sua professione. La citazione non fa che sottolinearne la radicalità e la bravura. Per realizzarsi la grigionese ha fatto molta strada, con coerenza, dal momento in cui si è formata a Berlino fino a diventare un'attrice affermata, vincitrice di numerosi premi. Ciononostante è rimasta fedele al teatro. Düsseldorf, Amburgo, Hannover e, a più riprese, Berlino sono le tappe della sua carriera. Dal 2012 Ursina Lardi fa parte della compagnia della Schaubühne berlinese. I personaggi che interpreta sono profondamente umani, perché non vivono in modo unidimensionale, ma mostrano sempre le loro contraddizioni: sono distaccati e sensibili, disinvolti e fragili.»

Mathias Balzer

The Jury's Statement

on the Occasion of Bestowing the Swiss Grand Award for Theatre / Hans Reinhart Ring 2017 to Ursina Lardi

"'I switch costumes and off I go' is how Ursina Lardi describes the essence of her craft. It is a statement that underlines her radicalism and consummate artistry. She has come a long way to where she is today, and has got there through sheer consistency. Since training in Berlin she has not just become a celebrated and award-winning cinema performer: she has also remained true to the theatre. Düsseldorf, Hamburg, Hanover and – many times over – Berlin are the staging posts in her career. Since 2012, Lardi has been a permanent member of the Berlin Schaubühne. The characters she plays are fundamentally human because they are not one-dimensional but always full of contradictions: cool yet delicate, brash yet fragile."

Anne Fournier

Lumineuse exigence

Introduction

29

Strahlender Anspruch

Einleitung

32

Un’esigenza vivida

Introduzione

35

Demanding yet Radiant

Introduction

38

Ursina Lardi in *For the Disconnected Child,* Berlin, Schaubühne am Lehniner Platz, Juni 2013. Koproduktion mit der Staatsoper Berlin; Text, Regie und Choreographie: Falk Richter; Dramaturgie: Florian Borchmeyer, Nils Haarmann, Jens Schroth
Foto: © Arno Declair

Lumineuse exigence

Anne Fournier
co-présidente de la SST et membre du jury fédéral de théâtre

Ce soir-là, dans le LAC de Lugano, elle a pris la parole, lumineuse, pour une fois de plus clamer son amour du théâtre. Couronnée du Grand Prix suisse de théâtre / Anneau Hans Reinhart, Ursina Lardi sait qu'elle doit beaucoup à ceux qui la regardent et l'écoutent. Car elle est une artiste qui exige beaucoup d'elle-même, mais aussi de ses spectateurs. Dans cet ouvrage que la Société suisse du théâtre (SST) consacre à la comédienne, le cinéaste Volker Schlöndorff confie qu'elle « ne tolère aucun spectateur passif. Pour cela, ce qu'elle propose sur scène est trop extrême. »[1] De quoi éclairer le qualificatif de « lionne » que lui attribue le dramaturge Stefan Bläske lorsqu'il se souvient du travail à ses côtés pour *Compassion. L'histoire de la mitraillette* (2016) et *LENINE* (2017), deux mises en scène de Milo Rau dans lesquelles elle incarne les rôles principaux. En plus de vingt ans de carrière, elle a toujours cherché la ligne de front dans son travail, cette volonté de s'exposer pour garantir une interrogation constante, sans ménagement, comme elle le relate dans l'interview accordée à Andreas Klaeui. Serait-ce là aussi l'expression d'une exigence très féminine, notamment nourrie par les discriminations de genre qui – comme le constate Miriam Dreysse dans son article autour des représentations du féminin – occupent encore le monde de la scène ?

Ursina Lardi vit depuis plusieurs années à Berlin, membre de la compagnie de la Schaubühne, avide

1 Voir l'interview de Marcy Goldberg avec Volker Schlöndorff dans le présent ouvrage, p. 276.

d'expériences de jeu multiples et exigeantes, aussi bien sur scène que devant la caméra. Avec ce Grand Prix suisse de théâtre / Anneau Hans Reinhart, le jury fédéral a honoré « sa radicalité et sa maîtrise du sujet. »

L'ouvrage édité par la SST grâce au soutien de l'Office fédéral de la culture (OFC) veut donner relief à cette méticulosité, à cette aspiration à exprimer l'essence du jeu. Il y parvient grâce à des intervenants qui ont souvent côtoyé l'artiste très intimement dans son processus de création. Des intervenants metteurs en scène dont la renommée et la reconnaissance internationales témoignent à leur manière du parcours extraordinaire d'Ursina Lardi. Qu'ils s'appellent Milo Rau, Thomas Ostermeier, ou encore Romeo Castellucci, tous gardent l'image d'une artiste douée d'une grande sensibilité, capable de « pénétrer et habiter la phrase avec une extrême précision. »[2] Tous insistent, dans leurs contributions, sur le respect et l'admiration que suscitent son talent, sa rencontre avec les personnages voire avec les approches qu'en proposent les metteurs en scène.

Au-delà de ces complicités d'exception, ce numéro de la collection *MIMOS. Annuaires suisses du théâtre* ouvre sur de multiples champs d'exploration et d'analyse qu'offre la présence scénique d'Ursina Lardi. Ainsi Andreas Wilink décrit-il son interprétation du rôle-titre dans *Salome* de Einar Schleef, en 1997, comme « le big-bang de sa carrière théâtrale. »[3] Peter M. Boenisch, pour sa part, analyse minutieusement l'esthétique de son jeu d'actrice dans *La Vipère* et *Le mariage de Maria Braun,* deux pièces montées par Thomas Ostermeier en 2014, et les lectures « sociologiques » qu'elles suggèrent. La critique Barbara Villiger Heilig relève la connivence très particulière entre l'actrice et le metteur en scène Thorsten Lensing, une connivence que sert cette capacité à faire respirer côte à côte robustesse et fragilité.

Enfin, c'est un autre pan de sa carrière, celui construit sur les écrans, qui intrigue la directrice des Journées cinématographiques de Soleure Seraina Rohrer. Avec David Wegmüller, elle co-signe une analyse très fine de cette capacité inédite, devant la caméra, à entrer dans le corps de ses personnages sans aucune théâtralité.

2 Voir la version en français de l'entretien de Paola Gilardi avec Romeo Castellucci dans cet ouvrage, p. 189.

3 Voir l'article d'Andreas Wilink dans le présent ouvrage, p. 253.

Ce numéro de *MIMOS* retrace avec les différents points de vue de ses rédactrices et rédacteurs un parcours d'ores et déjà impressionnant. Nous laisserons le dernier mot à la plus haute instance politique suisse en matière de culture, le Conseiller fédéral Alain Berset dont le discours prononcé le 24 mai 2017 à Lugano, lors de la remise du prix, est publié dans cet ouvrage : « Ursina Lardi a peut-être grandi dans le pays du compromis, mais elle refuse toute forme de compromis artistique. »[4]

Une exigence, une nécessité.

4 Voir la version en français du discours du Conseiller fédéral Alain Berset dans cet ouvrage, p. 15.

Strahlender Anspruch

Anne Fournier
Co-Präsidentin der SGTK und Mitglied der eidgenössischen Jury für Theater

An diesem Abend im LAC Lugano ging sie ans Mikrofon, strahlend, um einmal mehr ihre Liebe zum Theater zu bekräftigen. Als Preisträgerin des Schweizer Grand Prix Theater / Hans-Reinhart-Ring weiss Ursina Lardi, dass sie denen viel verdankt, die ihr zuschauen und zuhören. Denn sie ist eine Künstlerin, die sich selbst viel abverlangt, aber auch ihrem Publikum. In dem vorliegenden Sammelband, den die Schweizerische Gesellschaft für Theaterkultur (SGTK) Ursina Lardi widmet, bringt es der Filmemacher Volker Schlöndorff auf den Punkt: «Sie duldet keinen passiven Zuschauer. Dafür ist das, was sie auf der Bühne bietet, zu extrem.»[1] Von daher lässt sich auch das Attribut der «Löwin» verstehen, das der Dramaturg Stefan Bläske der Schauspielerin gibt, wenn er sich an die gemeinsame Arbeit bei *Mitleid. Die Geschichte des Maschinengewehrs* (2016) und *LENIN* (2017) erinnert, zwei Inszenierungen von Milo Rau, in denen Ursina Lardi die Hauptrolle spielt. In mehr als zwanzig Jahren ihrer Karriere wollte sie als Künstlerin immer «an die Front» gehen, sich exponieren, um sich in Frage zu stellen, wie sie im Interview mit Andreas Klaeui bekennt. Vielleicht zeigt sich darin auch ein explizit weiblicher Anspruch, in Reaktion auf notorische Gender-Diskriminierungen im Bühnenalltag, wie sie Miriam Dreysse in ihrem Textbeitrag über Weiblichkeitsbilder im Theater der Gegenwart aufzeigt?

1 Siehe das Interview von Marcy Goldberg mit Volker Schlöndorff in diesem Band, S. 276.

Ursina Lardi lebt seit vielen Jahren in Berlin, sie zählt zum Ensemble der Berliner Schaubühne, sie sucht auf der Bühne und vor der Kamera vielfältige und herausfordernde Spielerfahrungen. Mit dem Schweizer Grand Prix Theater / Hans-Reinhart-Ring würdigt die eidgenössische Jury «ihre Radikalität und Meisterschaft.»

Der vorliegende Band, den die Schweizerische Gesellschaft für Theaterkultur mit Unterstützung des Bundesamtes für Kultur herausgibt, will diese künstlerische Gewissenhaftigkeit, diesen Willen zum essentiellen Ausdruck herausstreichen. Mit Beiträgen von Autorinnen und Autoren, die Ursina Lardi in ihrem Arbeitsprozess oftmals sehr nah standen; Regisseure, deren Renommee und internationale Bekanntheit ihrerseits Zeugnis ablegt von der aussergewöhnlichen Laufbahn Ursina Lardis. Sei es Milo Rau, Thomas Ostermeier oder Romeo Castellucci: sie alle vermitteln das Bild einer ungemein sensiblen Künstlerin, mit der Begabung, «einen Satz zu durchdringen und ihn sich vollends anzueignen.»[2] Sie betonen in ihren Beiträgen allesamt ihren Respekt und ihre Bewunderung für Ursina Lardis Befähigung, sich auf Figuren und Regie-Haltungen einzulassen.

Neben diesen aussergewöhnlichen Arbeitszusammenhängen will der vorliegende Band der Reihe *MIMOS. Schweizer Theater-Jahrbuch* auch einen forschenden Blick auf Ursina Lardis schauspielerische Präsenz in Einzeldarstellungen werfen. So beschreibt Andreas Wilink ihre Interpretation der Titelrolle in Einar Schleefs *Salome,* 1997, als den «Urknall ihrer Theaterarbeit.»[3] Peter M. Boenisch wiederum analysiert einlässlich Ursina Lardis Spielästhetik und die «soziologische» Lesart in den Ostermeier-Inszenierungen *Die kleinen Füchse* und *Die Ehe der Maria Braun,* die beide 2014 zur Premiere kamen. Barbara Villiger Heilig erinnert an die in einzigartiger Vertrautheit entstandenen Theaterarbeiten mit Thorsten Lensing, eine Vertrautheit, die im Spiel die Koexistenz des Fragilen mit dem Robusten zulässt.

Ihrer Kinokarriere schliesslich widmet sich Seraina Rohrer, die Direktorin der Solothurner Filmtage. Mit David Wegmüller untersucht sie Ursina Lardis Filmrollen und ihr Talent, vor der Kamera das Wesen ihrer Figuren auf eine direkte, unmittelbare Weise zu enthüllen.

2 Siehe die deutschsprachige Version des Gesprächs von Paola Gilardi mit Romeo Castellucci in diesem Band, S. 180.

3 Siehe den Beitrag von Andreas Wilink im vorliegenden Band, S. 253.

Der vorliegende Band der Reihe *MIMOS* vergegenwärtigt aus den unterschiedlichen Blickwinkeln seiner Autorinnen und Autoren eine jetzt schon eindrucksvolle künstlerische Karriere. Überlassen wir das letzte Wort der höchsten politischen Instanz in kulturellen Dingen in der Schweiz, Bundesrat Alain Berset, dessen Rede anlässlich der Preisverleihung am 24. Mai 2017 in Lugano hier ebenfalls zu lesen ist: «Ursina Lardi ist im Land des Kompromisses aufgewachsen – und hat sich der künstlerischen Kompromisslosigkeit verschrieben.»[4]

Ein Anspruch, eine Notwendigkeit.

4 Siehe die deutschsprachige Version der Rede von Bundesrat Alain Berset in diesem Band, S. 12.

Un'esigenza vivida

Anne Fournier
copresidente della SSST e membro della giuria federale del teatro

Quella sera, al LAC di Lugano, ha preso la parola per una vivida dichiarazione d'amore verso il teatro. Insignita del Gran Premio svizzero di teatro / Anello Hans Reinhart 2017, Ursina Lardi è consapevole di dovere molto a chi la guarda e l'ascolta. È infatti un'artista molto esigente con se stessa, ma anche con i propri spettatori. Nel presente volume, che la Società Svizzera di Studi Teatrali (SSST) dedica all'attrice, il cineasta Volker Schlöndorff confida che Ursina Lardi «non tollera spettatori passivi. Per questo, ciò che propone in scena è troppo estremo.»[1] Si capisce dunque perché il drammaturgo Stefan Bläske la paragoni a una «leonessa», quando rievoca la collaborazione nell'ambito di due produzioni di Milo Rau, *Compassione. La storia della mitragliatrice* (2016) e *LENIN* (2017), in cui Ursina Lardi interpreta il ruolo principale. Come lei stessa rivela nell'intervista concessa ad Andreas Klaeui, in oltre vent'anni di carriera ha sempre cercato di porsi in prima linea sul piano artistico, di esporsi, per mettersi costantemente in discussione, senza riserve. Potrebbe trattarsi di un'esigenza prettamente femminile, in reazione alle discriminazioni di genere che – come constata Miriam Dreysse nel suo contributo sulle rappresentazioni della femminilità nel teatro contemporaneo – sono tutt'ora presenti nella scena teatrale?

Ursina Lardi vive da molti anni a Berlino e fa parte della compagnia stabile della Schaubühne. In scena come

1 Cfr. l'intervista di Marcy Goldberg a Volker Schlöndorff nel presente volume, p. 276.

davanti alla telecamera, è avida di esperienze impegnative e variegate. La giuria federale del teatro le ha attribuito questo Gran Premio svizzero di teatro / Anello Hans Reinhart per «la radicalità e la bravura.»

Il presente volume, pubblicato con il sostegno dell'Ufficio federale della cultura (UFC), intende mettere in luce l'accuratezza e l'aspirazione di Ursina Lardi a cogliere l'essenza dell'arte della recitazione. A tale scopo la SSST si avvale dell'apporto di personalità che hanno spesso affiancato l'artista nel suo processo creativo. Registi di fama internazionale del calibro di Milo Rau, Thomas Ostermeier o Romeo Castellucci testimoniano, ognuno a modo proprio, lo straordinario percorso artistico di Ursina Lardi: tutti restituiscono l'immagine di un'attrice estremamente sensibile, dotata di «una grande capacità di penetrare e abitare la frase.»[2] Tutti, nei loro contributi, esprimono il rispetto e l'ammirazione per il talento di Ursina Lardi e per il suo particolare modo di confrontarsi con i personaggi e con i diversi approcci registici.

Oltre a queste collaborazioni d'eccezione, il presente numero di *MIMOS. Annuari svizzeri del teatro* getta uno sguardo sui molteplici percorsi esplorativi che offre il lavoro artistico di Ursina Lardi. Andreas Wilink definisce ad esempio l'interpretazione, nel 1997, del ruolo principale in *Salome* di Einar Schleef come «il big bang della sua carriera teatrale.»[3] Peter M. Boenisch analizza invece minuziosamente – sul piano estetico e in relazione alla lettura sociologica che suggeriscono – le donne che impersona in *Piccole volpi* e *Il matrimonio di Maria Braun,* due pièces messe in scena da Thomas Ostermeier nel 2014. Il critico teatrale Barbara Villiger Heilig evidenzia la particolare complicità artistica di Ursina Lardi con il regista Thorsten Lensing, che si esprime nella capacità di dare vita a personaggi al contempo forti e fragili.

La direttrice delle Giornate del cinema di Soletta, Seraina Rohrer, prende in esame, insieme a David Wegmüller, le tappe più importanti della carriera cinematografica di Ursina Lardi. Nel loro contributo analizzano lo straordinario talento dell'attrice di calarsi nei vari ruoli in modo del tutto naturale.

2 Cfr. l'intervista di Paola Gilardi a Romeo Castellucci in questo volume, p. 172.

3 Cfr. l'articolo di Andreas Wilink nel presente volume, p. 253.

L'edizione 2017 di *MIMOS* illustra, da diverse angolazioni, un percorso artistico impressionante. In conclusione, cediamo la parola alla più alta istanza politica svizzera in ambito culturale, il Consigliere federale Alain Berset, il cui discorso, tenuto il 24 maggio 2017 a Lugano in occasione della cerimonia di consegna dei Premi svizzeri di teatro, è riportato nel nostro libro: Ursina Lardi è «un'attrice che, seppur cresciuta nel Paese del compromesso, non si è mai piegata a nessuna forma di compromesso artistico.»[4]

Un'esigenza, una necessità.

4 Cfr. la versione italiana della laudatio del Consigliere federale Alain Berset in questo volume, p. 18.

Demanding yet Radiant

Anne Fournier
Co-president of the SATS and Member of the Federal Theatre Jury

That evening, at the LAC centre in Lugano, she spoke radiantly and proclaimed once again her love of theatre. Ursina Lardi, crowned with the Swiss Grand Award for Theatre / Hans Reinhart Ring, knew that she owes a great deal to those who watch her and listen to her; for she is an artist who demands a great deal of herself – but also of her audience. In the present volume, which the Swiss Association for Theatre Studies (SATS) has devoted to this actress, the film-maker Volker Schlöndorff confides that "she does not tolerate passive onlookers, since what she has to offer on stage is too extreme for any such passivity."[1] This helps to explain the term "lioness" that the dramaturge Stefan Bläske assigns to her when he remembers working alongside her on *Compassion. The History of the Machine Gun* (2016) and *LENIN* (2017), two productions by Milo Rau in which she takes on the principal roles. Over a career that has already lasted more than twenty years, she has always looked in her work for the front lines, thus showing a willingness to leave herself exposed in order to guarantee a constant questioning, point-blank, as she describes it in the interview given to Andreas Klaeui. Here too, would this be the expression of a highly feminine kind of demand, fuelled in particular by the gender-based discrimination that (as Miriam Dreysse points out in her article about representations of the feminine) still inhabits the world of the stage?

1 See the interview with Volker Schlöndorff by Marcy Goldberg in the present volume, p. 276.

For many years Lardi has been living in Berlin, now as a member of the ensemble at the Schaubühne; she remains eager for performing experiences that are multiple and demanding, on the stage as well as in front of the camera. With this Swiss Grand Award for Theatre / Hans Reinhart Ring, the Federal Theatre Jury has honoured "her radicalism and consummate artistry."

This volume, published under the direction of SATS thanks to the support of the Federal Office of Culture (FOC), aims to highlight the meticulousness of Lardi and her aspiration to express the essence of performance. The volume manages to do so thanks to contributors who have often become quite intimately acquainted with the artist in her creative processes. Some contributors are directors whose international renown and recognition testify in their own way to Lardi's extraordinary trajectory. Whether they are called Milo Rau, Thomas Ostermeier or indeed Romeo Castellucci, all of them retain the image of an artist who is endowed with a great sensitivity and is able "to penetrate and inhabit sentences."[2] All of them insist, in their contributions, on the respect and admiration prompted by her talent and by her encounter with the characters – or with the approaches to them that are given by the directors.

Looking beyond these exceptional personal connections, this issue in the series *MIMOS. Swiss Theatre Yearbook* opens out onto some of the multiple fields of exploration and analysis that Lardi's stage presence offers us. Andreas Wilink thus describes her performance in the title role of Einar Schleef's *Salome,* in 1997, as "the Big Bang of her theatrical career."[3] Peter M. Boenisch, for his part, minutely analyses the aesthetics of her acting performance in *The Little Foxes* and *The Marriage of Maria Braun,* two plays staged by Thomas Ostermeier in 2014, and the sociological interpretations that they inspire. The critic Barbara Villiger Heilig takes note of the quite particular complicity between the actress and the director Thorsten Lensing, a complicity that is aided by their ability to make robustness and fragility breathe together, side by side.

Finally, it is another facet of Lardi's career, namely the one created on the screen, that intrigues the director

2 See the English version of the interview with Romeo Castellucci by Paola Gilardi in this volume, p. 198.

3 See the article by Andreas Wilink in the present volume, p. 253.

of the Solothurn Film Festival, Seraina Rohrer. Together with David Wegmüller, she has written a very fine analysis of Lardi's unprecedented ability to enter into the body of her characters, in front of the camera, without the slightest theatricality.

This issue of *MIMOS,* with the different points of view of its various authors, retraces a trajectory that is already very impressive. Here we will leave the final word to the highest political authority in Switzerland with regard to culture, namely the Federal Councillor Alain Berset, whose speech, given on 24 May 2017 in Lugano when this year's prize was awarded, is published in this volume: "Ursina Lardi grew up in the land of compromise, yet has devoted herself to artistic intransigence."[4]

Her approach is both demanding and necessary.

4 See the English version of the speech by Federal Councillor Alain Berset in this volume, p. 21.

Thomas Ostermeier

Ursina Lardi in der Titelrolle mit Robert Beyer und Sebastian Schwarz in *Die Ehe der Maria Braun,* nach Rainer Werner Fassbinder, Berlin, Schaubühne am Lehniner Platz, Juli 2014. Regie: Thomas Ostermeier; Drehbuch: Peter Märthesheimer und Pea Fröhlich; Dramaturgie: Julia Lochte und Florian Borchmeyer
Foto: © Arno Declair

Thomas Ostermeier

Sie weiss, warum sie auf der Bühne steht

Es war im Jahr 1992, auf einer der winzigen Probebühnen der Hochschule für Schauspielkunst «Ernst Busch» in Berlin: Durch die Fenster blickte man auf das ehemalige Kabelwerk Ost-Berlin und eine zersiedelte Industrielandschaft, eingerahmt von Wohnblöcken. Hierhin, so hatten es die DDR-Oberen beschlossen, sollte die Ausbildungsstätte für Schauspielerinnen und Schauspieler im sozialistischen Teil Deutschlands verlegt werden, damit diese die Realität der arbeitenden Klasse beständig vor Augen hätten. Auf dieser Probebühne: das Grundlagenseminar von Gertrud-Elisabeth Zillmer. Angehende Schauspielerinnen und Schauspieler – darunter Ursina Lardi – und ich als Regieschüler waren dabei. Ursina hatte damals auf den ersten Blick etwas Unscheinbares, strahlte zugleich eine innere Kraft aus, die von einem unbedingten Willen auszugehen schien und von der Überzeugung, hier am rechten Ort zu sein. Obwohl aus einem eher begüterten Hintergrund in der Schweiz stammend, war sie – so erfuhr ich später – bereits auch mit dem Elend der Welt in Kontakt gekommen. Das spürte man. Sie hatte aus eigenem Antrieb beschlossen, nach der Matura mehrere Monate in Lateinamerika zu verbringen und in Entwicklungshilfeprojekten zu arbeiten. Und jetzt war sie, staunend, in dieser Welt des Ost-Theaters gelandet, die ihr – wie sie mir gestand – fremd war. Mit ihren grossen blauen Augen und ihrer schnellen Auffassungsgabe sog sie alles auf, was man hier lernen konnte. Sie stürzte sich in die Theaterarbeit. In der soeben zusammengebrochenen DDR hätte man sie mit Sicherheit als «Leistungsträgerin» bezeichnet.

Ihr unkorrumpiertes Wesen und ihre Eigenart, mit frischem Blick auf dramatische Situationen zuzugehen, um sie sich zu erspielen, machten ihre Besonderheit aus.

Schon in den ersten Monaten verwandelte sie sich. Aus der unscheinbar wirkenden Person wurde eine Schauspielerin, die trotz ihres zarten Körpers den Figuren grosse Wucht verleihen konnte: eine Schauspielerin, die man idealerweise als Jeanne d'Arc gesehen hätte. Sie hatte die Fähigkeit, ihren Figuren eine zusätzliche Dimension zu geben – als hätten sie eine Ahnung vom Jenseits. Sehr schnell galt sie an der Schule als besondere Begabung. Stets suchte sie den Kontakt zu den Regiestudierenden und besonders auch zu mir. Vielleicht lag es daran, dass wir beide eine Vergangenheit hatten, die von der Sehnsucht nach politischer und sozialer Veränderung geprägt war. Beide wollten wir diese Erfahrungen auf der Bühne verarbeiten. In der gemeinsamen szenischen Arbeit suchte sie immer nach dem aussergewöhnlichsten Ansatz, den grössten Herausforderungen. Auch ihre Welt-Skepsis erhielt sie sich: Sie drückte sich in ständigem Hinterfragen und kreativem Zweifel an den gefundenen Lösungen aus.

Wir wollten möglichst schnell in «richtigen» Inszenierungen zusammenarbeiten. Es kam 1995 dazu in meiner Praktikumsinszenierung, *Die Unbekannte* von Alexander Blok. Ich dachte, ich tue ihr einen grossen Gefallen, wenn ich sie in der Rolle eines jungen Mannes besetze, die sie auch bravourös spielte. Allerdings war sie etwas traurig darüber, dass ich ihr in unserer ersten grösseren Arbeit «nur» eine Hosenrolle gab. Mir schien es aber genau richtig, da dieser Junge von idealistischem Veränderungswillen und ungläubigem Staunen über die Vorgänge in der Welt getragen war. Von Ursina war geradezu artistische Virtuosität im körperlichen Spiel gefordert. Sie kam dem mit Beharrlichkeit und Konzentration nach. Ich erinnere mich an einen Moment, als sich in dem surrealistischen Stück die ganze Kneipe, in der der erste Akt spielte, in das Innere eines Schiffskörpers verwandelte. Das Schiff geriet in einen Sturm: Die Personen wurden von der rechten Seite des Raums zur linken gespült, und Ursina Lardi musste über drei Reihen einer Menschenpyramide in die Höhe steigen, dann liess sie sich, als wäre sie die Schaumkrone einer Welle und ohne zu wissen, ob jemand hinter ihr stand, um sie aufzufangen, rücklings aus drei Metern Höhe in die Arme ihrer Partner fallen. Es war für sie keine Frage, dass sie das schaffen würde und sich jedes

Mal hundertprozentig auf ihre Kollegen verlassen konnte. Bei den Proben für diesen spektakulären Moment war sie immer ganz bei sich, nie ängstlich oder nervös. Sie meisterte ihn wie eine schwierig zu lösende Mathematik-Aufgabe.

Glauben an das Unerprobte

Ursina Lardi hat sich über die Jahre in künstlerischer Hinsicht stets entwickelt. In Einar Schleefs *Salome* wandelte sie sich 1997 zu einer aussergewöhnlichen Bühnenerscheinung.[1] Die Scheu und die Skepsis der Ausbildungsjahre hatte sie gänzlich hinter sich gelassen. Selbstbewusst stand sie in diesem mit nichts zu vergleichenden Schleefschen Kosmos auf der Bühne. Sie hatte sich nicht nur Schleefs radikalen Kunstwillen einverleibt, sondern war bereit, ihn in jedem Moment auf der Bühne bis aufs Äusserste zu verteidigen.

Obwohl sie mit einem der ganz Grossen des damaligen Theaters gearbeitet hatte, suchte sie immer wieder das Experiment und die Zusammenarbeit mit jungen Regisseuren. Aus Überzeugung ging sie zu Robert Schuster und Tom Kühnel im Frankfurter Theater Am Turm. Ihr künstlerischer Weg ist – gespeist aus den politischen Erfahrungen in Lateinamerika – vom Willen geprägt, *gemeinsam* mit einer Gruppe an Projekten zu forschen und zu arbeiten. So erklärt sich auch ihr Interesse für die experimentierfreudigen, nicht im konventionellen Stadttheater arbeitenden Regisseure wie Thorsten Lensing, mit dem eine lange Zusammenarbeit besteht.[2]

Dass sie seit fünf Jahren an der Schaubühne festes Ensemblemitglied ist, macht mich sehr glücklich. Ich erinnere mich, dass wir uns in den Jahren davor immer wieder begegnet sind, und sie – ähnlich wie ich – überrascht war, dass sie immer noch nicht fest an der Schaubühne engagiert wurde. Sie sagte zu mir: «Ich gehöre doch hierhin.» Auch in unserem Arbeitskontext sucht sie immer wieder die Herausforderung durch experimentierfreudige Regisseure, wie letztes Jahr in der Arbeit mit Milo Rau zu *Mitleid. Die Geschichte des Maschinengewehrs.*[3]

1 Zu Ursina Lardis Interpretation in Einar Schleefs *Salome* siehe den Beitrag von Andreas Wilink im vorliegenden Band, S. 253–257.

2 Zur Zusammenarbeit von Ursina Lardi mit Thorsten Lensing siehe den Beitrag von Barbara Villiger Heilig in diesem Band, S. 246–249.

3 Siehe dazu die Beiträge von Milo Rau und Stefan Bläske im vorliegenden Band, S. 130–138 und 121–127.

Natürlich bin ich besonders froh über die beiden Arbeiten, die Ursina Lardi und ich bis heute an der Schaubühne zusammen geschaffen haben, *Die kleinen Füchse* und *Die Ehe der Maria Braun.*[4] Ursina Lardi und mich eint aufgrund unserer gemeinsamen Anfänge in der Schauspielschule ein starkes Band. Wir verstehen uns oft ohne Worte; und wenn wir uns nicht verstehen, brauchen wir auch dafür meist keine Worte – ich spüre sofort, wenn sie mit einer szenischen Lösung nicht zufrieden ist. Ich habe das Gefühl, dass wir beide nach wie vor wissen, *warum* wir zum Theater gegangen sind. Und warum es richtig ist, dass wir jetzt an diesem Ort zusammenarbeiten. Auch wenn sie sich immer wieder häutet und die Verwandlung zur Grundkonstante ihrer Spielkunst macht, hoffe ich, dass sie unserem Arbeitszusammenhang noch viele Jahre erhalten bleibt. Die wichtigste Eigenheit von Ursina Lardi besteht mit Sicherheit darin, dass man immer das Gefühl hat, zu wissen, warum sie auf der Bühne steht. Man muss es ihr nicht erklären. Diese Frage hat sie für sich selbst geklärt.

4 Siehe dazu den Beitrag von Peter M. Boenisch in diesem Band, S. 206–211.

Thomas Ostermeier

Elle sait pourquoi elle est sur scène

C'était en 1992, dans l'une des minuscules salles de répétition de l'Académie des arts dramatiques « Ernst Busch » à Berlin : par la fenêtre, on pouvait voir l'ancienne câblerie de Berlin-Est et un paysage industriel encadré de barres d'immeubles. Les dirigeants de la RDA avaient décidé que dans la partie socialiste de l'Allemagne, le centre de formation des comédiennes et des comédiens devait se situer là, pour que les étudiants aient continuellement devant leurs yeux la réalité de la classe ouvrière. Dans cette salle de répétition : le séminaire de base de Gertrud-Elisabeth Zillmer avec des futurs comédiens et comédiennes – dont Ursina Lardi – et moi, étudiant metteur en scène. A l'époque, au premier coup d'œil, Ursina avait l'air un peu insignifiant, mais elle dégageait aussi une force intérieure semblant sortir d'une volonté profonde et de la conviction de se trouver au bon endroit. Bien que provenant d'un milieu plutôt aisé en Suisse, elle avait déjà rencontré – je l'ai appris plus tard – la misère du monde. On le sentait. Elle avait décidé de son propre chef, après la maturité, de passer plusieurs mois en Amérique latine et de travailler pour des projets d'aide au développement. Et là, maintenant, de façon surprenante, elle avait atterri dans cet univers théâtral de l'Est, qui – comme elle me l'a confessé – lui était étranger. Avec ses grands yeux bleus et sa capacité à comprendre rapidement les choses, elle a exploité tout ce que l'on pouvait y apprendre. Elle a plongé dans le travail scénique. Dans la RDA qui venait alors de s'effondrer, on l'aurait certainement désignée comme un « travailleur performant ».

Son caractère intègre et sa façon particulière de s'immerger dans des situations dramatiques avec un regard neuf faisaient sa singularité.

Dès les premiers mois, elle s'est transformée. La personne qui semblait insignifiante est devenue une actrice qui, malgré son corps frêle, pouvait insuffler beaucoup de puissance aux personnages : une comédienne que dans l'idéal on aurait imaginée en Jeanne d'Arc. Elle arrivait à donner à ses personnages une dimension supplémentaire – comme s'ils avaient une idée de l'au-delà. Très vite, elle a eu à l'école la réputation d'être dotée d'un talent particulier. Elle cherchait constamment le contact avec les étudiants metteurs en scène, notamment avec moi. Peut-être parce que notre passé était empreint de désirs de changements politiques et sociaux. Nous voulions tous les deux porter ces expériences sur la scène. Dans notre travail, elle cherchait toujours les approches les plus extraordinaires et les plus grands défis. Elle gardait aussi son scepticisme face au monde, parvenant à trouver des réponses par des remises en question permanentes et des doutes dans la création.

Nous voulions travailler ensemble dès que possible dans de « vraies » mises en scène. C'est arrivé en 1995 avec ma mise en scène de fin d'études, *L'Inconnue* d'Alexander Blok. J'ai pensé lui faire une grande faveur en lui donnant le rôle d'un jeune homme, qu'elle a interprété brillamment. En fait, elle a été triste que je ne lui donne qu'un rôle travesti. Pour moi, c'était le bon choix, car ce jeune homme avait en lui un étonnement incrédule face à ce qui se passait dans le monde et une envie idéaliste de changement. Il fallait qu'Ursina fasse preuve de talent artistique par son jeu corporel. Elle l'a fait avec persévérance et concentration. Je me souviens qu'à un moment, dans cette pièce surréaliste, tout le bistrot dans lequel se jouait le premier acte se métamorphosait en intérieur de bateau. Le bateau était pris dans une tempête : les personnages étaient projetés du côté droit de la scène vers la gauche, et Ursina Lardi devait grimper une pyramide humaine de trois rangées, puis se laisser tomber en arrière de trois mètres de haut dans les bras de ses partenaires, telle l'écume d'une vague, sans savoir si quelqu'un se trouvait derrière elle. Elle savait qu'elle arriverait à le faire et qu'elle pouvait compter à chaque fois à cent pour cent sur ses collègues. Lors des répétitions de cette scène spectaculaire, elle s'est toujours donnée à fond, jamais anxieuse ni nerveuse. Elle en est venue à bout comme s'il s'agissait d'un devoir de mathématiques très difficile à résoudre.

Confiance dans le travail expérimental

D'un point de vue artistique, Ursina Lardi a constamment évolué au fil des ans. En 1997, dans *Salome* d'Einar Schleef, elle s'est transformée en une apparition extraordinaire sur scène.[1] Elle a laissé derrière elle la timidité et les hésitations des années de formation. Elle est apparue sur scène avec assurance dans ce cosmos à nul autre pareil de Schleef. Elle s'est non seulement approprié la volonté artistique radicale de Schleef, mais sur scène, elle était prête à chaque instant à la défendre jusqu'à l'extrême.

Bien qu'elle ait travaillé avec l'un des plus grands artistes de théâtre de l'époque, elle a toujours cherché à expérimenter et à collaborer avec de jeunes metteurs en scène. Par conviction, elle est allée chez Robert Schuster et Tom Kühnel au Theater Am Turm à Francfort. Son parcours artistique est marqué par le désir – nourri par ses expériences politiques en Amérique latine – de participer et de travailler sur des projets *collectifs*. C'est ce qui explique aussi son intérêt pour le travail expérimental de metteurs en scène qui ne sont pas engagés dans des théâtres municipaux conventionnels. C'est le cas de Thorsten Lensing, avec qui elle a longuement collaboré.[2]

Je suis très heureux qu'elle fasse partie des membres permanents de la troupe de la Schaubühne depuis cinq ans. Je me souviens que durant les années qui ont précédé son intégration nous nous sommes souvent croisés et qu'elle était étonnée, tout comme moi, de ne pas avoir encore été engagée à la Schaubühne. Elle m'a dit : « Pourtant j'y aurais ma place. » Maintenant que nous travaillons ensemble, elle continue à essayer de relever des défis avec des metteurs en scène expérimentaux, comme l'année dernière avec Milo Rau pour *Compassion. L'histoire de la mitraillette.*[3]

Bien sûr, je suis particulièrement ravi des deux projets qu'Ursina Lardi et moi avons jusqu'à présent créés

1 Concernant l'interprétation du rôle-titre dans *Salome* d'Einar Schleef, voir l'article d'Andreas Wilink dans cet ouvrage, p. 253–257.
2 Concernant la collaboration d'Ursina Lardi et Thorsten Lensing, voir l'article de Barbara Villiger Heilig dans cet ouvrage, p. 246–249.
3 Voir à ce sujet les contributions de Milo Rau et Stefan Bläske dans cet ouvrage, p. 139–147 et 121–127.

ensemble à la Schaubühne : *La Vipère* et *Le Mariage de Maria Braun*.[4] Un lien très fort nous unit Ursina Lardi et moi grâce à nos débuts communs à l'Académie des arts dramatiques. Nous nous comprenons souvent sans nous parler ; et lorsque nous ne nous comprenons pas, nous n'avons pas besoin de parler non plus – si elle n'est pas satisfaite d'un parti pris scénique, je le sens tout de suite. J'ai le sentiment que nous savons tous les deux aujourd'hui comme hier *pourquoi* nous avons choisi le théâtre. Et pourquoi il est juste que nous travaillions maintenant ensemble ici à la Schaubühne. Même si elle ne cesse de se transformer et qu'elle fait de la métamorphose le fondement de son jeu, j'espère que notre collaboration durera encore plusieurs années. Ce qui caractérise avant tout Ursina Lardi, c'est que l'on a toujours le sentiment de savoir pourquoi elle se trouve sur scène. On ne doit pas le lui expliquer. Elle a répondu elle-même à la question.

4 Voir à ce sujet la contribution de Peter M. Boenisch dans cet ouvrage, p. 212–217.

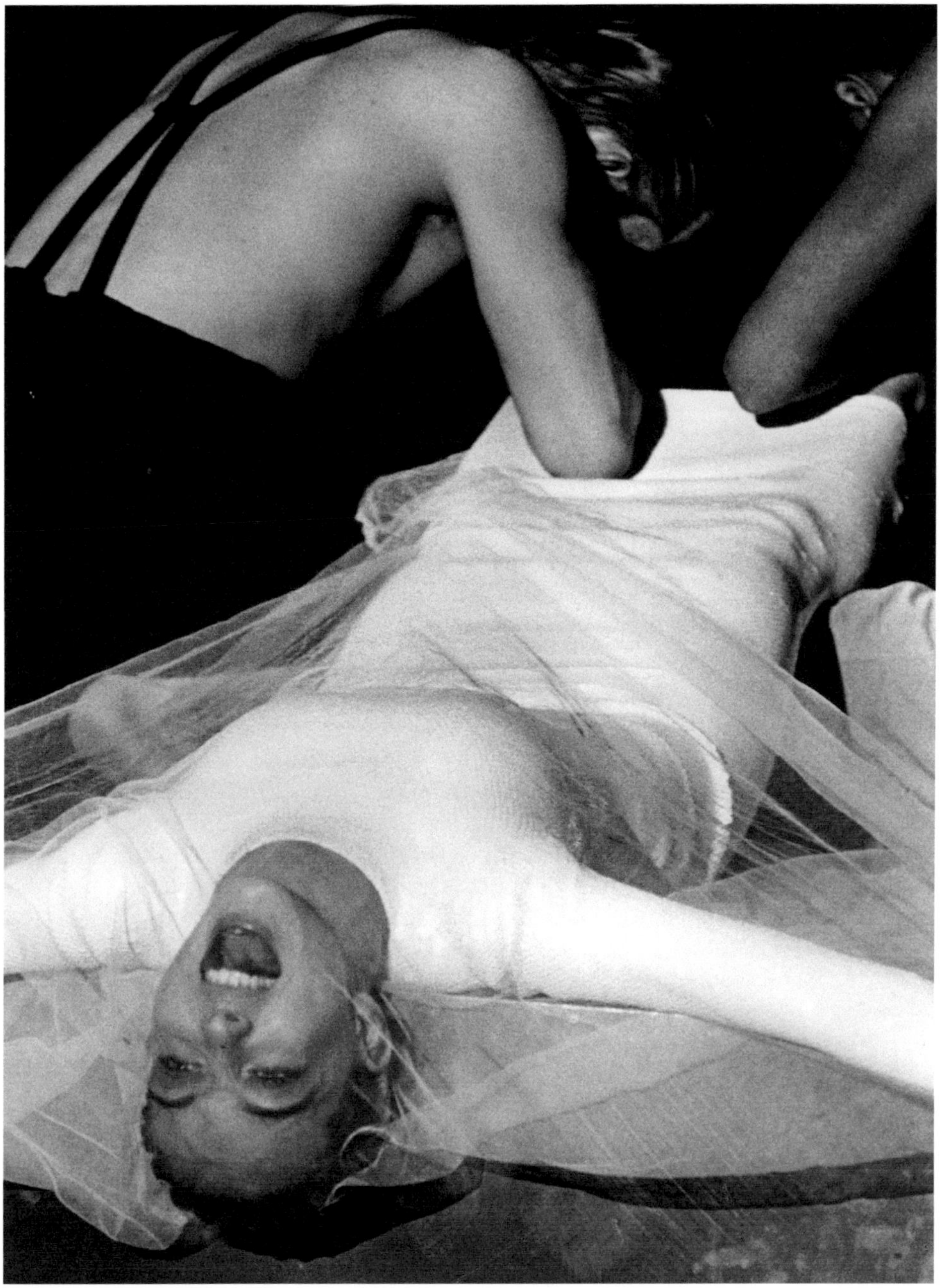

Ursina Lardi in *Salome* von Oscar Wilde / Einar Schleef, Düsseldorfer Schauspielhaus, Juni 1997. Adaption, Regie, Bühne und Kostüme: Einar Schleef
Foto: © Sonja Rothweiler

Thomas Ostermeier

Calca la scena con consapevolezza

Era il 1992, in una delle minuscole sale di prova dell'Accademia d'Arte Drammatica «Ernst Busch» di Berlino: una delle finestre dava sulla vecchia fabbrica di cavi di Berlino Est e su una zona industriale attorniata da palazzi popolari. I dirigenti della RDT avevano deciso che, nella parte socialista della Germania, il centro di formazione per i futuri attori e attrici avrebbe dovuto essere trasferito proprio qui, affinché gli studenti avessero costantemente davanti agli occhi la realtà della classe operaia. In questa sala prove si teneva il corso di base di Gertrud-Elisabeth Zillmer. Vi prendevano parte futuri attori e attrici – fra cui Ursina Lardi – ed io, che studiavo regia. All'epoca, Ursina aveva a prima vista un'aria poco appariscente, ma al contempo emanava una forza interiore che sembrava scaturire da una volontà incondizionata e dalla convinzione di trovarsi nel posto giusto. Malgrado provenisse da un ambiente relativamente benestante in Svizzera, si era già confrontata – come appresi in seguito – con la miseria del mondo. Lo si percepiva. Dopo la maturità aveva deciso in modo autonomo di trascorrere diversi mesi in America latina e di collaborare a progetti di aiuto allo sviluppo. E ora era approdata, con suo stesso stupore, in questo mondo teatrale dell'Est della Germania, che – come mi confessò – le era alquanto estraneo.

Si gettò subito anima e corpo nel lavoro teatrale e, con i suoi grandi occhi blu e la sua rapida capacità di comprensione, assorbiva tutto ciò che era possibile apprendere. Nella RDT, che era appena collassata, l'avrebbero definita senza dubbio una «lavoratrice performante».

Si distingueva per la sua integrità e il suo particolare modo di affrontare ogni situazione scenica con occhi nuovi, appropriandosene tramite la recitazione.

Sin dai primi mesi, questa persona dall'aria poco appariscente cominciò a trasformarsi in un'attrice capace, malgrado il corpo esile, di conferire ai personaggi una grande forza: l'interprete ideale di ruoli come Giovanna d'Arco. Era inoltre in grado d'infondere nei suoi personaggi una dimensione in più, come una sorta di presentimento dell'Aldilà. In breve tempo, all'Accademia d'Arte Drammatica venne considerata un talento fuori dalla norma. Cercava assiduamente il contatto con gli studenti di regia e in particolare con me, forse perché ci accomunava un passato contrassegnato dal desiderio di mutamento in campo politico e sociale e volevamo entrambi trasporre queste esperienze in scena. Nel nostro lavoro teatrale andava sempre alla ricerca dell'approccio più insolito, delle più grandi sfide. Anche il suo scetticismo nei confronti del mondo era rimasto immutato e si esprimeva in una continua messa in discussione e in un dubbio creativo riguardo alle soluzioni proposte.

Ursina ed io volevamo collaborare al più presto in produzioni teatrali vere e proprie. L'occasione si presentò nel 1995, nell'ambito di un mio stage in cui avrei portato in scena *La sconosciuta* di Aleksandr Blok. Pensavo di farle un grande favore attribuendole il ruolo di un giovane uomo, che interpretò in modo magistrale. Era però rammaricata perché nel nostro primo grande progetto comune le avevo affidato «solo» una parte maschile. A me era sembrato un ruolo perfettamente adeguato, dato che questo ragazzo era mosso da un'idealistica volontà di mutamento e da uno stupore incredulo di fronte all'andamento del mondo.

Sul piano fisico Ursina doveva dare prova di un virtuosismo quasi circense. Riuscì ad assolvere questo compito grazie alla sua perseveranza e concentrazione. Mi ricordo in particolare di una scena, quando in questa pièce surrealistica la taverna in cui si svolgeva il primo atto si trasformava nella stiva di una nave. La nave s'imbatteva in una tempesta e le persone venivano sbattute dalla parte destra alla parte sinistra dello spazio scenico. Ursina doveva arrampicarsi su una piramide umana di tre piani per poi lasciarsi cadere all'indietro, come la schiuma di un'onda, da un'altezza di tre metri, fra le braccia dei suoi compagni senza sapere con certezza se ci sarebbe stato qualcuno ad afferrarla.

Non dubitava minimamente che ce l'avrebbe fatta e che avrebbe potuto fidarsi ogni volta al cento per cento dei suoi colleghi. Durante le prove di questo momento spettacolare era sempre concentrata al massimo, senza alcuna esitazione o ansia. Superò questa prova come un difficile quesito di matematica.

Fiducia nella sperimentazione

Nel corso degli anni, Ursina Lardi si è costantemente evoluta sul piano artistico. Nel 1997, nella *Salome* di Einar Schleef, si trasformò in una straordinaria apparizione scenica.[1] Si era lasciata totalmente alle spalle la timidezza e lo scetticismo degli anni della formazione e se ne stava in scena, sicura di sé, in questo incomparabile cosmo di Einar Schleef. Non solo aveva interiorizzato il radicale approccio artistico del regista, ma era anche pronta a difenderlo in ogni momento della rappresentazione, fino all'estremo.

Benché avesse lavorato con uno dei grandi maestri del teatro di quel tempo, era costantemente alla ricerca di nuove sperimentazioni e cooperazioni con giovani registi. Accettò quindi con convinzione di raggiungere Robert Schuster e Tom Kühnel al Teatro Am Turm di Francoforte. Il suo percorso artistico è contrassegnato dalla volontà – alimentata dalle esperienze politiche in America latina – di elaborare dei progetti teatrali in modo *collettivo*. Ciò spiega anche il suo interesse per registi aperti alla sperimentazione ed attivi al di fuori della scena convenzionale dei teatri stabili come Thorsten Lensing, con il quale collabora da lungo tempo.[2]

Sono molto felice che da cinque anni Ursina Lardi faccia parte della compagnia della Schaubühne di Berlino. Mi ricordo che negli anni precedenti al suo ingaggio ci eravamo incontrati più volte e lei si meravigliava – quanto me – di non essere stata ancora assunta stabilmente. Mi diceva: «Il mio posto è qui.»

Anche nel nostro contesto lavorativo è alla continua ricerca di nuove sfide con registi che amano sperimentare; l'anno scorso ha partecipato ad esempio a una produzione di Milo Rau, *Compassione. La storia della mitragliatrice*.[3]

1 All'interpretazione del ruolo principale nella *Salome* di Einar Schleef è dedicato il contributo di Andreas Wilink nel presente volume, pp. 253–257.

2 Sulla collaborazione fra Ursina Lardi e Thorsten Lensing si veda l'articolo di Barbara Villiger Heilig in questo volume, pp. 246–249.

3 Su questa produzione si rimanda ai contributi di Milo Rau e Stefan Bläske nel

Naturalmente sono molto soddisfatto anche delle due produzioni che Ursina Lardi ed io abbiamo realizzato finora alla Schaubühne: *Piccole volpi* e *Il matrimonio di Maria Braun*.[4] Il legame che ci unisce è forte, nutrito dal fatto di avere mosso i primi passi insieme all'Accademia d'Arte Drammatica. Ci capiamo spesso senza parole e non abbiamo bisogno di parlare nemmeno quando non siamo sulla stessa lunghezza d'onda: intuisco infatti subito se una scelta registica non le va a genio.

Ho l'impressione che sappiamo tuttora entrambi *perché* abbiamo scelto di dedicarci al teatro; e perché sia giusto che adesso collaboriamo alla Schaubühne. Nonostante Ursina cambi spesso pelle e la trasformazione sia un elemento costitutivo della sua arte, spero che la nostra cooperazione duri ancora per molti anni.

La caratteristica più importante di Ursina Lardi consiste senza dubbio nel fatto che si ha sempre la sensazione di sapere perché calca la scena. Non è necessario spiegarglielo. A questa domanda si è già data lei stessa una risposta.

presente volume, pp. 150–158 e 121–127.

4 Si veda a tale proposito l'analisi di Peter M. Boenisch in questo volume, pp. 219–224.

Thomas Ostermeier

She Knows Why She Is Standing on the Stage

It was in the year 1992, on one of the tiny rehearsal stages of the Ernst Busch Academy of Dramatic Art in Berlin; through the windows one could look out onto the former cable factory of East Berlin and a sprawling industrial landscape, framed by blocks of flats. The government of the GDR had decided that the training centre for actors and actresses in the socialist part of Germany should be relocated to here, so that they would constantly have the reality of the working class before their eyes. The basic seminar of Gertrud-Elisabeth Zillmer was taking place on this rehearsal stage. Prospective actors and actresses – among them Ursina Lardi – were attending the seminar, as was I, as a student of directing. At that time Ursina had something nondescript about her at a first glance, and yet she also radiated an inner strength that seemed to derive from an absolute determination and from the conviction that here she was in the right place. Although she came from a rather affluent background in Switzerland, she had already (as I was later to find out) come into contact with the miseries of this world as well; and one could feel as much. On her own initiative she had decided to spend several months in Latin America after her secondary school leaving exams and to work on aid projects in developing countries. And now she had landed, amazed, in this world of East German theatre, which was quite foreign to her (as she admitted to me). With her big blue eyes and her gift for grasping things quickly, she absorbed everything that one could learn here. She threw herself into the work of the theatre. In the GDR that had just collapsed she would certainly have been marked out as a "high achiever". Her uncorrupted essence and her characteristic way of approaching dramatic situations with a fresh eye, in order to find her way into them, constituted her most distinctive features.

She transformed herself already in those first months. An actress emerged from that apparently nondescript person who, despite her delicate frame, could bestow great force on the characters she played; she became an actress whom one would have liked ideally to see as Joan of Arc. She had the ability to give the characters she played an additional dimension – as if they had an intuition of the beyond. She was recognised very quickly at the Academy as a special talent. She was always looking to make contact with the students of directing, and with me in particular; perhaps this was because we both had a past characterised by the longing for political and social change. And we both wanted to work through these experiences on the stage. In the collective work on stage she was always searching for the most extraordinary approach or the greatest challenges. Her scepticism about the world was also maintained, expressing itself in constant critical questioning and in creative doubt regarding the solutions that had been found.

We wanted to collaborate as soon as possible on fully-fledged stagings. This came to pass in 1995 in my staging of *The Unknown Woman* by Alexander Blok as part of my practical training. I thought I would be doing her a great favour if I cast her in the role of a young man, and indeed she played the part with bravura. However she was rather sad about the fact that, in our first major collaboration, I had "merely" given her a trouser role. It seemed to me just the right thing to do, though, since this young man was sustained by an idealistic determination to make changes and by an incredulous astonishment at the processes going on in the world. An almost artistic virtuosity in physical performance was required of Ursina, and she met this requirement with tenacity and concentration. I remember a moment when, in a surrealistic play, the entire saloon in which the first act took place was transformed into the interior of a ship's hull. The ship ran into a storm. The characters were washed from the right side of the space over to the left, and Ursina Lardi had to climb aloft over three rows of a human pyramid, and then, as if she were the white crest of a wave, and without knowing if anyone was standing behind her to catch her, she had to let herself fall backwards from three metres up in the air into the arms of her partner. For her it was out of the question that she might not manage it or that she might not be able to rely one hundred per cent on her colleagues every time. During the rehearsals for this spectacular moment she was always completely calm and collected, never fearful or nervous. She mastered this moment as if it had been a mathematical problem that appeared difficult to solve.

Believing in the Unproven

Over the years, Ursina Lardi has constantly developed with regard to her art. In Einar Schleef's *Salome,* in 1997, she transformed herself into an extraordinary stage manifestation.[1] Having entirely left the timidity and the scepticism of her years of training behind her, she stood on stage quite confidently in this Schleefian cosmos, which cannot be compared to anything else. Not only had she incorporated Schleef's radical artistic determination into herself, but she was also prepared to defend this determination in every moment on the stage and up to the limit.

Although she had worked with one of the truly great figures in theatre at that time, she was still persistently looking for experimentation and collaboration with younger directors. Based on her own conviction, she went to Robert Schuster and Tom Kühnel at the Theater am Turm in Frankfurt. Her artistic path, nourished by her political experiences in Latin America, is characterised by the determination to research and to work on projects *together* with a group. This also explains her interest in adventurous and experimental directors who do not work in conventional municipal theatres, such as Thorsten Lensing, with whom she has been collaborating for a long time.[2]

The fact that for five years now she has been a permanent ensemble member at the Schaubühne makes me very happy. I remember that, in previous years, we would repeatedly meet each other, and she would be surprised (as was I) that she still was not permanently employed at the Schaubühne. She said to me: "But I belong here." In our working context she also still continues to look for challenges from adventurous and experimental directors, as was the

1 On Ursina Lardi's interpretation in Einar Schleef's *Salome,* see the contribution by Andreas Wilink in the present volume, pp. 253–257.

2 On Ursina Lardi's collaboration with Thorsten Lensing, see the contribution by Barbara Villiger Heilig in this volume, pp. 246–249.

case last year in her work with Milo Rau on *Compassion. The History of the Machine Gun.*[3]

Of course I am especially pleased about the two works that Ursina Lardi and I have so far created together at the Schaubühne, namely *The Little Foxes* and *The Marriage of Maria Braun.*[4] Because of our common beginnings in theatre school, a strong bond unites Ursina Lardi and me. We often understand each other without words; and if we do not understand each other, it is mostly the case that no words are needed here either – given that I notice straight away if she is not satisfied with a particular solution on stage. I have the feeling that now we both still know *why* we turned to the theatre, and why it is still right that we are now collaborating in this place. Even if she repeatedly sheds her skin and makes transformation into the basic constant of her acting abilities as an artist, I hope that she will remain a part of our working context for many years to come. The most important quality of Ursina Lardi certainly consists in the fact that one always has the feeling of knowing why she is standing on the stage. There is no need to explain the reason why to her; she has already settled this question for herself.

3 On this, see the contributions by Milo Rau und Stefan Bläske in the present volume, pp. 159–166 and 121–127.

4 On this, see the contribution by Peter M. Boenisch in this volume, pp. 225–229.

Andreas Klaeui

Ursina Lardi im Solo *Die Kleider der Frauen,* nach Geschichten von Brigitte Kronauer, Berlin, Sophiensæle, Februar 2011. Adaption und Regie: Thorsten Lensing und Jan Hein
Foto: © David Baltzer / bildbuehne.de

Andreas Klaeui

«Eine Idee kann Schärfe haben, Tiefe bekommt sie durch das Spiel»

Ein Gespräch mit Ursina Lardi

Andreas Klaeui: Wir treffen uns auf einer Probebühne der Berliner Schaubühne, zu deren Ensemble Sie zählen. Am Tag nach der Verleihung des Hans-Reinhart-Ring verreisen Sie umgehend nach China für eine mehrwöchige Theatertournee, Sie kommen soeben vom Fernsehfilmdreh mit Lionel Baier und haben fast gleichzeitig eine Krimi-Verfilmung mit Volker Schlöndorff abgeschlossen – woher beziehen Sie die Energie für all das?

Ursina Lardi: Die Energie kommt aus der Arbeit selbst, wenn sie gut ist, gibt sie mir ja mehr Kraft, als sie mich kostet. Das Anstrengendste ist, keine Arbeit zu haben.

AK: Brauchen Sie keine Freiräume daneben?

UL: Ja, natürlich, die sind mir sogar sehr wichtig, daher sage ich auch Dinge ab. Ausserdem habe ich noch gar nicht so viel gespielt. In letzter Zeit war einiges los, sicher. Aber ehrlich: Die Kollegen um mich herum arbeiten fast alle viel mehr. Ich bin eigentlich auch ziemlich faul. Meine Arbeit ist immer ein ungeheurer Kampf gegen die Trägheit, gegen die Erdanziehungskraft sozusagen, ich liege einfach sehr gerne im Bett. Aber wenn ich arbeite, verausgabe ich mich vollkommen, ich kann meine Kräfte einfach nicht sinnvoll einteilen. In der letzten Spielzeit war ich mit Milo Raus *Mitleid. Die Geschichte des Maschinengewehrs* so viel auf Gastspielreise, dass ich an der Schaubühne zu wenig anwesend war, um ein neues Stück zu proben. Aber dadurch hatte ich eben auch viel Zeit für mich, unterwegs. Nach einem Gastspiel von Thomas Ostermeiers *Die Ehe der Maria Braun* in Chile bin ich zum Beispiel noch eine Woche dageblieben und hab' da so vor mich «hingewurschtelt», bin ein wenig ziellos durchs Land gereist. So was brauche ich.

AK: Wenn Sie auf die Jahre Ihrer Berufskarriere zurückblicken: Hat sich der Schauspielerberuf verändert?

UL: Die Sekundärtugenden sind heute vielleicht wichtiger geworden: Man muss belastbar sein, Druck aushalten, sich verkaufen können – all das, was die Berufsausübung erst ermöglicht. Es gibt gewiss auch Veränderungen in der Spielweise. Aber im Kern, denke ich, hat sich der Beruf nicht verändert. Ich meine sogar, dass die Schauspielkunst im Kern immer dieselbe bleiben wird. Es gibt eine hübsche Anekdote des soeben verstorbenen Malers Johannes Grützke. Auf die Frage, ob er ein moderner Künstler sei, hat er den schönen Satz gesagt: «Kunst ist nicht modern. Kunst ist immer.»

AK: Ist es das, was Sie sich vorgestellt haben, als Sie sich zur Aufnahmeprüfung an der Schauspielschule anmeldeten?

UL: Ich habe mir gar nicht so viel vorgestellt. Das sieht man schon daran, dass ich bei der Aufnahmeprüfung an der Ernst-Busch-Hochschule in Berlin statt einer Rolle ein Gedicht aufgesagt habe, *Pegasus im Joche* von Friedrich Schiller, alle Strophen. Sie haben mir netterweise eine zweite Chance gegeben und einen Wiederholungstermin angesetzt. Da habe ich dann *Rose Bernd* von Gerhart Hauptmann vorgesprochen. Schlesisch mit Schweizer Akzent, das war dann wohl überzeugend *(lacht)*. Ich hatte überhaupt kein Bild, wie dieser Beruf sein würde. Ich wusste auch nicht, wie viele Ängste man aushalten muss, das ist aber nun mal leider so. Ansonsten bin ich sehr glücklich mit diesem Beruf.

AK: Haben Sie noch Lampenfieber?

UL: Manchmal habe ich noch Lampenfieber. Als ich im April dieses Jahres mit *Mitleid* in Zürich auftrat zum Beispiel, hatte ich welches.

AK: Warum?

UL: Weil es für mich etwas Besonderes ist, in dieser Stadt aufzutreten. Und ich bin ganz froh, wenn ich Lampenfieber habe. Es ist doch grossartig, wenn man ein Stück so oft gespielt hat und trotzdem noch Lampenfieber bekommt. Lampenfieber macht wach. Es verhindert, dass man sich sicher fühlt.

AK: Das scheint mir ein zentraler Punkt für Ihre Kunst: Sich nicht sicher zu fühlen.

UL: Es ist für mich die Voraussetzung. Das Wichtigste ist für mich die Bereitschaft, sich Inhalten auszusetzen. Sich wirklich hineinzubegeben in die Aufgaben, die man bekommt. Dass man das tut, was gerade ansteht, und dies ganz und gar. Ohne Schonräume zu suchen. Sondern, indem man sozusagen an die offene Front geht, immer wieder. Das ist das Entscheidende.

AK: Sie hören es vermutlich nicht so gern, aber Sie sind eine Diva.

UL: *(Lacht laut heraus)* Das ist doch lustig!

AK: Milo Rau bezeichnet Sie sogar als «Meta-Diva», die also die Geschichte der Diven hinter sich gelassen und zu etwas Neuem verarbeitet hat. Was kann eine Diva heute sein?

UL: Das müssten Sie natürlich Milo Rau fragen. Vielleicht meint er, dass die Meta-Diva sich nicht nur für sich, sondern für etwas ausserhalb ihrer selbst interessiert. Für Inhalte, für eine «Dritte Sache», sozusagen. In diesem Sinne bin ich gerne eine Meta-Diva.

AK: Das «Divine» liegt im Auge des Betrachters. Braucht es die eine überragende Figur auf der Bühne?

UL: Es braucht nicht nur die eine überragende Figur, am schönsten ist es doch, wenn alle überragend sind. Eigenständige, angstfreie, mutige, mündige Schauspieler, die ihren Beruf ausüben. Da ist dann sofort eine ganz andere Energie auf der Bühne, ganz physikalisch, das ist durch nichts zu ersetzen. Es geht dann natürlich auch oft hoch her, gemütlich ist das nicht, aber nur so kann man wirklich weit kommen. Also dahin, wo man vorher noch nicht war.

> **AK:** Sie arbeiten vorwiegend in solchen Zusammenhängen. Zum Beispiel mit Thorsten Lensing, der für jede Produktion ein eigenes Ensemble überragender Schauspieler zusammenstellt.

UL: Ja. Erstrebenswert ist, dass jeder wirklich weiss, warum er da ist, jeden Abend, und das ist da der Fall. Natürlich ist die eine Rolle grösser und eine andere weniger gross, aber es ist ein Zusammenarbeiten auf Augenhöhe, sowohl zwischen den Schauspielern und dem Regisseur als auch unter den Kollegen. Und nicht etwa nur, weil man sich gegenseitig nett findet, das ist eher unwichtig. Sondern weil man sich gegenseitig künstlerisch befruchtet. Jeder von uns ist besser, wenn er einen starken Partner hat. Ohne forderndes, beförderndes Gegenüber nützt es auch nichts, im Scheinwerferkegel an der Rampe zu stehen. Das merke ich, wenn alle «im vollen Saft» sind, wenn ein Vertrauen herrscht, das einen ermutigt, immer noch weiter zu gehen. Das tut gut. Wenn alle miteinander in Kontakt treten und wirklich spielen. Wenn eben nicht so etwas passiert wie Spielen, dass man spielt, So-tun-als-ob, sondern wenn man es einfach macht. Das einzige Authentische, was man auf der Bühne tun kann, ist Spielen. Darum muss man sich kümmern als Schauspieler; das muss die Regie ermöglichen.

> **AK:** Was bedeutet es für Sie, in einem Ensemble engagiert zu sein?

UL: So, wie es jetzt ist, ist es ideal, also, dass ich beides habe, das Engagement an der Schaubühne und die freien Produktionen. An einem Haus gibt es Kontinuität. Thomas Ostermeier kenne ich seit 25 Jahren, wir haben zusammen studiert. Das ist etwas sehr Wertvolles, man kann in der Arbeit auf Vorhandenes aufbauen, muss nicht immer wieder bei Null anfangen. Birdie Hubbard in *Die kleinen Füchse* von Lillian Hellman ist eine meiner Lieblingsfiguren. Thomas hat mir da viel Raum gelassen, viel mehr, als die Figur im Stück eigentlich hat. An der Schaubühne habe ich aber auch die Möglichkeit, neue Künstlerinnen und Künstler kennenzulernen, zum Beispiel Milo Rau, Alvis Hermanis, Falk Richter, Katie Mitchell, Romeo Castellucci. Viele Jahre habe ich frei gearbeitet; heute scheint mir das kaum noch möglich. Man muss sich derart viel mit Sekundärquatsch herumschlagen. Man muss so viel arbeiten, um überhaupt arbeiten zu können. Aber ich habe eine grosse Affinität zu freien Strukturen behalten. Es ist für mich überhaupt das Kriterium bei der Wahl einer Rolle: Würde ich sie auch annehmen, wenn ich frei wäre? Bei allem, was ich gemacht habe, auch bei dem nicht so Gelungenen, habe ich im Voraus gesagt: Ja, das hätte ich gemacht, auch als Freie. Das ist für mich die Grundfrage.

AK: Viele verabschieden sich von der herkömmlichen Stadttheater-Idee eines Ensemble-Theaters mit Repertoire zugunsten von Koproduktions-Strukturen. Sind Sie eine Apologetin des Ensembles?

UL: Ich finde es gut, dass es mehrere Formen gibt, man muss das eine nicht gegen das andere ausspielen. Warum sollte man das Ensemble auflösen? Nehmen Sie die Schaubühne: Der Laden brummt, das Haus ist jeden Abend voll. Sorgen macht mir allerdings, dass es Theater gibt, die auf ihren Programmen nur noch den Stücktitel und vielleicht noch die Regie angeben und die Schauspieler schon gar nicht mehr erwähnen. Das kann ich natürlich nicht gutheissen als Schauspielerin.

AK: Das Publikum identifiziert sich nicht mit Formen, sondern mit dem Ensemble, mit «seinen» Schauspielern. Sind sie im Theater das Wichtigste?

UL: Darauf muss ich bestehen! Und natürlich die Zuschauer. Ohne die beiden geht es nun mal nicht. Das ist Theater: A spielt B, und C schaut zu. Wir brauchen natürlich kluge Autoren, Dramaturgen, Regisseure – aber erst, wenn zu der Gedankenschärfe die Tiefe des Spiels hinzukommt, erreicht Theater das Publikum. Sonst kann man Pamphlete und Manifeste schreiben. Wir wollen ja den ganzen Menschen erreichen, nicht nur seinen Kopf. Deswegen die Verkörperung. Wir Schauspieler sind sozusagen das Fleisch: Wir schleppen unsere Körper auf die Bühne.

AK: … auch nach der Premiere, wenn der Regisseur nicht mehr dabei ist. Ein Theaterensemble ist für Aussenstehende auch ein Ort der Fantasmen: Wenn zum Beispiel in einem *Tatort* ein Ensemble vorkommt, ist es ein Hort der Animositäten, Rivalitäten, im besten Fall kommt es zum Mord. Gibt es diese Ensembles?

UL: Es gibt den Konkurrenzkampf, das ist auch wichtig, das muss man sportlich sehen. Aber es geht nicht bis auf die Knochen.

AK: War es früher anders?

UL: Ja, als Anfängerin habe ich es schon eher noch erlebt. Aber das lag vielleicht auch an der Position, dass man sich erst mal durchsetzen muss. Aber um auf die Diven-Debatte zurückzukommen: Extravaganzen kann man sich heute nicht mehr leisten. Schon gar nicht beim Film: Herumzicken, «so kann ich nicht arbeiten», und vom Set abmarschieren – dann bist Du sofort raus. Zeit ist Geld. Man muss funktionieren.

AK: Hat es auch damit zu tun, dass die Schauspieler heute eher auf Augenhöhe mit dem Regisseur arbeiten?

UL: Das ist auf jeden Fall so. Früher waren die Schauspieler viel mehr Befehlsempfänger, da konnte sich schon Frustration anhäufen, die sich dann andernorts entlud.

AK: Eine wichtige Partie war für Sie Elsa in Salvatore Sciarrinos Musiktheater *Lohengrin* in der Staatsoper Berlin.

UL: Das kam ganz unerwartet, und es zählt heute für mich zum Besten, was ich je tun konnte. Die musikalische Erfahrung war für mich ganz neu, dass meine Partner nun Oboe und Fagott sind. Und ich habe neu hören gelernt, weil die Musik fast unverständlich ist, in ihrer Komplexität als Neue Musik, aber auch weil sie oft an die Grenzen des Hörbaren geht. Ich habe lange gebraucht, diesen Raum zu betreten. Dann passiert etwas Magisches: Dass zweimal zwei Dinge ineinander fallen. Nämlich Innen und Aussen: Aussengeräusche wie fernes Bellen, Gurren und Innengeräusche wie Gurgeln, Schluchzen, Zähneklappern, das fällt ineinander, aber auch die Zeitebenen. Es ist ein Gedankenstrom, der eine mystische Gleichzeitigkeit hervorbringt. Es sind immer alle Alter und alle Momente der Figur da. Im Zentrum der Komposition steht eine Szene, in der Elsa minutenlang ihren eigenen Namen ruft, flüstert, schreit, gluckert. Das war für mich der Schlüssel zum Werk: Ein Mensch steht da und hat sich so sehr verloren, dass er sich minutenlang seinen Namen sagt. Da kam für mich durch die Ebene der Musik etwas hinzu, das ich im Theater noch nie erlebt hatte.

AK: Im Herbst spielen Sie in Thorsten Lensings Adaption des Romans *Unendlicher Spass* von David Foster Wallace einen siebzehnjährigen Tennisprofi. In Milo Raus Inszenierung *LENIN* verkörpern Sie den Revolutionär, bei Romeo Castellucci einen König Ödipus in weiblicher Gestalt – das sind Gender-Grenzgänge, die weit über übliche Hosenrollen wie Cherubino oder Rosalind hinausgehen. Was fasziniert Sie daran?

UL: Erst mal mache ich mir darüber gar keine Gedanken. Ich spiele nicht Männer, weil ich Männer spielen will, da gibt es kein Programm. Ich will interessante Rollen spielen. Wenn es ein Mann ist, ist es eben ein Mann, das kümmert mich nicht. Ich erschaffe eine Figur über eine Situation, nicht über ihren Zustand. Wie agiere ich in dieser Situation? Der Mann entsteht dann von selbst.

AK: Aber es macht schon einen Unterschied? Sie sind nun mal kein Mann.

UL: Schauspiel ist die Begegnung des Schauspielers mit dem Text, mit der Figur. Ich glaube, wenn der Weg dabei weit ist, die Entfernung gross, wird es erst richtig reizvoll. Es geht ja darum, das Wesen einer Figur zu treffen. Es gibt bestimmt Rollen für eine Mittvierzigerin aus der Schweiz, die ich überhaupt nicht spielen kann. Lenin könnte aber gehen. Weil ich bei ihm vielleicht das Wesen besser treffen kann als bei dieser mir an sich viel näherstehenden Frau. Das ist im Theater möglich, im Film geht es kaum. Dort entkommt man seinem Gesicht ja nicht. Es geht doch darum, eine Essenz zu treffen, nicht jemanden nachzuäffen. Ich werde niemals versuchen, so zu gehen oder mich so zu benehmen wie

Lenin. Ich werde jetzt auch nicht anfangen, Tennis zu spielen! Und Ödipus spiele ich mit offenen Haaren und freier Brust, sehr, sehr weiblich also.

> **AK:** Romeo Castelluccis Inszenierungen kann man mit herkömmlichen Figurenbegriffen ohnedies nicht beikommen.

UL: Bei ihm ging es um die absolute Künstlichkeit. Es war fast wie eine Messe, es ging darum, die Worte zu feiern. Castelluccis *Ödipus*-Fassung ist stark verknappt und überhöht, mehr Installation als Antikenaufführung. Sie geht in der Form eines Triptychons bis in einen unsprachlichen Raum, wo nur noch amorphe Figuren gluckern und Darmgeräusche von sich geben. Da ging es erst recht nicht darum, ob da nun ein Mann oder eine Frau steht. Der Ort des Geschehens ist ein Karmeliterinnenkloster, es sind also nur Frauen auf der Bühne, bis auf Teiresias, den Castellucci als Misston, als Störfaktor in die klösterliche Welt einbauen wollte.

> **AK:** Sie reden von der Schärfe der Idee, der Künstlichkeit der Inszenierung, von der Tiefe, die die Spieler einer Figur geben – was müssen Sie wissen von einer Figur?

UL: Ich muss wissen, was sie sagt. Und zu wem. Ich muss den Text kennen, der Rest entsteht auf der Probe. Das ist das Schöne beim Theater, dass man Zeit hat zu probieren. Beim Film gibt es das nur noch selten. Im Theater hat man irrsinnig viel, für meinen Geschmack gelegentlich auch zu viel Zeit, um zu probieren. Mehr brauche ich erstmal nicht.

> **AK:** Woher kommt die Tiefe einer Figur?

UL: Aus dem Spiel. Durch das, was man nicht kontrollieren kann: Wenn zwei Menschen miteinander spielen, das hat etwas Uneinholbares. Es ist zugleich etwas ganz Einfaches – und so komplex, dass ich es schwer beschreiben kann, eben weil Spielen unendlich komplexer ist als alles, was man sich ausdenken oder vornehmen kann. Deshalb rede ich auch nicht so gern über meine Arbeit. Ausserhalb der Bühne habe ich überhaupt kein Mitteilungsbedürfnis, und ich finde die Vorstellung irgendwie komisch, dass man unser Gespräch hier noch lesen kann, wenn wir beide schon lange tot sind, und dass das, was ich am besten kann, immer schon um 22 oder 23 Uhr, also nach der Aufführung für immer weg ist, während das Sekundäre bleibt. Aber lassen Sie uns ruhig weitermachen, ich habe längst akzeptiert, dass Interviews einfach dazugehören, und ich bin ja heute für meine Verhältnisse einigermassen in Form.

AK: Danke! In der Laudatio zur Verleihung des Hans-Reinhart-Rings werden Sie zitiert: «Ich wechsle das Kleid und dann geht's los.»

UL: Das ist durchaus ernst gemeint. Ich beschäftige mich sehr damit, was ich anhabe. Die Erscheinung ist wichtig, sie erzählt viel. Es ist mir ein Rätsel, wie man sich darum nicht kümmern kann. Zum Beispiel Einar Schleef und Michael Haneke haben sich um jedes Kleidungsstück gekümmert, das die Schauspieler zu tragen hatten. Wir hatten stundenlange Kostümproben, bei beiden ist vorgekommen, dass sie die Schere selbst in die Hand genommen haben und den Rock oder die Bluse so zurechtgeschnitten haben, wie sie es gut fanden. Was ich auf der Bühne trage, ist für mich sehr wichtig. Es ist für mich unvorstellbar, dass eine Figurine gezeichnet wird, und ich das dann anziehen soll. Das ist jenseits.

AK: Sind Sie der Schrecken aller Kostümbildner?

UL: Nein, gar nicht, ich arbeite ja mit, ich interessiere mich, das ist den Kostümbildnern im Gegenteil eine Freude. Ich will ja nicht bestimmen, was ich anhabe, sondern in ein Gespräch kommen. Dabei geht es auch nicht darum, ob etwas bequem ist oder ob es mir steht oder dergleichen. Die Kostümbildner bekommen sowieso viel zu wenig Aufmerksamkeit. Wann setzt sich schon mal ein Kritiker mit den Kostümen auseinander? Dabei sind sie zentral.

AK: Das Kleid ist die Hülle der Figur. Haben Sie denn immer eine konkrete Vorstellung davon, wie Ihre Figur aussieht?

UL: Eben nicht. Das muss in den Proben entstehen. Deswegen sind Figurinen so absurd, ausser sie sind als erster Entwurf, als Vorschlag gedacht. Ich weiss doch noch nicht, wie meine Figur aussehen soll! Das weiss ich kurz vor der

Premiere, so lange muss man die Nerven schon behalten. Bei Thorsten Lensings *Karamasow* gibt's gar keine Fotos im endgültigen Kostüm, weil wir zwei Tage vor der Premiere alles verworfen und eine Kehrtwende um 180 Grad vollzogen haben. Das muss möglich sein. Als Arbeitsprozess, wohlverstanden. Wenn auf einer Probe etwas Überraschendes passiert, dann müssen halt alle darauf reagieren, denn je überraschender etwas ist, desto besser ist es. Wenn ich im Theater überrascht werde, das ist doch eigentlich das Schönste. Als ich am Hamburger Schauspielhaus Elfriede Jelineks *Prinzessinnendramen* in der Regie von Laurent Chétouane gespielt habe, wurde das ganze Bühnenbild einige Tage vor der Premiere weggeworfen. Laurent sagte zu Tom Stromberg, der zu der Zeit da Intendant war, ich weiss, die Bühne war so teuer, aber es funktioniert einfach nicht. «Schmeiss sie in die Alster», hat Stromberg gesagt. Dafür liebe ich ihn heute noch.

> **AK:** Was bedeutet die Bühne für Sie?

UL: Wenn sie gut ist, sieht man durch sie die Schauspieler besser als ohne sie. Das ist aber leider oft nicht der Fall. Dann geht der Vorhang auf und die Messe ist gelesen. Es gibt Bühnen, die plappern den ganzen Abend durch. Die Welten müssen im Theater aber doch durch das Spiel entstehen und nicht durch die Bühne illustriert werden. Und das gilt auch für die Kleidung. Sie darf mich nicht zubetonieren oder zu intensiv etwas vorgeben, was ich dann gar nicht mehr zu spielen brauche.

> **AK:** Sie ist ein relevanter Teil der Figur, um den Sie sich kümmern.

UL: Ich kümmere mich gern um die konkreten Dinge. Ich kümmere mich zum Beispiel um den Rollstuhl, den Lisa in *Karamasow* fährt. Es ist ja mein Rollstuhl. So etwas läuft dann nicht über Recherche, ich muss ja nicht wissen, wer wann welches Modell gefahren hat. Ich bestelle mir dann verschiedene Rollstühle auf die Probe und schaue, welcher richtig ist. Um solche Dinge kümmere ich mich. Aus vielen konkreten einzelnen Dingen entsteht die Rolle, und das Wichtigste dabei ist der Kontakt mit den Partnern.

AK: Also was in Spielmomenten entsteht?

UL: Aus der Probensituation heraus. Man soll sich im Vorhinein so viele Gedanken machen wie möglich, sich aber dabei auch immer bewusst sein, dass jeder Gedanke am Schluss zu wenig ist, zu simpel, auch der klügste. Es muss noch etwas dazukommen, und das entsteht im Spiel.

AK: Was bringen Sie zur ersten Probe mit?

UL: Möglichst wenig. Natürlich lese ich den Roman von David Foster Wallace, aber dann lege ich ihn auch wieder weg. Natürlich lese ich jetzt viel über Lenin und die Russische Revolution, selbstverständlich bereite ich mich vor, aber im Moment der Probe wird dies zweitrangig. Dann muss man sich um das kümmern, was man eben nicht im stillen Kämmerlein für sich klären kann. Viele Dinge kann man klären, aber man darf sich damit nicht zumüllen. Ich überlege mir nie vor Probenbeginn, wie es herauskommen wird. Ich überlege es mir nicht einmal vor einer Vorstellung – um so weit zu kommen, habe ich allerdings länger gebraucht.

AK: Sie haben keine «Partitur», mit der Sie auf die Bühne gehen?

UL: Natürlich ist die irgendwo abgelegt. Der Text ist ja schon die Partitur. Aber sich Bilder zu machen ist im Schauspiel ganz falsch. Da bin ich mir sicher. Selbst im Extremfall von Sciarrinos *Lohengrin,* wo es ja wirklich eine Partitur im wörtlichen Sinn gibt und ich weiss, nach dem vierten «Toc-toc» der Oboe sage ich das und das. Natürlich muss es da kommen, das ist klar. Trotzdem bin ich frei. Das ist der Extremfall einer komplett ausformulierten Partitur, die aber so gut ist, dass sie einen auch wieder in Freiheit führt. Im Schauspiel gibt es kein Gesetz. Mal ist die Partitur klarer, mal ist sie offen und es ist egal, wo man steht oder ob man laut oder leise spricht – letztlich gibt es nur ein Kriterium: Lebt es, oder lebt es nicht? Wie man dazu kommt, dafür gibt es mehrere Wege. Und der letzte Funken ist wohl Gnade. Das kann man nicht erzwingen.

AK: Das ist die Kunst.

UL: Man muss alles dafür tun, um da hinzukommen, und man kann einiges dafür tun. Es ist eine kollektive Kunst, jeder trägt dazu bei. Aber dass es dann wirklich blüht und wirklich abfliegt, das ist dann doch so ein letzter Funke, der viel mit Zufall zu tun hat. Möglich muss er halt sein. Manchmal ist von Anfang an klar, dass es nicht passieren kann. Es muss diese Chance geben, sonst macht die Arbeit keinen Sinn.

AK: Und dass es diese Chance gibt, hat wohl mit dem zu tun, was Sie Gefährdung nennen? Dass man sich nicht zu sicher ist?

UL: An sich ist es ja ein unnatürlicher Zustand, dass man da oben ist und spielt, und die andern sitzen unten, haben bezahlt und schauen zu – so natürlich das Spiel an sich ist. Da muss man über eine Grenze gehen. Ein bisschen Furchtlosigkeit, Asozialität und Unverschämtheit gehört wohl auch dazu. Und natürlich Humor. Der wird für mich immer wichtiger. Es gibt wirklich immer mehr Dinge, über die ich lachen muss. Zum Beispiel, wenn ich ein Buch zum zweiten Mal lese und sehe, was ich damals für einen Unsinn unterstrichen habe, und natürlich auch über Figuren, wenn sie gut geschrieben sind. Das hat wohl etwas mit wachsendem Realismus zu tun. Wenn ein Theaterabend ganz ohne Humor ist, dann stimmt etwas nicht, denke ich. Aber zurück zu Ihrer Frage: Ja, ich versuche mich immer weniger abzusichern und so auch das Risiko einzugehen, dass es nicht hinhaut. Das braucht natürlich Mut, und den habe ich nicht immer, aber die Abende, die mir am Theater am stärksten geblieben sind, grenzten meist an Misslingen. *Jesus Christ Superstar* von Peaches mit Chilly Gonzales am Klavier zum Beispiel. Da bin ich mehrmals hingegangen. So wie Peaches da ist, so möchte man natürlich sein: gleichzeitig selbstbewusst und verletzlich. Es ist wirklich mein Ziel, die Dinge möglichst wenig im Griff zu haben. So dass auf der Bühne eine Begegnung entstehen kann mit dem Publikum. Man darf nicht vergessen, dass auch der Zuschauer einen Teil der Arbeit zu leisten hat. Es ist kein Film, der hier abgespult wird. Es ist eine Kommunikation, ein in Kontakt treten mit dem Zuschauer. Die Zuschauer müssen die Chance haben, hineinzukommen. Wenn ich sie bloss überwältige mit Können oder mit Kraft, mit ästhetischen Mitteln, so dass sie nur noch im Sessel sitzen und es über sich hinwegrauschen lassen, dann habe ich das Ziel verfehlt. Es muss ein Austausch stattfinden: Der Zuschauer muss eintreten können in den Abend, den wir machen.

AK: Ein schönes Schlusswort!

UL: Ja, hören wir hier auf. Wenn ich mich recht entsinne, hat Montaigne einmal gesagt, es gebe eine Gemeinsamkeit zwischen einem guten Gespräch und einem guten Pferd: Beide erkennt man an der Fähigkeit, aus vollem Galopp zu einem glatten Halt zu kommen. *(lacht)*

Ursina Lardi als Jelena Andrejewna und Josef Ostendorf in der Titelrolle in *Onkel Wanja* von Anton Tschechow, Berlin, Sophiensæle, Februar 2008. Übersetzung und Regie: Thorsten Lensing und Jan Hein
Foto: © David Baltzer / bildbuehne.de

Andreas Klaeui

« Une idée peut être subtile, mais c'est le jeu sur scène qui lui donne de la profondeur »

Rencontre avec Ursina Lardi

Andreas Klaeui : Nous nous rencontrons dans une salle de répétition à la Berliner Schaubühne, la troupe dont vous faites partie. Le jour suivant la remise de l'Anneau Hans-Reinhart, vous êtes partie pour une tournée de plusieurs semaines en Chine. Vous venez de jouer dans un film de Lionel Baier et d'achever le tournage d'un polar dirigé par Volker Schlöndorff. D'où tirez-vous toute cette énergie ?

Ursina Lardi : C'est le travail lui-même, quand il est bon, qui fait naître l'énergie, me donnant plus de force qu'il n'en exige. Ce qui est pénible, c'est de ne pas avoir de travail.

AK : N'avez-vous pas besoin d'espaces de liberté, en dehors du travail ?

UL : Si, bien sûr, c'est même très important. C'est pourquoi il m'arrive aussi de refuser des offres. Cela dit, je n'ai pas encore interprété tant de rôles. Il est vrai qu'il s'est passé pas mal de choses, récemment. Mais franchement, presque tous mes collègues travaillent plus que moi. En fait, je suis assez paresseuse. Mon travail est toujours un énorme combat contre l'inertie, pour ainsi dire contre la gravité... J'aime tellement rester au lit. Mais quand je travaille, je me donne complètement, je suis tout simplement incapable de répartir intelligemment mes forces. La saison passée, j'ai tellement voyagé avec la tournée de *Compassion. L'histoire de la mitraillette* de Milo Rau que je n'ai pas été assez présente à la

Schaubühne pour pouvoir répéter une nouvelle pièce. Par contre, j'ai eu beaucoup de temps pour moi, pendant les déplacements d'une ville à l'autre. Après avoir joué *Le mariage de Maria Braun,* mis en scène par Thomas Ostermeier, au Chili, je suis par exemple restée une semaine dans le pays. J'ai un peu traîné et voyagé au petit bonheur la chance. C'est le genre de choses dont j'ai besoin.

AK : Si vous regardez en arrière, avec vos années de métier, diriez-vous que la profession d'acteur a changé ?

UL : Aujourd'hui, les qualités secondaires sont peut-être plus importantes : on doit supporter plus de travail, résister à la pression, savoir se vendre – tout ce qui est préalable à l'exercice de notre métier. Il y a aussi, sûrement, des modifications dans la façon de jouer. Mais, dans son essence, la profession n'a pas changé. Je pense même que l'art de l'acteur restera toujours le même, fondamentalement. Le peintre Johannes Grützke, qui vient de décéder, nous livre une jolie anecdote. A la question de savoir ce qu'est un peintre moderne, il a donné cette belle réponse : « L'art n'est pas moderne. L'art est toujours là. »

AK : Est-ce que c'est ce que vous vous êtes imaginé, lorsque vous vous êtes inscrite à l'examen d'entrée de l'Académie des arts dramatiques ?

UL : Je ne me suis pas imaginé grand-chose. Au point que j'ai récité un poème, *Pégase mis au joug* de Friedrich Schiller, lors de l'examen d'entrée à l'Académie « Ernst Busch » de Berlin, et non un rôle. J'ai déclamé toutes les strophes. Ils m'ont très gentiment donné une deuxième chance et fixé une nouvelle audition. J'ai alors interprété *Rose Bernd* de Gerhart Hauptmann. Le dialecte silésien avec l'accent suisse, ça les a manifestement convaincus *(elle rit)*. Je n'avais absolument aucune idée de ce que le métier serait. Je ne savais pas non plus combien de peurs il faudrait supporter, mais c'est malheureusement ainsi. A part cela, je suis très heureuse dans ce métier.

AK : Avez-vous encore le trac ?

UL : Parfois oui, par exemple en avril, avec *Compassion,* à Zurich.

AK : Pourquoi ?

UL : Parce que jouer dans cette ville revêt, pour moi, quelque chose de spécial. Je suis d'ailleurs très heureuse quand j'ai le trac. C'est quand même vraiment merveilleux d'avoir joué une pièce si souvent et d'avoir toujours le trac. Le trac réveille. Il empêche que l'on se sente sûr.

AK : Cela me semble être un point central de votre art : ne pas se sentir sûr.

UL : C'est la condition préalable. Le plus important, pour moi, est d'être disposée à me confronter à certains contenus. Se plonger vraiment dans les tâches que l'on reçoit. Faire ce qui est devant soi, totalement. Sans se mettre en quête d'espaces préservés. Mais en s'exposant, pour ainsi dire, au front, encore et encore. C'est cela qui est décisif.

AK : Vous n'aimerez probablement pas ce que je vais dire, mais vous êtes une diva.

UL : *(Eclate de rire)* Mais c'est très drôle !

AK : Milo Rau dit même de vous que vous êtes une « méta-diva » qui a derrière elle l'histoire des divas, une histoire qu'elle a transformée en quelque chose de nouveau. Qu'est-ce que c'est, une diva, aujourd'hui ?

UL : C'est bien sûr à Milo Rau que vous devriez poser la question. Ce qu'il veut peut-être dire, c'est qu'une méta-diva ne s'intéresse pas seulement à elle-même, mais à quelque chose qui est au-delà d'elle. Pour de la substance, pour une « troisième chose » – pour ainsi dire. Dans ce sens-là, je suis volontiers une méta-diva.

AK : Le « divin » est dans l'œil de celui qui regarde. Faut-il alors ce personnage unique et exceptionnel sur scène ?

UL : Il ne faut pas seulement un personnage exceptionnel, il faut que tous le soient, c'est la plus belle constellation. Avec des comédiens exerçant leur métier de manière indépendante, émancipée, sans peur, courageusement. Il se dégage alors une énergie totalement différente sur scène, très physique, une énergie qui ne pourrait être remplacée par rien d'autre. On s'expose, bien sûr, très souvent. Ce n'est pas toujours très agréable. Mais c'est la seule manière d'aller loin, véritablement, jusqu'à un endroit où on n'a pas encore été.

> **AK** : Vous travaillez principalement dans ce genre de constellations. Par exemple avec le metteur en scène Thorsten Lensing, qui réunit une troupe de comédiens de premier choix pour chacune de ses pièces.

UL : Effectivement. Il est souhaitable que chacun sache vraiment pourquoi il est là, chaque soir, et, dans cet exemple, c'est le cas. Certains rôles sont bien sûr plus grands que d'autres, mais tous sont traités à égalité, aussi bien entre les comédiens et le metteur en scène qu'entre les comédiens eux-mêmes. Et ce n'est pas seulement parce que nous nous trouvons sympas, c'est même plutôt accessoire. C'est parce que nous nous nourrissons mutuellement sur le plan artistique. Chacun de nous est meilleur lorsqu'il a un partenaire fort. Si l'on n'a pas un vis-à-vis qui exige beaucoup de nous et nous transporte, cela ne sert à rien de se trouver sous les feux de la rampe. C'est ce que je remarque, quand tous donnent « tout leur jus », quand il règne une confiance qui pousse à aller toujours plus loin. Cela fait du bien. Quand tous ceux qui sont sur scène jouent vraiment en étant en contact les uns avec les autres. Quand on ne fait pas semblant de jouer, mais qu'on le fait, tout simplement. La seule chose authentique que l'on peut faire sur scène est de jouer. C'est de cela dont on doit s'occuper, en tant qu'acteur ; et c'est la mise en scène qui doit le rendre possible.

> **AK** : Quelle importance revêt pour vous le fait d'être membre d'une troupe ?

UL : De la manière dont je le vis actuellement, c'est idéal, car je suis engagée à la Schaubühne et je peux aussi participer à des productions indépendantes. La troupe donne de la continuité. Je connais Thomas Ostermeier depuis 25 ans, nous avons étudié ensemble. Cela a beaucoup de valeur, car il est ainsi possible de construire son travail sur une base pré-existante, il ne faut pas recommencer à chaque fois à zéro. Birdie Hubbard, dans *La Vipère* de Lillian Hellman, est l'un de mes personnages préférés. Thomas m'a laissé beaucoup de liberté, bien plus que ce que le personnage a, en réalité, dans la pièce. A la Schaubühne, je peux aussi régulièrement faire la connaissance de nouveaux artistes, par exemple Milo Rau, Alvis Hermanis, Falk Richter, Katie Mitchell ou Romeo Castellucci. J'ai été comédienne indépendante pendant des années ; aujourd'hui, il me semble que cela n'est quasiment plus possible, car il faut s'occuper de tellement de bêtises secondaires. Il faut tellement travailler ne serait-ce que pour pouvoir travailler. Mais j'ai gardé une grande affinité pour les structures indépendantes. C'est même un critère déterminant lorsque je dois choisir un rôle : est-ce que je l'accepterais si j'étais comédienne indépendante ? Dans tout ce que j'ai fait jusqu'ici, même les choses moins réussies, je me suis dit au préalable : oui, je l'aurais fait, en tant qu'indépendante également. C'est, à mes yeux, la question fondamentale.

> **AK** : De nombreux théâtres sont en train d'abandonner le modèle traditionnel de la troupe avec répertoire et de se diriger vers des structures de coproduction. Etes-vous une fervente défenseuse du modèle de la troupe ?

UL : Je trouve bien que plusieurs formes co-existent. Il ne faut pas jouer l'une contre l'autre. Pourquoi faudrait-il dissoudre les troupes ? Prenons la Schaubühne : la maison bourdonne comme une ruche, elle est pleine chaque soir. Ce qui me préoccupe, c'est le fait que certains théâtres ne mentionnent plus que le titre de la pièce et peut-être encore la mise en scène dans leurs programmes, mais plus du tout les comédiens. En tant que l'une d'entre eux, je ne peux évidemment pas souscrire à cette évolution.

> **AK** : Le public ne s'identifie pas à des formes, mais à une troupe et à « ses » comédiens. Ces derniers sont-ils les éléments les plus importants du théâtre ?

UL : C'est un point sur lequel je dois insister ! Et les spectateurs, bien sûr. Sans ces deux groupes, rien ne se passe. Le théâtre, c'est ça : A interprète B et C regarde. Nous avons évidemment besoin d'auteurs, de dramaturges et de metteurs en scène intelligents. Mais le théâtre n'atteint le public que quand la profondeur du jeu sur scène s'ajoute à des pensées pointues. Sinon, on peut écrire des pamphlets et des manifestes. Nous voulons atteindre l'être humain dans sa totalité, pas seulement son cerveau. D'où l'importance de l'incarnation. Nous, les comédiens, nous sommes pour ainsi dire la chair : nous trimbalons nos corps sur scène.

> **AK** : ... c'est aussi le cas après la première, lorsque le metteur en scène n'est plus là. Pour toute personne extérieure, une troupe est aussi un lieu de fantasmes : si, par exemple, un épisode de la série télévisée *Tatort* se déroule dans le milieu théâtral, le groupe d'acteurs est représenté comme un lieu d'animosités, de rivalités, voire, dans le meilleur des cas, d'assassinat. Est-ce que ce genre de troupe existe ?

UL : Il y a de la compétition et c'est aussi important. Il faut le voir de façon sportive. Cela ne nous ronge pas.

> **AK** : Est-ce que c'était différent, autrefois ?

UL : Oui, je l'ai vécu davantage à mes débuts. Mais c'était peut-être lié au fait qu'il fallait d'abord s'imposer. Mais, pour revenir à la question des divas, il n'est plus possible aujourd'hui de se permettre des extravagances. Et en tout cas pas au cinéma : faire des histoires, « je ne peux pas travailler comme ça », quitter le lieu du tournage – tu te fais éjecter tout de suite. Le temps, c'est de l'argent. Il faut savoir fonctionner.

> **AK** : Est-ce que c'est aussi lié au fait que, aujourd'hui, les acteurs sont des partenaires égaux des metteurs en scène ?

UL : Oui, absolument. Autrefois, les comédiens étaient plutôt des preneurs d'ordres. Il arrivait alors que la frustration accumulée se déverse à un autre endroit.

AK : Elsa, dans la pièce de théâtre musical *Lohengrin,* de Salvatore Sciarrino, à l'Opéra de Berlin, a été un rôle important pour vous.

UL : La proposition avait été tout à fait inattendue et cette interprétation reste l'une de mes meilleures. L'aspect musical et le fait que mes partenaires étaient un hautbois et un basson étaient inédits. J'ai réappris à écouter, car cette musique, dans sa complexité en tant que musique contemporaine, est presque incompréhensible, mais aussi parce qu'elle touche souvent aux limites de ce qui est écoutable. J'ai eu besoin de beaucoup de temps pour entrer dans cet espace. Il arrive quelque chose de magique : deux choses, à savoir l'intérieur et l'extérieur, s'emboîtent, deux fois. Les bruits extérieurs comme un aboiement lointain ou un roucoulement, et des bruits intérieurs comme des gargarismes, des sanglots, des claquements de dents, s'emboîtent, et aussi les plans temporels se chevauchent. C'est un courant de pensées qui provoque une simultanéité mystique. Tous les âges et tous les moments du personnage sont présents en même temps. Au centre de la composition, il y a une scène au cours de laquelle Elsa appelle, chuchote, crie, gargouille son propre nom pendant plusieurs minutes. Ce moment a été une clé de l'œuvre, pour moi. Il y a là un être humain et il s'est tellement perdu qu'il prononce, des minutes durant, son propre nom. La musique a apporté une nouvelle dimension, que je n'avais encore jamais vécue au théâtre.

AK : Cet automne, vous interprétez le rôle d'un joueur de tennis professionnel de dix-sept ans dans l'adaptation, par Thorsten Lensing, du roman *L'infinie comédie* de David Foster Wallace. Dans la mise en scène *LENINE* de Milo Rau, vous incarnez le révolutionnaire et, chez Romeo Castellucci, une version féminine du roi Œdipe. Ces personnages aux frontières du genre vont bien au-delà des rôles travestis de Chérubin ou Rosalinde. Qu'est-ce qui vous fascine ?

UL : D'abord, je dois dire que je ne réfléchis pas en ces termes. Je n'interprète pas des hommes parce que je veux interpréter des hommes, je n'ai aucun programme de ce type. Ce que je veux, c'est jouer des rôles intéressants. Si c'est un homme, et bien c'est un homme, je ne m'en soucie pas.

Je crée un personnage par une situation, non par son état. Comme agir dans cette situation ? Le masculin naît alors de lui-même.

> **AK** : Mais cela ne fait-il pas une différence ? Vous n'êtes pas un homme.

UL : Le jeu est la rencontre du comédien avec le texte, avec le personnage. Lorsque le chemin est long, lorsque l'éloignement est grand, le travail devient vraiment passionnant. Il s'agit de saisir l'essence d'un personnage. Il y a très certainement des rôles de femme suisse entre 40 et 50 ans que je serais incapable d'interpréter. Mais Lénine, ça pourrait aller. Car je peux probablement davantage en saisir l'essence que celle d'une femme qui serait beaucoup plus proche de moi. Voilà quelque chose qui est possible au théâtre, mais pratiquement impossible au cinéma, où l'on n'échappe pas à son visage. Il s'agit justement de saisir un être, pas de singer quelqu'un. Je n'essayerai jamais de marcher comme Lénine ou de me comporter comme lui. Je ne vais pas non plus commencer à jouer au tennis ! Et j'interprète Œdipe avec les cheveux longs non attachés et la poitrine nue, de façon donc très, très féminine.

> **AK** : Dans les pièces de Romeo Castellucci, il est de toute façon impossible d'appréhender les rôles avec des concepts traditionnels de personnages.

UL : Chez lui, il s'agissait d'une artificialité absolue. C'était presque comme une messe, où on célébrait les mots. La version d'*Œdipe* de Castellucci est fortement raccourcie et exigeante. C'est plus une installation qu'une représentation de pièce antique. Elle a la forme d'un triptyque allant jusque dans un espace non linguistique où il ne reste sur scène que des personnages amorphes qui gargouillent et émettent des bruits intestinaux. Il ne s'agit donc pas de savoir si nous avons devant nous un homme ou une femme. L'action se passe dans un couvent de carmélites. Il n'y a donc que des femmes sur scène, sauf Tirésias, que Castellucci a voulu incorporer comme une dissonance, un élément perturbateur dans un monde monacal.

> **AK** : Vous parlez de la netteté des idées, de l'artificialité de la mise en scène, de la profondeur

que les comédiens donnent à un personnage – que devez-vous savoir sur un personnage ?

UL : Je dois savoir ce qu'il dit. Et à qui. Je dois connaître le texte. Le reste prend forme pendant les répétitions. C'est ce qui est beau au théâtre : on a le temps de faire des essais. C'est rare au cinéma. Au théâtre, on a incroyablement beaucoup de temps pour répéter, à mon goût parfois même trop. Pour l'instant, cela me suffit.

AK : D'où vient la profondeur du personnage ?

UL : Du jeu. De ce que l'on ne peut pas contrôler : quand deux comédiens jouent, c'est quelque chose d'incomparable. C'est aussi très simple – et en même temps si complexe qu'il est difficile de le décrire, car, justement, jouer est infiniment plus complexe que tout ce que l'on peut imaginer ou entreprendre. C'est aussi la raison pour laquelle je ne parle pas volontiers de mon travail. Dès que je ne suis plus sur scène, je n'éprouve aucun besoin de partager par des mots et je trouve tout aussi étrange que notre discussion puisse rester disponible, sous forme écrite, lorsque nous serons morts tous les deux depuis longtemps et que ce que je sais faire le mieux, tous les jours vers 22 ou 23 heures, après la représentation, soit terminé pour toujours, tandis que les choses secondaires demeurent. Mais continuons tranquillement notre discussion ! J'ai depuis longtemps accepté que les interviews fassent partie de mon métier. De plus, par rapport à mon état habituel je suis relativement en forme aujourd'hui.

AK : Merci ! Dans l'éloge qui a été lu en votre honneur lors de la remise de l'Anneau Hans Reinhart, cette phrase de vous a été citée : « Je change d'habits et c'est parti. »

UL : C'est parfaitement sérieux. Ce que je porte me préoccupe beaucoup. L'apparence est importante, elle révèle beaucoup de choses. Pouvoir ne pas s'occuper de cela est, à mes yeux, un mystère. Par exemple, Einar Schleef et Michael Haneke ont regardé personnellement chaque pièce d'habillement destinée aux acteurs. Nous avons essayé des costumes pendant des heures. Il leur est arrivé à tous les deux de s'emparer eux-mêmes d'une paire de ciseaux et de corriger une jupe ou une blouse de façon à ce qu'elle soit comme ils le voulaient. Ce que je porte sur scène est très important, pour moi. Je ne peux pas imaginer qu'on fasse un dessin et que je doive ensuite porter ce qui a été dessiné. C'est au-delà de mon entendement.

> **AK** : Etes-vous la terreur de tous les concepteurs de costumes ?

UL : Non, pas du tout. Je travaille avec eux, je m'intéresse à ce qu'ils font. Je crois, au contraire, qu'ils en sont heureux. Mon but n'est pas de décider ce que je vais porter, mais d'avoir un dialogue. De même, le fait que l'habit soit confortable, qu'il m'aille ou ce genre de choses n'a aucune importance. On accorde de toute façon trop peu d'importance aux concepteurs de costumes. Quand un critique de théâtre se penche-t-il sur les costumes ? C'est pourtant une question cruciale.

> **AK** : L'habit est l'emballage du personnage. Avez-vous toujours une idée concrète de ce à quoi vos personnages doivent ressembler ?

UL : Non, justement pas. Les idées naissent pendant les répétitions. C'est pourquoi les dessins sont si absurdes, à moins qu'ils ne soient conçus comme des projets, des propositions. Je ne peux pas savoir à quoi ressemblera mon personnage ! Je le sais peu de temps avant la première. C'est un travail de longue haleine. Dans la mise en scène de *Karamazov,* par Thorsten Lensing, il n'y a aucune photo de costume définitif, car, deux jours avant la première, nous avons tout jeté et nous avons pris un virage à 180 degrés. Cela doit être possible, en tant que processus de travail bien sûr. Lorsqu'une surprise survient pendant les répétitions, tous doivent réagir. Plus quelque chose est surprenant, mieux c'est. C'est la plus belle chose qui puisse arriver au théâtre – être surpris. Lorsque j'ai joué dans *Drames de princesses,* d'Elfriede Jelinek, au Schauspielhaus d'Hambourg, dans une mise en scène de Laurent Chétouane, tout le décor a été jeté quelques jours avant la première. Laurent a dit à Tom Stromberg, qui, alors, dirigeait le théâtre, qu'il savait que le décor était très cher, mais que cela ne fonctionnait tout simplement pas. « Jette-le dans l'Alster », lui a répondu Tom Stromberg. Je l'aime encore, rien que pour ça.

AK : Et le décor, que représente-t-il, pour vous ?

UL : Lorsqu'il est bon, on voit mieux les acteurs que sans lui. Malheureusement, ce n'est pas souvent le cas. Le rideau se lève et la messe est dite. Certains décors semblent « jacasser » toute la soirée. C'est le jeu qui doit faire naître un monde, ce n'est pas le décor qui doit l'illustrer. Cela vaut aussi pour les habits. Un costume ne doit pas me bétonner ou donner trop intensivement une idée qui ferait que je ne doive ensuite même plus jouer.

AK : C'est donc une partie importante du personnage, partie qui vous préoccupe beaucoup.

UL : Je m'occupe volontiers des éléments concrets, par exemple de la chaise roulante de Lisa dans *Karamazov*. C'est quand même ma chaise roulante. Je n'ai pas besoin de faire des recherches, de savoir quel modèle a été utilisé à quelle époque. Mais je commande diverses chaises roulantes pour les répétitions et regarde laquelle est la bonne. C'est de ce genre de choses dont je m'occupe. Le rôle naît de nombreux éléments concrets et uniques. En parler avec mes partenaires est, à cet égard, décisif.

AK : C'est-à-dire, ce qui naît dans les moments de jeu ?

UL : Ce qui naît des répétitions. On doit se faire, d'abord, toutes les réflexions possibles mais il faut toujours rester conscient que chaque réflexion, au final, ne suffit pas, que même la plus intelligente est trop simple. Quelque chose doit se rajouter et cela prend vie dans le jeu.

AK : Qu'amenez-vous lors de la première répétition ?

UL : Le moins possible. J'ai lu, bien sûr, le roman de David Foster Wallace, mais ensuite je l'ai mis de côté. Je lis beaucoup aussi, évidemment, sur Lénine et la Révolution russe, je me prépare, naturellement, mais, au moment des répétitions, tout cela devient accessoire. Alors, il faut se pencher sur les choses qu'on ne peut pas régler seule dans sa chambre. On peut élucider pas mal de choses, mais il ne faut pas s'encombrer. Avant le début des répétitions, je ne réfléchis pas au résultat final. Je n'y pense même pas avant une représentation. Mais il m'a fallu du temps pour en arriver là.

AK : Vous n'avez aucune « partition » sur scène ?

UL : Elle est là, bien sûr, quelque part. Le texte est déjà la partition. Mais se créer des images est, pour le jeu sur scène, une grande erreur. J'en suis absolument sûre. Même dans un cas aussi extrême que le *Lohengrin* de Sciarrino, où il y a une partition au sens littéral du terme et je sais que je dis ceci et cela après le quatrième « toc-toc » du hautbois. Il faut que cela arrive à ce moment-là, c'est clair. Mais je me sens libre, pourtant. C'est l'exemple, extrême, d'une partition très définie mais qui est si bien faite qu'elle nous mène à la liberté. L'art du jeu ne connaît pas de loi. La partition est parfois plus claire, parfois ouverte. Cela ne fait aucune différence s'il faut parler fort ou doucement, à tel endroit ou à un autre. Finalement, il n'y a qu'un seul critère : est-ce vivant ou ne l'est-ce pas ? Pour y arriver, il y a plusieurs voies. La dernière étincelle, c'est bel et bien une grâce. On ne peut pas forcer cela.

AK : C'est l'art.

UL : Il faut tout faire pour y parvenir et il existe des moyens pour cela. C'est un art collectif, chacun apporte sa contribution. Mais pour que cela s'épanouisse et décolle vraiment, il faut cette dernière étincelle et elle a beaucoup à voir avec le hasard. Elle doit juste être possible. Parfois, il est clair depuis le début qu'elle ne surviendra pas. Mais il nous faut cette chance, sinon le travail n'a pas de sens.

AK : Et cette chance, a-t-elle à voir avec ce que vous nommez la mise en danger ? Avec le fait de ne pas être trop sûre ?

UL : En soi, être là-haut et jouer, ce n'est pas un état naturel, comme le fait que les autres soient assis en-dessous, qu'ils aient payé et qu'ils regardent – même si le jeu en soi est quelque chose de naturel. Il faut franchir une frontière. Un peu d'intrépidité, d'asocialité et d'insolence en font partie. Et l'humour, bien sûr, qui devient de plus en plus important pour moi. Il y a vraiment de plus en plus de choses qui me font rire.

Par exemple, quand je relis un livre pour la deuxième fois et que je vois quels non-sens j'avais soulignés, à l'époque, mais aussi des personnages, quand ils sont bien conçus. C'est lié au fait que je suis devenue de plus en plus réaliste. S'il n'y a pas d'humour du tout dans une représentation théâtrale, c'est que quelque chose ne joue pas. Mais, pour revenir à votre question : oui, j'essaye de m'assurer de moins en moins et donc de prendre le risque que quelque chose ne marche pas. Il faut bien sûr du courage, et je ne l'ai pas toujours. Mais les représentations théâtrales qui me sont restées le plus fortement en mémoire n'étaient pas loin d'être des échecs. *Jesus Christ Superstar,* de Peaches, avec Chilly Gonzales au piano par exemple. J'y suis allée plusieurs fois. On voudrait bien sûr être comme Peaches : en même temps sûre d'elle et vulnérable. C'est vraiment mon but : maîtriser de moins en moins de choses, afin qu'une rencontre puisse naître, sur scène, avec le public, que le spectateur doive lui aussi contribuer au travail. Ce n'est pas un film qui se déroule. C'est une communication, il faut entrer en contact avec le spectateur. Les spectateurs doivent avoir la chance de pouvoir entrer dans le jeu. Si je ne fais que les submerger avec mon savoir-faire ou de la force, avec des moyens esthétiques, de sorte qu'ils ne peuvent qu'être assis dans leur fauteuil et laissent le spectacle leur passer au-dessus, alors j'ai manqué mon but. Il faut qu'un échange ait lieu. Le spectateur doit pouvoir entrer dans le spectacle que nous faisons.

AK : C'est une belle conclusion !

UL : Oui, arrêtons-nous ici. Montaigne a dit, si je me souviens bien, qu'il existe un point commun entre une bonne discussion et un bon cheval : tous deux savent passer d'un fougueux galop à un arrêt tout en douceur. *(rires)*

Ursina Lardi in *Mitleid. Die Geschichte des Maschinengewehrs,*
Berlin, Schaubühne am Lehniner Platz, Januar 2016. Regie: Milo Rau;
Dramaturgie: Florian Borchmeyer; Mitarbeit Recherche / Dramaturgie:
Mirjam Knapp und Stefan Bläske
Foto: © David Baltzer / bildbuehne.de

Andreas Klaeui

«Un'idea può essere arguta, ma solo in scena acquisisce profondità»

Incontro con Ursina Lardi

Andreas Klaeui: Ci incontriamo in una sala prove della Schaubühne di Berlino, di cui fa parte della compagnia. Il giorno dopo la cerimonia di consegna dell'Anello Hans Reinhart è dovuta ripartire subito per una tournée di più settimane in Cina, ora arriva direttamente dal set di un film per la televisione diretto da Lionel Baier e quasi contemporaneamente ha portato a termine le riprese dell'adattamento di un giallo con il regista Volker Schlöndorff. Dove trova tutta questa energia?

Ursina Lardi: È il lavoro a darmi energia, se è di qualità mi dà più forza di quanta ne richieda. Per me è molto più faticoso non avere lavoro.

AK: Accanto a tutto ciò non sente il bisogno di avere dei momenti di libertà?

UL: Sì, certo, sono molto importanti per me, per questo motivo rifiuto anche delle cose. Inoltre, non ho interpretato poi così tanti ruoli. Negli ultimi tempi ho avuto sicuramente parecchio da fare, ma a dire il vero quasi tutti i miei colleghi lavorano molto più di me. In realtà sono piuttosto pigra. Il mio lavoro è una lotta immane contro l'inerzia, contro la forza di gravità, in un certo senso, dato che adoro starmene a letto. Quando lavoro però do tutta me stessa, non riesco mai a dosare le mie forze in modo ragionevole. Durante la scorsa stagione ero così spesso in tournée con *Compassione.*

La storia della mitragliatrice di Milo Rau, che non ho potuto essere abbastanza presente alla Schaubühne per le prove di una nuova pièce. In compenso, in viaggio ho avuto anche molto tempo per me. Dopo una rappresentazione del *Matrimonio di Maria Braun,* di Thomas Ostermeier, sono restata ad esempio ancora per una settimana in Cile, ho bighellonato e girato un po' per il Paese senza meta. Ho bisogno di questo genere di cose.

AK: Se volge lo sguardo indietro, alla Sua pluriennale carriera, ha l'impressione che il mestiere dell'attore sia cambiato nel tempo?

UL: Forse oggi le doti secondarie hanno maggiore importanza: si deve essere resistenti allo stress e alla pressione e sapersi vendere – tutti prerequisiti necessari per poter esercitare questa professione. Si possono constatare dei mutamenti nella maniera di recitare, ma penso che in sostanza il mestiere non sia cambiato. Sono addirittura dell'opinione che l'arte dell'attore, nella sua essenza, rimarrà sempre immutata. C'è un simpatico aneddoto che riguarda il pittore Johannes Grützke, recentemente scomparso. Alla domanda, se si consideri un artista moderno, ha risposto con questa bella frase: «L'arte non è moderna. L'arte è.»

AK: Se l'era immaginato così quando si è presentata all'esame di ammissione dell'Accademia d'Arte Drammatica?

UL: Non mi ero immaginata molte cose. A tal punto che all'esame di ammissione dell'Accademia d'Arte Drammatica «Enst Busch» di Berlino invece d'interpretare un ruolo ho declamato una poesia, *Pegasus im Joche* di Friedrich Schiller, tutte le strofe. Sono stati gentili, mi hanno dato una seconda chance e ho potuto presentarmi a un'altra audizione. Ho recitato *Rose Bernd* di Gerhart Hauptmann. Il mio slesiano con un'inflessione svizzera deve averli convinti *(ride)*. Non avevo nessuna idea di come sarebbe stata questa professione. Non sapevo nemmeno quanta ansia bisogna sopportare, ma purtroppo è così. Altrimenti, sono molto soddisfatta del mio mestiere.

AK: Le capita ancora di avere la febbre della ribalta?

UL: A volte ce l'ho ancora. Ad esempio nell'aprile di quest'anno, quando ho presentato *Compassione* a Zurigo.

AK: Perché?

UL: Perché per me è qualcosa di speciale calcare la scena in questa città. E sono felice quando ho la febbre della ribalta. È fantastico avere recitato spesso una pièce e avere ugualmente la febbre della ribalta. Mantiene vivi, impedisce di sentirsi sicuri.

AK: Questo «non sentirsi sicuri» mi sembra un aspetto fondamentale della Sua arte.

UL: Per me è un presupposto necessario. La cosa più importante, a mio modo di vedere, è essere disposti a confrontarsi con i contenuti, a buttarsi anima e corpo nei compiti che ci vengono affidati, a dedicarsi a fondo a quello che si sta facendo, senza riserve. Bisogna sempre porsi in prima linea, per così dire. Questo è l'essenziale.

AK: Forse non Le piace sentirselo dire, ma è una diva.

UL: *(Scoppia a ridere)* È molto divertente!

AK: Milo Rau La definisce addirittura una «meta-diva», nel senso che si è lasciata alle spalle la storia delle dive trasformando il concetto in qualcosa di nuovo. Cosa potrebbe significare essere una diva oggi?

UL: Dovrebbe chiederlo a Milo Rau. Forse intende dire che la meta-diva non s'interessa solo a se stessa, ma a qualcosa che la trascende. Ai contenuti, a una «terza cosa», per così dire. In questo senso sono volentieri una meta-diva.

AK: Il «divino» è negli occhi di chi guarda. In scena c'è quindi bisogno di un personaggio che spicchi sugli altri?

UL: Non c'è bisogno di un solo personaggio che spicchi sugli altri, il massimo è quando tutti eccellono: attori indipendenti ed emancipati che svolgono la propria professione senza timore, con coraggio. In scena si sprigiona subito un'energia diversa, totalmente fisica, che non è possibile comparare a nient'altro. Naturalmente sprizzano spesso scintille, il che non è sempre gradevole, ma è l'unico modo per arrivare davvero lontano, dove non si è mai stati prima d'ora.

> **AK:** Lei lavora spesso in costellazioni di questo tipo, ad esempio con Thorsten Lensing, che per ogni produzione riunisce ad hoc un ensemble di attori di spicco.

UL: Sì. È auspicabile che ognuno sia pienamente consapevole del motivo per cui calca la scena, ogni sera, e in questo contesto è così. Naturalmente alcune parti sono più grandi e altre più piccole, ma la nostra è sempre una collaborazione tra pari, sia fra gli attori e il regista che fra colleghi.

E non solo perché ci troviamo simpatici, questo aspetto è abbastanza irrilevante, ma piuttosto perché ci ispiriamo a vicenda sul piano artistico. Ognuno di noi è migliore se ha accanto un partner forte. Senza un interlocutore esigente e in grado di spronarci non serve a niente stare sotto le luci della ribalta. Mi accorgo della differenza quando tutti sono «pieni di linfa vitale», quando regna una fiducia che incoraggia ad andare sempre avanti. È una bella sensazione. Quando tutti entrano in contatto gli uni con gli altri e danno il massimo. Quando non si gioca a recitare, «fare come se», ma si recita realmente. La sola cosa autentica che si possa fare in scena è recitare. Di questo deve occuparsi l'attore e il regista deve renderlo possibile.

> **AK:** Cosa significa per Lei far parte di una compagnia?

UL: Così come stanno adesso le cose, cioè il fatto di essere membro della compagnia della Schaubühne e al contempo avere la possibilità di partecipare a produzioni indipendenti, è l'ideale per me. In un teatro stabile c'è continuità. Conosco Thomas Ostermeier da 25 anni, abbiamo studiato insieme. Per me sul piano professionale è molto prezioso potere costruire su basi preesistenti, senza dovere ricominciare ogni volta da zero. Birdie Hubbard in *Piccole volpi* di Lillian Hellman è uno dei miei personaggi preferiti. Thomas mi ha lasciato molto spazio, molto più di quanto il personaggio abbia nel testo originale della pièce. Alla Schaubühne ho inoltre la possibilità di conoscere nuovi artisti e artiste del calibro di Milo Rau, Alvis Hermanis, Falk Richter, Katie Mitchell, Romeo Castellucci. Per molti anni ho lavorato da indipendente; oggi mi sembra quasi impossibile. Bisogna occuparsi di così tante sciocchezze secondarie, bisogna affrontare un'enorme mole di lavoro solo per poter lavorare. Però ho mantenuto una grande affinità con le strutture indipendenti. Per me il criterio più importante per la scelta di un ruolo è: avrei accettato questo ingaggio anche da indipendente? Per tutti i progetti ai quali ho collaborato, anche per le cose meno riuscite, prima di accettare mi sono sempre detta: sì, l'avrei fatto anche da indipendente. A mio modo di vedere questa è la domanda essenziale.

AK: Molti si lasciano alle spalle l'idea del teatro stabile convenzionale, con una compagnia e un repertorio, per aprirsi a strutture di coproduzione. È un'apologeta della compagnia stabile?

UL: Trovo positivo che possano coesistere diverse forme teatrali, non bisogna contrapporre le une alle altre. Perché mai si dovrebbero sciogliere le compagnie? Prendiamo ad esempio la Schaubühne: il teatro è in pieno fermento, è gremito ogni sera. Mi preoccupa però che alcuni teatri, nei loro programmi, menzionino solo il titolo della pièce e forse la regia ma non gli attori. Come attrice trovo che sia inaccettabile.

AK: Il pubblico non si identifica con una determinata forma, ma con la compagnia, con «i suoi» attori. È l'elemento più importante nel teatro?

UL: Ci tengo a sottolinearlo! E naturalmente gli spettatori. Senza questi due gruppi non si fa nulla. Il teatro è questo: A interpreta B e C guarda. Ovviamente abbiamo bisogno di autori, consulenti alla drammaturgia e registi intelligenti – ma solo quando all'acume del pensiero si aggiunge la profondità dell'interpretazione, il teatro riesce a raggiungere il pubblico. Altrimenti tanto vale scrivere pamphlet e manifesti. A noi importa raggiungere l'essere umano nella sua totalità, non solo il suo cervello. Incarnare un personaggio serve proprio a questo. Noi attori siamo per così dire la carne: trasciniamo il nostro corpo in scena.

AK: ... anche dopo il debutto, quando il regista non è più presente. Le compagnie stimolano la fantasia di chi è estraneo al mondo del teatro: Se ad esempio in un episodio del telefilm poliziesco *Tatort* figura una compagnia, è spesso rappresentata come un covo di animosità e rivalità; nella migliore delle ipotesi avviene un omicidio. Esistono davvero delle compagnie così?

UL: È vero che c'è concorrenza, che è importante e bisogna prenderla sportivamente. Ma non è una lotta all'ultimo sangue.

AK: Era diverso nel passato?

UL: Sì, all'inizio l'ho vissuta più intensamente. Dipendeva però forse dalla mia posizione, dal fatto che dovevo ancora affermarmi. Ma tornando alla questione delle dive: oggi non ci si può più permettere nessuna stravaganza. Soprattutto nel cinema: se fai storie, «così non posso lavorare», e lasci il set – sei subito tagliata fuori. Il tempo è denaro. Si deve funzionare.

AK: Ciò potrebbe anche essere legato al fatto che gli attori oggi collaborano più sullo stesso piano con il regista?

UL: Certamente. In passato gli attori erano piuttosto abituati a ricevere degli ordini, potevano accumulare molta frustrazione che veniva scaricata altrove.

AK: Il ruolo di Elsa nel *Lohengrin* di Salvatore Sciarrino, prodotto dalla Staatsoper di Berlino, riveste una grande importanza nella Sua carriera.

UL: La proposta è arrivata in modo del tutto inatteso, e oggi la considero una delle mie migliori interpretazioni. L'esperienza musicale, cioè il fatto di avere un oboe e un fagotto come partner, era totalmente nuova per me. E ho dovuto imparare ad ascoltare in modo nuovo, perché questa musica è quasi incomprensibile, nella sua complessità di musica contemporanea, ma anche perché si spinge spesso al limite dell'udibile. Ci ho messo un bel po' di tempo prima di riuscire ad accedere a questo luogo particolare. Inoltre, accade qualcosa di magico: che due cose s'intersecano l'una nell'altra, due volte. L'interno e l'esterno – rumori esterni come un abbaiare lontano o un tortoreggiare e rumori interni come gargarismi, singhiozzi o il battito dei denti – s'intersecano e anche le varie dimensioni temporali. È un flusso di pensieri che provoca una simultaneità mistica. Ogni età, ogni istante della vita del personaggio è presente allo stesso tempo. Al centro della composizione vi è una scena in cui Elsa per minuti interi chiama, sussurra, grida, gorgoglia il suo nome. Per me questa è stata la chiave d'accesso all'intera opera: che una persona si è persa e pronuncia per vari minuti il suo nome. La dimensione musicale mi ha permesso di sperimentare qualcosa che non avevo mai vissuto a teatro.

> **AK:** In autunno, nell'adattamento di Thorsten Lensing del romanzo *Infinite Jest* di David Foster Wallace, impersonerà un tennista diciassettenne; nella produzione *LENIN* di Milo Rau sarà il rivoluzionario russo; con Romeo Castellucci ha interpretato un Edipo re al femminile. Questi ruoli al confine fra i generi vanno oltre le tradizionali parti maschili come Cherubino o Rosalinda. Cosa l'affascina?

UL: A dire il vero non ci penso minimamente. Non interpreto ruoli maschili perché intendo impersonare degli uomini. Non è una scelta programmatica. Voglio interpretare dei ruoli interessanti. E se si dà il caso che sia un uomo, è un uomo punto e basta, la cosa non mi preoccupa. Creo un personaggio a partire da una situazione, non dal suo stato. Come devo agire in questa situazione? L'uomo risulta da sé.

> **AK:** Ma non fa una certa differenza, dal momento che non è un uomo?

UL: Recitare è l'incontro dell'attore con il testo, con il personaggio. A mio modo di vedere più il percorso è lungo e la distanza grande, più il lavoro è allettante. Bisogna cogliere l'essenza di un personaggio. Ci sono sicuramente dei ruoli di donne svizzere di circa quarantacinque anni che non sarei in grado d'interpretare. Invece Lenin potrebbe funzionare, perché forse riuscirei a cogliere meglio il suo carattere rispetto a quello di una donna più vicina a me. A teatro questo è fattibile, nel cinema è praticamente impossibile perché non si può sfuggire al proprio aspetto. Ribadisco che si tratta di cogliere l'essenza, non di scimmiottare qualcuno. Non proverò mai a camminare o a comportarmi come Lenin. Non mi metterò neanche a giocare a tennis! E il mio Edipo ha i capelli sciolti e un seno scoperto, interpreto dunque questo ruolo in modo molto molto femminile.

> **AK:** In ogni caso non è possibile spiegare i lavori di Romeo Castellucci attraverso una concezione tradizionale dei personaggi.

UL: Questa pièce rasenta l'assoluta artificialità. È quasi come una messa, si tratta di celebrare le parole. L'*Edipo* di Castellucci è molto conciso ed eccessivo, è più un'installazione che la rappresentazione di una tragedia antica. Ha la forma di un trittico che culmina in un luogo non verbale dove rimangono solo alcune figure amorfe che gorgogliano e fanno rumori intestinali. È quindi del tutto irrilevante se si tratti di un uomo o di una donna. La trama si svolge in un convento di Carmelitane, in scena ci sono dunque solo donne, a parte Tiresia che Castellucci ha voluto incorporare come nota dissonante, come un elemento di disturbo in questo mondo monastico.

> **AK:** Ha parlato d'idee argute, dell'artificialità della messinscena, della profondità che gli attori infondono al ruolo che interpretano – cosa deve sapere di un personaggio?

UL: Devo sapere cosa dice. E a chi. Devo conoscere il testo, il resto si sviluppa durante le prove. Il bello del teatro è che si ha il tempo di provare. Nel cinema è molto più raro. A teatro si ha invece un tempo infinito a disposizione per le prove, per i miei gusti a volte anche fin troppo. Per il momento non me ne serve di più.

> **AK:** Da dove deriva la profondità di un personaggio?

UL: Dall'interpretazione. Da quello che sfugge al controllo: due persone che recitano su un palco è qualcosa d'incomparabile. È al contempo molto semplice e così complesso che non riesco a descriverlo a parole, proprio perché recitare è infinitamente più complicato rispetto a tutto ciò che si possa immaginare o intraprendere. Per questo non mi piace parlare del mio lavoro. Fuori dal palcoscenico non ho nessun bisogno di comunicare, e trovo in un certo senso bizzarra l'idea che sarà possibile leggere questa nostra conversazione quando saremo entrambi già morti, mentre quello che so fare meglio scompare per sempre già alle 22 o alle 23, alla fine della rappresentazione, e invece le cose secondarie restano. Ma continuiamo pure, ormai ho accettato da tempo che le interviste fanno parte del gioco, e oggi rispetto al solito sono abbastanza in forma.

AK: Grazie! Nella laudatio per l'assegnazione dell'Anello Hans Reinhart è riportata questa Sua citazione: «Mi cambio d'abito e via.»

UL: È da intendere in modo assolutamente serio. Mi preoccupo molto di quello che indosso. L'aspetto è importante, rivela molte cose. Non capisco proprio come si possa non curarsene. Ad esempio Einar Schleef e Michael Haneke si sono occupati personalmente di ogni capo di abbigliamento che dovevano portare gli attori. Le prove dei costumi duravano ore e ad entrambi è capitato di prendere in mano le forbici e adattare una gonna o una camicia per renderla come avevano in mente. Quello che indosso in scena ha una grande importanza per me. È inconcepibile che qualcuno disegni un figurino e che poi io dovrò mettermi esattamente quella stessa cosa. Non esiste.

AK: È il terrore di tutti i costumisti?

UL: No, per niente, lavoro con loro, sono interessata, i costumisti ne sono al contrario felici. Non voglio decidere cosa indosserò, ma instaurare un dialogo. E non m'importa nemmeno se un capo è comodo o mi sta bene o cose simili. Ai costumisti si dedica in ogni caso troppa poca attenzione. Quando mai un critico si è occupato dei costumi? Eppure sono di cruciale importanza.

AK: L'abito è l'involucro del personaggio. Ha sempre un'idea concreta dell'aspetto dei Suoi personaggi?

UL: Assolutamente no. È una cosa che si sviluppa durante le prove. Per questo i figurini sono assurdi, a meno che non siano pensati come una prima bozza, una proposta. All'inizio non so ancora che aspetto dovrà avere il mio personaggio!

Lo so solo poco prima del debutto, fino ad allora bisogna mantenere i nervi saldi. Del *Karamazov* di Thorsten Lensing non c'è neppure una foto nel costume definitivo, perché due giorni prima del debutto abbiamo gettato via tutto e abbiamo virato di 180 gradi. Questo dev'essere possibile. Come procedura di lavoro, beninteso. Se durante le prove succede qualcosa di sorprendente, tutti devono reagire di conseguenza, perché più una cosa è sorprendente, meglio è. La cosa più bella che possa capitarmi a teatro è di sorprendermi. Quando ho recitato nei *Drammi di principesse* di Elfriede Jelinek allo Schauspielhaus di Amburgo, per la regia di Laurent Chétouane, l'intera scenografia è stata eliminata a pochi giorni dal debutto. Laurent ha detto a Tom Stromberg, che a quel tempo era il direttore, lo so che la scenografia è costata parecchio, ma non funziona. «Buttala nell'Alster», ha risposto Stromberg. Per questo lo amo ancora oggi.

> **AK:** Che importanza ha per Lei la scenografia?

UL: Grazie alla scenografia, se è ben fatta, gli attori vengono messi meglio in risalto che senza. Purtroppo spesso non è il caso. Il sipario si alza e la messa è detta. Alcune scenografie «chiacchierano» durante tutto lo spettacolo. Ma a teatro spetta agli attori il compito di creare un mondo, non dev'essere la scenografia a illustrarlo. E lo stesso vale per l'abbigliamento. Non deve cementare o specificare cose che non occorre più che io interpreti.

> **AK:** È un aspetto rilevante del personaggio, di cui si cura personalmente.

UL: Mi dedico volentieri a cose concrete. Ad esempio, in *Karamazov*, mi occupo della sedia a rotelle di Lisa. È la mia sedia a rotelle. Non ho bisogno di fare una ricerca, non devo sapere chi usava quale modello e quando. Durante le prove ordino diverse sedie a rotelle per stabilire qual è quella giusta. Mi occupo di cose di questo tipo. Un ruolo è costituito da molti dettagli concreti e l'aspetto più importante è senz'altro il contatto con i partner.

> **AK:** Quindi quello che succede durante la rappresentazione?

UL: Quello che si crea nella situazione delle prove. All'inizio è bene riflettere il più possibile, ma bisogna essere sempre consapevoli del fatto che ogni riflessione alla fine non basta, è troppo semplice, anche la più intelligente. Deve aggiungersi qualcos'altro, che si sviluppa recitando.

AK: Cosa porta con sé alla prima prova?

UL: Il meno possibile. Ovviamente leggo il romanzo di David Foster Wallace, ma poi lo metto da parte. E ovviamente adesso sto leggendo molto su Lenin e sulla Rivoluzione, è chiaro che mi preparo, ma durante le prove passa tutto in secondo piano. In quel momento bisogna occuparsi di ciò che non è possibile chiarire da soli a tavolino. Si possono chiarire molte cose, ma non ci si deve riempire troppo la testa. Prima delle prove non penso mai al risultato finale. Non ci penso nemmeno prima di una rappresentazione – ma ci ho messo molto per arrivare a questo punto.

AK: Non ha una «partitura» in mente, che porta con sé in scena?

UL: Evidentemente è depositata da qualche parte. Il testo rappresenta già la partitura. Ma nell'arte della recitazione è del tutto sbagliato farsi delle idee. Ne sono convinta. Anche nel caso estremo del *Lohengrin* di Sciarrino, nel quale c'è una partitura nel senso letterale del termine e so che dopo il quarto «Toc Toc» dell'oboe dico questo e questo. È ovvio che dev'essere esattamente così. Ciononostante sono libera. Si tratta di un caso estremo con una partitura definita nei minimi dettagli, ma è così ben strutturata che rende liberi. In scena non ci sono leggi. A volte la partitura è più chiara, a volte è aperta e non importa dove si stia o se si parli forte o piano – in fin dei conti l'unico criterio valido è: lo spettacolo vive o no? Ci sono diverse vie per raggiungere questa meta. E l'ultima scintilla è una grazia, è una cosa che non può essere forzata.

AK: L'arte consiste proprio in questo.

UL: Si deve fare tutto il possibile per raggiungere questo obiettivo, e si possono fare molte cose. Il teatro è un'arte collettiva, ognuno dà il suo apporto. Ma l'ultima scintilla, che porta uno spettacolo a prosperare e a prendere il volo, ha molto a che fare con il caso. Questa possibilità deve sussistere. A volte è chiaro sin dall'inizio che non può succedere. Ma dev'esserci una chance, altrimenti il lavoro non ha nessun senso.

AK: E questa chance ha a che vedere con il fatto, come Lei lo definisce, di esporsi al rischio? Di non sentirsi sicuri?

UL: A dire il vero è innaturale stare là sopra e recitare mentre gli altri sono seduti in platea, hanno pagato e guardano – anche se recitare in sé è una cosa del tutto naturale. Bisogna oltrepassare un confine. Ci vuole un pizzico di audacia, asocialità e sfrontatezza. E naturalmente senso dell'umorismo, che assume sempre più importanza per me. Ci sono sempre più cose che mi fanno ridere. Ad esempio se mi capita di leggere un libro per la seconda volta e vedo le assurdità che avevo sottolineato, e ovviamente rido anche dei personaggi, quando sono ben scritti. Ciò ha probabilmente a che fare con un crescente realismo. A mio parere, se una rappresentazione teatrale è totalmente priva di umorismo c'è qualcosa che non va. Ma tornando alla Sua domanda: sì, in effetti tento di cautelarmi sempre meno, correndo così anche il rischio che qualcosa vada storto. Ci vuole coraggio, indubbiamente, e non ce l'ho sempre, ma le serate teatrali che mi sono rimaste più impresse rasentavano tutte il fallimento. Il *Jesus Christ Superstar* di Peaches con l'accompagnamento al piano di Chilly Gonzales, ad esempio. Ho assistito diverse volte a questo spettacolo. Evidentemente si vorrebbe essere come Peaches: al contempo sicura di sé e vulnerabile. Aspiro seriamente ad avere il meno possibile sotto controllo, in modo che in scena possa avvenire un incontro con il pubblico. Non bisogna dimenticare che anche lo spettatore deve fare la sua parte. Non è come sbobinare un film. Il teatro è una forma di comunicazione, bisogna stabilire un contatto con il pubblico. Gli spettatori devono avere la possibilità di entrare in gioco. Se li travolgo con la mia bravura o con la mia carica di energia, con mezzi estetici, in modo che debbano limitarsi a starsene seduti in poltrona mentre lo spettacolo passa sopra le loro teste, ho mancato l'obiettivo. Deve avere luogo uno scambio: lo spettatore deve potere entrare nel vivo della serata teatrale che proponiamo.

AK: È una bella conclusione!

UL: Sì, fermiamoci qui. Se non ricordo male, Montaigne una volta ha detto che una buona conversazione e un buon cavallo hanno qualcosa in comune: entrambi si riconoscono dal fatto di riuscire a passare dal galoppo a un arresto perfetto. *(ride)*

Ursina Lardi in der Titelrolle in *Catharina von Siena* von Jakob Michael Reinhold Lenz, Berlin, Sophiensæle, März 2001. Regie: Thorsten Lensing
Foto: © David Baltzer / bildbuehne.de

Andreas Klaeui

"An Idea Can Have Bite, But Only Acting Gives It Depth"

A Conversation with Ursina Lardi

Andreas Klaeui: We're meeting on a rehearsal stage at the Berlin Schaubühne, where you're a member of the ensemble. The day after the Hans Reinhart Ring award ceremony you'll be leaving immediately for China for a theatre tour lasting several weeks; you've just come from shooting a TV film with Lionel Baier, and you've only just finished filming a crime thriller with Volker Schlöndorff. Where do you get the energy?

Ursina Lardi: The energy comes from the work itself. If it's good it gives me more energy than I put in. The most strenuous thing is not having any work.

AK: Don't you need breathing room in between?

UL: Of course, that's very important indeed. That's why I also turn things down. It's not even as though I've done so much acting. Sure, there's been a lot on recently. But to be honest most of my colleagues work a lot more than I do. I'm actually pretty lazy. My work is always a huge struggle with inertia, against gravity, if you like. I so much enjoy lying in bed. But when I do work I give it all I've got. I'm incapable of holding back. Last season I spent so much time on tour with Milo Rau's *Compassion. The History of the Machine Gun* that I wasn't at the Schaubühne enough to rehearse a new play. But it did mean I also had plenty of time for myself on the road. For example, after a guest performance of Thomas Ostermeier's *The Marriage of Maria Braun* in Chile, I stayed on for a week simply pottering about, travelling around the country fairly aimlessly. I need that kind of thing.

AK: Looking back over your career, would you say the acting profession has changed?

UL: Maybe the secondary virtues are more important now. You have to be resilient, be able to cope with pressure and sell yourself – all the things that make it possible to carry out the profession in the first place. For sure there have also been changes in the style of acting. But at its core I don't think the profession has changed. I'd even go as far to say that at its core the art of acting will always remain the same. There's a wonderful anecdote about the recently deceased painter Johannes Grützke. When asked whether he was a modern artist, he retorted that "Art isn't modern. Art is always."

AK: Is it how you imagined it would be when you applied to audition for acting school?

UL: I didn't really have any preconceived idea of what it would be like. That's clear from the fact that rather than turning up for my audition for the Ernst Busch Academy of Dramatic Art in Berlin with a role, I recited a poem: Friedrich Schiller's *Pegasus in Yoke,* all the verses. They kindly gave me a second chance and I got to do the audition another time. There I auditioned with *Rose Bernd* by Gerhart Hauptmann. I guess I won them over with my Silesian dialect in a Swiss accent *(laughs)*. I had no idea at all of what the acting profession would be like. Neither did I know how many fears you have to live with. But unfortunately that's the way it is. Otherwise I'm very happy with this job.

AK: Do you still get stage fright?

UL: Sometimes I still get stage fright. For example I did when I performed *Compassion* in Zurich this April.

AK: Why?

UL: Because for me performing in this city is something special. And I'm happy when I have stage fright. It's great if you've done a play so many times and are still nervous. Nerves keep you alert. They stop you from feeling secure.

AK: That seems to me to be a key aspect of your art: not feeling secure.

UL: For me it's the prerequisite. The most important thing is a willingness to expose yourself to the material. Giving your all to the jobs you get. Doing what has to be done at any given moment, completely. Without looking for places to hide. Going all the way to the front line, again and again. That's the key.

AK: It's probably not something you like to hear, but you're a diva.

UL: *(Laughs out loud)* That's funny!

AK: Milo Rau even describes you as a "meta-diva": you've left the history of divas behind you and made it into something new. What can a diva be these days?

UL: You'd have to ask Milo Rau that. Maybe he means that a meta-diva isn't interested in herself, but in something outside herself. In material, content, in a "third thing", so to speak. If that's the case I like being a meta-diva.

AK: The "divine" is in the eye of the beholder. Does there have to be a single outstanding figure on the stage?

UL: There has to be more than just one; the best thing is when everyone is outstanding. Autonomous, fearless, courageous, mature and responsible actors doing their job. As soon as you have that, you have quite a different energy on stage, completely physical. There's no substitute for that. Then of course it can get hairy. It's not comfortable, but it's the only way of really going places. I mean somewhere you've never been before.

AK: Most of your work is in situations like that. For example with Thorsten Lensing, who puts together an ensemble of outstanding actors specially for each production.

UL: Yes. The best thing is if each person knows why they're there, every evening. That's the case in those situations. Of course some of the parts will be bigger than others, but it's about collaboration among equals – between the actors and the director, and among the actors themselves. And not because everyone likes everyone. That's not really important. But because you cross-pollinate each other artistically. We're all better if we have a strong partner. Without someone else to challenge and encourage you it's no use standing in the spotlight either. That's something I notice when everyone's "juiced up", when there's a confidence in the air that encourages you to go further and further. That does you good. When everyone makes contact with each other and really acts – and by that I mean when it's no longer about acting, pretending, making believe, but simply doing it. The only authentic thing you can do on stage is act. That's what you have take care of as an actor; the director has to make it possible.

> **AK:** What does being involved in an ensemble mean to you?

UL: The way it is at the moment is ideal. In other words I have both: I'm involved in the Schaubühne, and also in these independent productions. In a particular theatre there's continuity. I've known Thomas Ostermeier for 25 years. We studied together. That's very precious. You can build on the work you've already done and don't always have to start from scratch. Birdie Hubbard in *The Little Foxes* by Lillian Hellman is one of my favourite characters. Thomas gave me a lot of leeway – far more, in fact, than the character in the play actually has. At the Schaubühne I also get to meet new artists, for example Milo Rau, Alvis Hermanis, Falk Richter, Katie Mitchell and Romeo Castellucci. For many years I worked freelance; these days I think that's hardly possible. You have to deal with so much secondary nonsense. You have to work so much to be able to work in the first place. But I've retained an affinity with free structures. It's the main factor I consider when choosing a role: would I also take it if I were freelance? With everything I've done, even the things that didn't work so well, I said beforehand: Yes, I would still have done it as a freelance. That's the fundamental question for me.

AK: Many people are abandoning the idea of the conventional municipal theatre as an ensemble theatre in favour of co-production structures. Are you an apologist for the ensemble?

UL: I think it's good that there are a number of different forms. You don't have to play one off against the other. Why would you want to disband the ensemble? Take the Schaubühne. The place is buzzing, it's full every night. What does worry me is the fact that there are theatres that only print the title of the play in their programme, maybe with the name of the director, but don't even mention the actors any more. That's something I naturally don't approve of as an actor.

AK: The audience doesn't identify with forms. It identifies with the company, with "its" actors. Are they the most important thing in theatre?

UL: Absolutely! And the audience, of course. Without those two things it doesn't work. Theatre is when A plays B and C watches. Of course we need smart authors, dramaturgs and directors. But it's only when you add depth of acting to ideas with bite that theatre gets through to the audience. Otherwise you might as well write pamphlets and manifestos. We want to reach the whole person, not just their head. It's about embodiment. We actors are the flesh, so to speak: we drag our bodies onto the stage.

AK: Even after the premiere, when the director's no longer present. For outsiders a theatre ensemble is also a phantasmagorical place. For example, whenever an ensemble appears in an episode of *Tatort,* it's portrayed as a place of animosities and rivalries, and ideally there's a murder. Do ensembles like this exist?

UL: The competition exists. That's important, and you have to take a sporting view of it. But it's not life or death.

AK: Did it used to be different?

UL: Yes. When I started out I experienced more of it. That maybe had to do with being in the position of first having to assert yourself and get established. But to get back to the diva debate: these days you can no longer afford extravagancies, least of all in the movies. If you bitch about, saying "I can't work like this" and march off the set, you're out immediately. Time is money. You have to function.

AK: Does it also have to do with the fact that actors these days tend to work with directors on equal terms?

UL: That's certainly the case. Actors used to be there more to execute orders. This meant frustration could build up that would be vented somewhere else.

AK: A big part for you was Elsa in Salvatore Sciarrino's operatic work *Lohengrin* at the Staatsoper Berlin.

UL: That came quite unexpectedly. Now I think it's one of the best things I ever got to do. The musical experience was completely new for me: having the oboe and bassoon as partners. I learned to hear in a different way, because the music – complex New Music – was almost incomprehensible, and it often went to the limits of what's audible. It took a long time for me to enter this space. Then something magical happened. Two things collapsed into each other, the inner and the outer: outside sounds like far-off barking and cooing, and inside sounds like gurgling, sobbing and chattering of teeth collapsing into each other – but also the levels of time. It's a stream of thought that creates a mystical simultaneity. All ages and all moments of the character are present at all times. At the centre of the composition is a scene where Elsa calls, whispers, shouts and gurgles her own name for several minutes. For me that was the key to the work: there's a person standing there who has lost herself so completely that she says her own name for minutes at a time. There the level of the music enabled me to experience something I'd never experienced in the theatre.

AK: This autumn you're playing a seventeen-year-old male tennis pro in Thorsten Lensing's adaptation of the novel *Infinite Jest* by David Foster Wallace. In Milo Rau's production *LENIN* you play the revolutionary, and for Romeo Castellucci a King Oedipus in female form.

In these roles, the way you cross the gender border goes way beyond the usual trouser roles like Cherubino or Rosalind. What do you find so fascinating about them?

UL: First of all, it's not something I give any thought to. I don't play men because I want to play men. There's no agenda. I want to play interesting roles. If it's a man, then it's a man. I don't care. I create a character via their situation, not via their state. How do I act in this situation? Then the man emerges automatically.

AK: But doesn't it make a difference? You're not a man now.

UL: Drama is the actor's encounter with the text, with the character. I think it's only really appealing when there's a long journey, a great distance, between these things. Ultimately it's about getting the essence of a character. There are certainly roles for a woman in her mid-forties from Switzerland that I can't play at all. But Lenin could work. Because maybe I can get his essence better than the essence of this woman who's basically much closer to me. That's possible in the theatre. But not really in film. There you can't get away from your face. It's about getting an essence, not imitating someone. I will never try to walk or behave like Lenin. And I won't start playing tennis! I play Oedipus with my breast showing and my hair down – it's very, very feminine.

AK: In any case there's no getting to grips with Romeo Castellucci's productions with conventional notions of character.

UL: He was all about absolute artificiality. It was almost like a Mass. It was about celebrating the words. Castellucci's version of *Oedipus* is highly curtailed and excessive, more of an installation than a performance of a classical play. In the form of a triptych it goes all the way to a space without language, where there are only amorphous figures gurgling and making bowel sounds. There it had nothing to do with whether it was a man or a woman. The action is set in a Carmelite convent, so there are only women on stage – besides Tiresias, who Castellucci wanted to incorporate as a jarring note, as interference, in the world of the convent.

AK: You've talked about sharpness of thought, the artificiality of the mise en scene, the depth the actors give a character. What do you need to know about a character?

UL: I need to know what they say. And who they say it to. I must know the text. The rest emerges in rehearsal. That's the nice thing about theatre: having time to rehearse. It's very rare in film. In the theatre you have oodles of time – sometimes too much for my liking – to try things out. I don't need any more than that to be going on with.

AK: Where does the depth of a character come from?

UL: From the acting. From the things you can't control: when two people act together there's something elusive about it. It's both so simple and so complex that I can hardly describe it – because acting is infinitely more complex than anything you can conceive of or plan. That's why I don't really like talking about my work. Beyond the stage I don't feel any need at all to talk, and somehow I find it strange that people will be able to read our conversation here long after we're dead, and that the thing that I do best will always be gone forever by ten or eleven at night, in other words after the performance, while the secondary stuff remains. But don't worry, let's continue. I've long since come to accept interviews as part of what I do, and by my standards I'm pretty much on form today.

AK: Thank you! In the laudatory speech for the Hans Reinhart Ring you're quoted as saying: "I switch costumes and off I go."

UL: That's meant very seriously. I pay a lot of attention to what I'm wearing. Appearance is important. It says a lot. It's a mystery to me how people can't care about it. For example Einar Schleef and Michael Haneke paid attention to every single item of clothing the actors were going to wear. We had costume rehearsals that went on for hours. Both of them ended up taking the scissors themselves and cutting a skirt or blouse the way they wanted it. What I wear on stage is very important to me. I can't imagine someone sketching a figure in a costume that I'm then supposed to wear. That's outrageous.

AK: Are you every costume designer's worst nightmare?

UL: No, not at all. On the contrary: I work with them, I'm interested, and costume designers love that. I'm not trying to lay down what I'm going to wear, rather I'm getting into a conversation. It's not about whether something is comfortable or suits me, or anything like that. Costume designers get far too little attention anyway. When has a critic ever talked about the costumes? But they're crucial.

AK: Clothes are the character's shell. Do you always have a clear idea of what your character looks like?

UL: No, not at all. That's something that has to emerge in rehearsal. That's why costume sketches are so absurd, unless they're intended as a first draft, a suggestion. Of course I don't know yet what my character's supposed to look like! I only know that shortly before the premiere. Until then people have to keep their nerve. For Thorsten Lensing's *Karamasow* there aren't even any photos of the final costumes, because two days before the premiere we threw everything out and did an about-turn. It has to be possible to do that. As a working process, you understand. If something surprising happens in rehearsal, everyone simply has to respond, because the more surprising something is the better. When I'm surprised in the theatre it's actually the most wonderful thing. When I played in Elfriede Jelinek's *Prinzessinnendramen* under the direction of Laurent Chétouane at the Deutsches Schauspielhaus in Hamburg, the whole set was scrapped a few days before the premiere. Laurent said to Tom Stromberg, at that time the director of the theatre, that she knew the set was very expensive, but that it simply didn't work. "Chuck it in the Alster," was Stromberg's reply. That's why I still love him.

AK: What does the set mean to you?

UL: If it's good it enables you to see the actors better than without it. Unfortunately that's often not the case. Then the curtain rises and Mass is read. There are sets that chatter through the whole evening. But the worlds in the theatre have to emerge through the acting, not be illustrated by the set. That also applies to the costumes. A costume mustn't block me or signify something so closely that I no longer have to act it.

AK: It's a relevant part of the character that you pay attention to.

UL: I like paying attention to the concrete things. For example I pay attention to the wheelchair Lisa uses in *Karamasow*. It's my wheelchair, after all. I don't do it by way of research. I don't have to know who used what model when. I have different wheelchairs brought to rehearsal and look to see which is the right one. That's the sort of thing I pay attention to. A role develops from many individual, concrete things. What's most important is the contact with your partners.

AK: You mean that which emerges in the course of acting?

UL: From the rehearsal situation. You have to give it as much thought as possible beforehand, but always also be aware that every thought, even the cleverest, is ultimately too little, too simple. Something has to be added to it, and that comes through the acting.

AK: What do you bring with you to the first rehearsal?

UL: As little as possible. Of course, I read David Foster Wallace's novel, but then I put it to one side. Naturally I'm now reading a lot about Lenin and the Russian Revolution. I do prepare, but when it comes to the rehearsal all that takes second place. Then you have to pay attention to the things that you can't work out for yourself on your own. You can work out many things, but you can't let yourself get cluttered up with them. Before rehearsals start, I never think about how it will turn out. I don't even give it any thought before a performance – although it took me a long time to get to that point.

AK: So you don't have a "score" you go on stage with?

UL: Of course it's filed away somewhere. It's true, the text is the score. But trying to visualise things is completely the wrong approach in acting. I'm certain of that. Even in an extreme case like Sciarrino's *Lohengrin,* where there really is a score, literally, and I know that after the fourth "toc-toc" of the oboe I have to say such and such. Of course it has to come there, that's clear. Despite this, I'm free. That's an extreme case of a completely fleshed out score, but a score that's so good that it leads you back into freedom. There is no law in acting. Sometimes a score is clearer, but sometimes it's open and it doesn't matter where you stand or whether you speak loudly or softly. Ultimately there's only one criterion: is it alive or not? There are various ways of getting there. That last spark is probably a matter of grace. You can't force it.

> **AK:** That's art.

UL: You have to do everything you can to get there – and there is a lot you can do. It's a collective art where everyone makes a contribution. But whether it really blooms and takes to the air depends on a final spark that has a lot to do with luck. There simply has to be that possibility. Sometimes it's clear from the outset that it's not going to happen. There has to be this chance, otherwise the work makes no sense.

> **AK:** So does the fact that this chance exists have something to do with what you call putting yourself at risk? Not being too secure?

UL: In itself it's an unnatural situation to be up there and acting, while the others, who have paid, are sitting there watching – as natural as acting is in itself. For that you have to cross a boundary. To do so you probably need to be a bit fearless, asocial and shameless. And of course have a sense of humour. That's something that's getting increasingly important for me. There really are more and more things I have to laugh about. For example when I read a book for the second time and see what nonsense I underlined the first time around – and naturally I also laugh about characters if they're well written. That maybe has to do with growing realism. I think there's something wrong if an evening at the theatre is completely without humour. But back to your question: Yes, I try to hedge my bets less and less and run the risk that it won't work. Of course that takes courage, which I don't always have. But the evenings at the theatre that have made the strongest impression on me have tended to be those on the verge of failure. For example *Jesus Christ Superstar* by Peaches with Chilly Gonzales on the piano. I went to see that several times. One would like to be the way Peaches is: self-assured and vulnerable at the same time. It really is my goal to have as little under control as possible, so that an encounter with the audience can take place on stage. It's important to remember that the people watching also have to do their share of the work. It's not like letting a film run. It's communication, making contact with the audience. The audience has to have the opportunity to come in. If I just overwhelm them with skill or power, with aesthetic means, so that they're merely sitting there in their seat letting it all sweep over them, then I've missed the point. An exchange has to take place. The person watching has to be able to enter the performance we're creating.

AK: What a great line to finish with!

UL: Yes. Let's stop now. If I remember rightly, Montaigne once said that a good conversation and a good horse have something in common: they're both capable of coming to a complete stop from a full gallop. *(laughs)*

Ursina Lardi als Elsa in der Kammeroper *Lohengrin* im Rahmen des Festivals INFEKTION!, Staatsoper Berlin, Werkstatt, Juni 2014. Komposition und Libretto: Salvatore Sciarrino (nach Jules Laforgues *Lohengrin, fils de Parsifal*); Regie: Ingo Kerkhof; Dirigent: Michele Rovetta
Foto: © Thomas M. Jauk

Stefan Bläske

Lardi. Lenin. Löwin

Résumé
Riassunto
Abstract

121–127

Milo Rau und Ursina Lardi bei den Proben von *LENIN,* Berlin, September 2017. Uraufführung: Berlin, Schaubühne am Lehniner Platz, 19.10.2017. Regie: Milo Rau; Dramaturgie: Stefan Bläske, Florian Borchmeyer, Nils Haarmann; Video: Kevin Graber
Foto: © Florian Baumgarten

Ursina Lardi, Milo Rau und das Team bei den Proben von *LENIN,* Berlin, September 2017. Uraufführung: Berlin, Schaubühne am Lehniner Platz, 19.10.2017. Regie: Milo Rau; Dramaturgie: Stefan Bläske, Florian Borchmeyer, Nils Haarmann; Video: Kevin Graber
Foto: © Kevin Graber

Résumé

Le dramaturge Stefan Bläske relate la participation d'Ursina Lardi à deux productions de Milo Rau à la Schaubühne de Berlin. Dans *Compassion. L'histoire de la mitraillette* (2016), Ursina Lardi a interprété une travailleuse humanitaire traumatisée au Congo et dans *LENINE* (2017), le leader de la Révolution russe vivant ses derniers jours. Dans les deux cas, il s'agit d'un travail théâtral participatif, mais dont la réalisation s'est déroulée de manière très différente. Alors que *LENINE* consiste en un théâtre factuel basé sur une documentation historique et des rôles bien définis dans lesquels il faut se glisser, *Compassion* aurait dû être élaboré à partir du vécu de la comédienne. Une dispute a alors éclaté sur la question de savoir combien d'éléments personnels et intimes elle pouvait et devait mettre dans ce rôle. Aussi différents que peuvent être les matériaux de départ et les méthodes de création des spectacles, Ursina Lardi brille dans ces rôles complexes grâce à son professionnalisme et au fait que sur scène elle est prête à pousser son jeu jusqu'à l'extrême.

Riassunto

Nel suo contributo, il drammaturgo Stefan Bläske parla della collaborazione con Ursina Lardi nell'ambito di due produzioni realizzate da Milo Rau alla Schaubühne di Berlino. In *Compassione. La storia della mitragliatrice* (2016) l'attrice impersona un'operatrice di ONG traumatizzata in Congo; in *LENIN* (2017) interpreta il ruolo del leader rivoluzionario russo nei suoi ultimi giorni di vita. Benché entrambe le pièces siano state sviluppate collettivamente, le prove si sono svolte in modo molto differente. Mentre *LENIN* si basa su materiale storico e comporta dei ruoli ben definiti in cui le attrici e gli attori devono calarsi, *Compassione* avrebbe dovuto essere elaborata a partire da storie personali di Ursina Lardi. Ciò ha provocato un'accesa discussione su quanto di privato e confidenziale avrebbe dovuto e potuto confluire nel ruolo. Nonostante le due pièces siano basate su materiale e metodi profondamente diversi, Ursina Lardi brilla in questi ruoli complessi grazie alla sua professionalità e alla disponibilità a spingersi agli estremi.

Abstract

Dramaturg Stefan Bläske writes about collaborating with Ursina Lardi on two Milo Rau productions at the Berlin Schaubühne. In *Compassion. The History of the Machine Gun* (2016), Lardi played a traumatised NGO employee in the Congo; in *LENIN* (2017) she portrayed the leader of the Russian Revolution in the last few days of his life. In both cases the plays were developed collectively, but the rehearsals were very different. While *LENIN* is based on historic material with fleshed-out roles the actors have to step into, the idea was to develop *Compassion* on the basis of Lardi's own personal stories. This ignited a struggle around the question of how much personal and private material her role should and could contain. Despite the differences in the material on which these productions were based and the methods used to develop them, thanks to Lardi's professionalism and willingness to take her acting to extremes she was able to shine in both these complex roles.

Stefan Bläske

Lardi. Lenin. Löwin

Wie ein Löwe in einem Käfig sei Lenin im Zimmer auf und ab gerannt, erinnert sich ein ranghoher Offizier des Militärischen Revolutionskomitees. Lenin tobte. Er wartete auf den entscheidenden Anruf, auf die Nachricht von der erfolgreichen Einnahme des Winterpalasts, im November 1917, aber eine Panne folgte auf die nächste. Lenin war fassungslos ob der fehlenden Professionalität und Entschlossenheit der Roten Garden, er schrie und «war bereit, uns zu erschießen.»[1]

Wie eine Löwin werde sie kämpfen, sagte sie, als das Stück auf der Kippe stand. Jedenfalls erinnere ich es so, und seither ist Ursina Lardi für mich die «Löwin», die Kämpferin mit blonder Mähne. Es war unser Erstkontakt, im November 2015, ein Anruf von unbekannter Nummer. «Hier ist Lardi.» Ich solle kommen, Milo Rau wolle hinwerfen. Das war bei den Proben zu *Mitleid. Die Geschichte des Maschinengewehrs*[2] an der Berliner Schaubühne. Von Anfang an war klar, dass es eine Herausforderung sein würde. Milo Rau hatte zuvor *The Civil Wars* (2014) und *The Dark Ages* (2015) inszeniert, die ersten beiden Teile seiner *Europa-Trilogie,* in der Schauspielerinnen und Schauspieler aus ihrem

1 Victor Sebestyen, *Lenin. Ein Leben.* Berlin: rowohlt 2017, S. 31.

2 *Mitleid. Die Geschichte des Maschinengewehrs* wurde am 16.01.2016 an der Berliner Schaubühne uraufgeführt. Neben Ursina Lardi steht in diesem Stück die in Burundi geborene, belgische Schauspielerin Consolate Sipérius auf der Bühne. Mehr dazu unter: http://international-institute.de/mitleid-die-geschichte-des-maschinengewehrs/ (letzter Zugriff: 18.08.2017). Zur Zusammenarbeit mit Ursina Lardi aus der Perspektive des Regisseurs siehe auch den Beitrag von Milo Rau im vorliegenden Band, S. 130–138.

Leben erzählten. Es ging um die Verbindung des Persönlichen mit dem Historischen, des Individuellen mit dem Allgemeinen: um Menschen, die *von sich* sprachen.[3] Nun wollte er mit Ursina Lardi arbeiten und sie mit ihm. Das Problem dabei war: Sie wollte nichts von sich selbst auf der Bühne erzählen. Sie mochte die Stücke der *Europa-Trilogie,* sagte aber klar: Sowas mache sie nicht. Milo Rau indes hoffte, sie überzeugen zu können wie schon so manche der zu Beginn skeptischen Schauspielerinnen und Schauspieler. Der Text müsse schliesslich konkret sein, real, wie in den meisten von Raus Arbeiten. Müsse etwas mit den Personen auf der Bühne zu tun haben.

Privat ist privat

Für diesen Artikel habe ich noch einmal die Transkripte unserer langen Interviews mit ihr gelesen. Ursina Lardis Erzählungen und Reflexionen, etwa über ihre Herkunft und Familie, sind spannend, amüsant und zugleich nachdenklich – wie ein im Alpenidyll spielender philosophischer Kriminalroman. Wir durften aber nichts davon verwenden, privat sei privat, und Punkt. Die Ansagen waren klar, die Kollisionen erwartbar – die Hoffnung lag auf gemeinsamen Reisen. Milo Rau hat Ursina Lardi in den Ost-Kongo und auf eine Recherchereise entlang der europäischen Aussengrenze mitgenommen, ins Flüchtlingslager in Idomeni und an die Stelle bei Bodrum, an der Aylan Kurdi ertrunken ist, jener Junge mit dem roten T-Shirt, dessen Bild 2015 weltweit für Aufsehen gesorgt hat. Die Erfahrungen (auch im Sinne von Er-Fahrungen) und Begegnungen würden, so die Hoffnung, Ursina Lardi zum Sprechen bringen, zu Gedanken, aus denen heraus ihre Figur entwickelt werden könnte. Aber es entstand nichts. Ursina Lardi beharrte darauf: «Ich interessiere mich nicht für meine Biographie.» Darin lebe sie ja schon den ganzen Tag, sie brauche also eine Figur, in die sie das, was sie mitbringt, «hineinfliessen» lassen könne.

3 Zusammen mit *Empire* (2016) bilden beide Stücke die *Europa-Trilogie,* in der sich Milo Rau, wie auf der Website seines IIPM – International Institute of Political Murder beschrieben, «mit dem Mythos und der Realität Europas befasst hat. Nach dem Blick auf die ideologische Unbehaustheit in Westeuropa in *The Civil Wars* und auf Kriege und Vertreibungen in Ex-Jugoslawien, Russland und Deutschland in *The Dark Ages* erzählen in *Empire* Schauspieler aus Griechenland, Syrien und Rumänien von künstlerischer und wahrer Tragik, von Folter, Flucht, Trauer, Tod und Wiedergeburt.» (vgl.: http://international-institute.de/empire/; letzter Zugriff: 07.08.2017).

Wir hatten also ein Krisengespräch. Und ein glückliches Timing. An dem Abend trafen wir gemeinsam noch eine ehemalige NGO-Mitarbeiterin. Bei Stückentwicklungen weiss man ja anfangs nie, wohin die Reise geht. Man recherchiert, trifft Menschen, führt und transkribiert Interviews, saugt sich voll mit Informationen und Eindrücken – und sucht eine künstlerische Form, in die man giessen kann, was einem dabei erzählenswert erscheint. Auf einmal sassen wir einem möglichen *Role-Model* und Vor-Bild gegenüber. Diese ehemalige NGO-Mitarbeitern mit ihrem etwas zu schrillen und häufigen Lachen interessierte uns sofort. Wie tragisch war die Geschichte dieser Frau, die idealistisch in den Kongo gefahren war, desillusioniert zurückkam und weder hier noch da eine Familie oder einen Freundeskreis aufgebaut hatte. So entstand der Umriss einer einsamen Figur, die in ihrer Tragik und zugleich Banalität Ursina Lardis schauspielerisches Interesse weckte. Es war ein Gerüst, das man mit Geschichten und Erlebnissen anreichern konnte, die Milo Rau bei seinen Kongo-Recherchen aufgezeichnet hatte. Und punktuell auch mit Stationen aus Ursina Lardis Leben. Sie hatte vor ihrem Schauspielstudium ein Jahr lang in Bolivien in einer NGO als Grundschullehrerin und in der Alphabetisierung gearbeitet. Eine biographische Parallelität war also da, eine Basis gegeben, auf der man aufbauen konnte. Und so kam Milo Raus Edelfeder in Schwung. Geschichten aus dem Kongo, aus einem dicken Ordner voller Transkriptionen der Rechercheireisen mischten sich mit seiner Phantasie, mit Traumnotizen und mit jenen Elementen aus Ursinas Leben, die sie bereit war, preiszugeben.

Dadurch, dass sich das Fiktionale, das Recherchematerial und das Autobiographische vermischten, war für das Publikum ohnehin nicht mehr zu eruieren, was «wahr» war und was nicht. Es braucht bei Formen von dem, was man landläufig als «dokumentarisches Theater» bezeichnet, im Grunde ja immer nur wenige «Wahrheitsanker»[4]: den bürgerlichen Namen und ein paar wenige autobiographische Angaben, die das Publikum glauben oder überprüfen kann (z. B. «Ich habe den Ödipus gespielt»[5]), schon strahlt

4 Interessante Gedanken zur Inszenierung von «Echtheit» und Glaubwürdigkeit siehe Boris Nikitin, «Der unzuverlässige Zeuge. Zwölf Behauptungen über das Dokumentarische». In: ders., Carena Schlewitt, Tobias Brenk (Hrsg.): *Dokument, Fälschung, Wirklichkeit, Materialband zum zeitgenössischen Dokumentarischen Theater.* Berlin: Theater der Zeit 2014, S. 12–19.

5 Zu *Ödipus der Tyrann* (2015) siehe das Interview von Paola Gilardi mit dem

dieses «bezeugte», dieses «echte Ich» auf die restlichen Aussagen ab.

> Da bin ich also in den grossen Kongo gefahren ... Mit einer Organisation, die hiess *Teachers in ... – Teachers and ...* Das habe ich jetzt vergessen, komisch. Irgendwas mit *Teachers,* im Plural. Das muss 1994 gewesen sein.[6]

Auf der Bühne überlegt Ursina Lardi, oder besser gesagt sie spielt, dass sie überlegt. Sich wirklich erinnert. Ein paar Authentizitäts-Effekte im Text sind hilfreich. Eine entsprechende Meta-Rahmung und Selbstreflexion auch. Und vor allem natürlich hohe Professionalität und eine aussergewöhnlich überzeugende Schauspielkunst. Denn das ist, neben der Beharrlichkeit und der löwenhaften Kraft, was Ursina Lardi auszeichnet.

> Ich kann heute direkt in eine Figur springen. Einfach so. Von einem Moment zum anderen bin ich völlig da. Das ist für mich nur ein Schritt. Ich betrete einfach die Situation. Ich betrete einfach die Figur.[7]

Professionalität und Entschlossenheit

In *Mitleid* geht Ursina Lardi schauspielerisch ins Extreme, spielt eine traumatisierte Frau, die von ihren Erlebnissen im Kongo und von wahnwitzigen Albträumen erzählt, die Beethoven einspielen lässt, mit einem Maschinengewehr auf Kamera und Publikum zielt und der vor Verzweiflung die Tränen in die Augen schiessen – und die am Ende auf offener Bühne, kaum einen Meter von der ersten Zuschauerreihe, pinkelt. Einfach loslässt. Den Urin plätschern lässt, schamlos, mutig. So klein die Figur da wird, so gross wird die Schauspielerin.

Immer wieder werden wir darauf angesprochen, dass das doch ein Theatertrick sein müsse. Aber nein, Ursina Lardi macht das einfach. Es hat sie durchaus Überwindung gekostet, es gab ein kurzes Zögern bei der ersten Probe. Aber seither läuft es problemlos, inzwischen nun schon über hundert Mal bei Vorstellungen von Lausanne bis Moskau, zum Teil zwei Doppelvorstellungen am Tag. Sie pinkelt und sie weint – auf Kommando.

Regisseur Romeo Castellucci im vorliegenden Band, S. 178–186.

6 Figurenrede von Ursina Lardi aus *Mitleid. Die Geschichte des Maschinengewehrs;* Premierenfassung: Berlin, Schaubühne am Lehniner Platz, 16.01.2016.

7 Ebd.

Ursina Lardi macht alles für die Bühne, fürs Theater. In *LENIN* soll sie nun gebadet werden. Der Körper ist Material, als professionelle Schauspielerin setzt sie ihn ein. Die Entblössung des Privatlebens ist eine andere Sache, da bleibt sie hart. Aber die körperliche Entblössung ist kein Problem – wenn sie versteht, warum und wozu. Wenn da nicht einfach ein Castorf-Plagiator kommt und den Frauen sagt, sie sollen schreiend mit nackten Titten über die Bühne stöckeln, Klischees reproduzieren, sondern wenn man dadurch etwas von der Tragik des Daseins und der Verletzlichkeit des Menschen erzählen kann.

Es ist unerheblich, ob sie im Oktober 2017 bei der Premiere an der Berliner Schaubühne tatsächlich nackt in der Badewanne sein wird (dieser Artikel entsteht in der Probenpause). Klar ist, dass sie wieder alles geben wird. Sie spielt Lenin. Das Stück, das wir unter dem Arbeitstitel *1917* zu proben begannen, heisst nun *LENIN*. Es ist folgerichtig, dass Ursina Lardis Rolle im Zentrum steht, es geht kaum anders mit ihr. Auch wenn es verwegen scheint, sie als Frau in einem sonst in vollkommenem Realismus inszenierten Stück, das auch im Fernsehen, auf *ARTE*, ausgestrahlt werden soll, ausgerechnet Lenin spielen zu lassen. Aber wer würde besser zu diesem Willensmenschen, diesem grossen und umstrittenen Kopf der Weltgeschichte passen, der im Zürcher Exil den Glauben schon aufgegeben hatte, dass es zu seinen Lebzeiten in Russland zur Revolution kommen möge, der Anfang 1917 von der Februarrevolution überrascht wurde, die die Jahrhunderte lange Zarenherrschaft beendete und der nach St. Petersburg fuhr und sich an die Spitze der Oktoberrevolution setzte?

Milo Raus *LENIN* wird aber nicht diese Zeit des Kampfes zeigen, sondern Lenins Ende, die letzten Zuckungen auf seiner Datscha, vor seinem Tod, geschwächt und von mehreren Schlaganfällen schwer beeinträchtigt, abgeschnitten von der Welt, machtlos mit ansehend, wie seine Ideen und die von ihm errungene Macht von einem skrupellosen Georgier namens Stalin usurpiert wurden.

Lenin also liegt in unserer Inszenierung im Bett. Wie sich schon bei den ersten Proben herausstellte: Man glaubt Ursina Lardi sofort, dass sie Lenin ist, schwer krank, dem Tod entgegendämmernd. Aber schnell wurde auch klar, dass Ursina das nicht reichen würde: Beinahe jeden Probentag forderte sie, man könne doch nicht nur diesen schwachen, sterbenden Lenin zeigen. Man müsse auch den Kraftmenschen, den Disziplinierten, den Kämpfer, den mitreissenden Redner zeigen.

Das ist natürlich auch ein bisschen Eitelkeit einer Schauspielerin, die einen kraftvollen Auftritt will, eine grosse Rede ans Volk und Theaterpublikum halten will. Es ist aber auch dramaturgische Klugheit und Gespür für Wirkung und Tragik.

Ursina Lardi führt gerne Co-Regie, sie mischt kräftig mit. Selbst wenn sie zu Gastspielen um die Welt jettet, ruft sie Milo Rau zwischendurch an und spricht über neue Ideen und Gedanken, die sie umtreiben. Ihr Fleiss ist aussergewöhnlich. Schon Wochen vor Probenstart hatte sie mehrere Lenin-Biographien gelesen, Bücher über die russische Revolution verschlungen, hatte genaue Vorstellungen, was sie interessierte und was theatralisch für ihre Rolle herauszuholen sein könnte.

Ursina Lardi ist eine Meisterin der Selbst-Inszenierung. Sie schafft dies aber auf eine Weise, dass ihr die anderen Spielerinnen und Spieler das nicht übel nehmen (oder es zumindest nicht zeigen). Sie verfügt über eine Autorität, die sie sich durch eine beeindruckende Disziplin und Professionalität erarbeitet hat. Wenn ich sie in Aktion erlebe, kommt mir häufig *Ein Sommernachtstraum* in den Sinn: «Gut gebrüllt, Löwe!»

Wie häufig in den Arbeiten von Milo Rau, die sich für das Humane, das Persönliche, die Zwischentöne interessieren, also auch für den Ausdruck und die kleinen Regungen im menschlichen Gesicht, gibt es Video- und Grossaufnahmen der Schauspielerinnen und Schauspieler auf einer Leinwand, eine filmisch-intensive Inszenierungsweise. In der *Europa-Trilogie*[8] waren die Videos schwarz-weiss, bei *Mitleid* und *Die 120 Tage von Sodom* (2016)[9] in Farbe. Bei *LENIN* begannen wir die ersten Wochen mit farbigen Videoaufnahmen. Ursina Lardi gefiel das nicht und sie versuchte, auf verschiedene Arten, Einfluss auf die Regie-Entscheidung zu nehmen.

8 Vgl. die Fussnote 2.

9 Inszenierung von Milo Rau in Zusammenarbeit mit dem Theater HORA und dem Schauspielhaus Zürich, ausgehend von Pier Paolo Pasolinis Skandalfilm *Salò oder die 120 Tage von Sodom* (1975). Premiere: Zürich, Schiffbau, 10.02.2017. Weitere Informationen auf der HORA-Website: http://www.hora.ch/2013/index.php?s=1&l1=485&produktion=1045 (letzter Zugriff: 07.08.2016).

Es begann wie immer charmant – und auch ein bisschen selbstironisch, denn natürlich weiss sie um die Eitelkeiten von Schauspielenden und amüsiert sich auch darüber. Warum, so ihre Frage, machen wir das Video in Farbe? Es brauche doch einen Unterschied zwischen der Bühne und der Leinwand, es sei besser, die Videobilder Schwarzweiss, im Kontrast zur Bühne zu zeigen. Nicht zuletzt, weil sie Schwarzweiss einfach besser aussehe. Wie eigentlich alle Schauspieler – alle ernstzunehmenden Schauspieler. Sie lacht. Das herzliche Lachen einer Schauspielerin, der es ernst ist und die um ihre Wirkung weiss.

Milo Rau

Ursina Lardi mit Consolate Sipérius in *Mitleid. Die Geschichte des Maschinengewehrs,* Berlin, Schaubühne am Lehniner Platz, Januar 2016.
Regie: Milo Rau; Dramaturgie: Florian Borchmeyer; Mitarbeit Recherche / Dramaturgie: Mirjam Knapp und Stefan Bläske
Foto: © Daniel Seiffert

Milo Rau

Notizen zu meiner Arbeit mit Ursina Lardi

Vor ungefähr fünf Jahren überredete mich Thomas Ostermeier, an der Berliner Schaubühne zu inszenieren. Ich sagte: «Klar, wenn ich jemanden im Ensemble finde, der mich inspiriert und den ich inspiriere.» Ich hatte zu dem Zeitpunkt nur mit einem einzigen Schaubühnen-Darsteller gearbeitet, nämlich mit Thomas Bading, der die Off-Stimmen zu den *Ceaușescus*[1] und zu *Hate Radio*[2] gesprochen hatte, und wusste fast nichts übers Ensemble. Nachdem zwei Jahre in Russland und der Schweiz, auf Tour in zehn Ländern, auf Recherche im kongolesischen Dschungel, auf Proben in Brüssel und Paris ins Land gezogen waren, zu Ende des Jahres 2014 also, guckte ich mir ein paar Stücke an der Schaubühne an, um die Schauspielerinnen und Schauspieler in Aktion zu sehen. Zufällig waren das *Die kleinen Füchse*, ein Broadway-Stück aus den 40ern, das gerade von Ostermeier neu inszeniert worden war[3], und *Ödipus der Tyrann*, eine

1 *Die letzten Tage der Ceaușescus* ist ein Reenactment der Aburteilung und Hinrichtung des Diktatoren-Ehepaars Nicolae und Elena Ceaușescu. Voraufführung: Teatrul Odeon Bukarest, 10./11.12.2009; Uraufführung: Berlin, HAU 2, 18.12.2009. Mehr dazu unter: http://www.die-letzten-tage.com/ (letzter Zugriff: 10.08.2017).

2 Das Projekt *Hate Radio* lässt den ruandischen Sender RTLM, der massgeblich zur Verbreitung von rassistischen Pamphleten und Mordaufrufen und somit zum Genozid beitrug, in originalgetreu nachgebauten Kulissen wieder live auf Sendung gehen. Auf der Bühne stehen Überlebende des Genozids. Uraufführung: Berlin, HAU, 11.12.2011. Mehr dazu unter: http://international-institute.de/hate-radio-2/ (letzter Zugriff: 10.08.2017).

3 Zu Ursina Lardis Rolle der Birdie Hubbard in *Die kleinen Füchse* von Lillian Hellman vgl. den Beitrag von Peter M. Boenisch im vorliegenden Band, S. 206–211.

Fassung der griechischen Tragödie, die der Italiener Romeo Castellucci in einem Nonnenkloster angesiedelt hatte[4].

Ich aber sah nur Lardi. In den *Kleinen Füchsen* schien es, als würde ein Film aus den 40ern von einer betrunkenen Broadway-Diva gekapert. Das war natürlich absichtlicher Kontrapunkt einer streng naturalistisch, fast geometrisch vorgehenden Inszenierung, aber Lardi ging ganz offensichtlich einige Schritte zu weit. Wie mir der Dramaturg entnervt gestand, war Lardi von Anfang der Proben an aus der Reihe getanzt. In einer Szene, die mir als einzige des Stücks in Erinnerung geblieben ist, spielt Lardi Klavier, torkelt über die Bühne, hält einen Monolog über irgendwelche Sternbilder und lässt alles, was Naturalismus ist, einen qualvollen Tod sterben. Ähnlich auch in Castelluccis *Ödipus der Tyrann,* wenn auch auf völlig andere Weise. Dort spielt Lardi einfach ihr Ding, einen Jesus-gleichen Ödipus, der mit grossartigen Gesten Verse spricht, ohne sich im Geringsten um die anderen Figuren (eine von Angela Winkler angeführte Gruppe von Nonnen) zu kümmern.

Lardi, der Jesus, der Ödipus, der Schlächter des Naturalismus, die gloriose Einzelgängerin, die transzendentale Hysterikerin: Diese ersten Eindrücke sollten, wie meistens bei einer frisch aufflammenden Arbeitsliebe, in *Mitleid. Die Geschichte des Maschinengewehrs*[5] Verwendung finden. Doch dann begann erstmal eine schwere Zeit.

Über Lardis Schauspielkunst (1)

Von Humphrey Bogart ist überliefert, dass er nur eine Sache verachtete: Unprofessionalität. Auch wenn er völlig besoffen war, er kannte seinen Text. Bei Lardi ist es genauso. Man kann ihr um 11 Uhr eine Szene geben, um 11:15 Uhr spielt sie sie. Diese fast absurde Textbeherrschung ist gepaart mit der Fähigkeit, jedes Gefühl und jede körperliche Regung abzurufen, wann und wie oft es Lardi eben gefällt. *Mitleid* spielen wir auf Tour manchmal zweimal am Tag, was bedeutet, dass Lardi zweimal hintereinander pinkeln, zweimal weinen, zweimal wahnsinnig werden muss. Wie jedem

4 Siehe dazu das Interview von Paola Gilardi mit Romeo Castellucci im vorliegenden Band, S. 178–186.

5 Auf der Bühne steht neben Ursina Lardi auch die in Burundi geborene, belgische Schauspielerin Consolate Sipérius. Die Uraufführung fand am 16.01.2016 an der Berliner Schaubühne statt. Mehr dazu unter: http://international-institute.de/mitleid-die-geschichte-des-maschinengewehrs/ (letzter Zugriff: 10.08.2017).

absoluten Ausnahmetalent ist ihr die technische Seite ihres Berufs derart selbstverständlich, dass sie gar nicht verstehen kann, was mit «Technik» gemeint ist. Was sie macht, ist immer nur ein zufälliger Punkt eines in jede Richtung offenen schauspielerischen Raums. «Das ist erst der Anfang», lautet das Mantra in Lardis Theater-Welt. Was wie der Höhepunkt einer Karriere aussieht, ist für Lardi nur Episode, nur eine Zwischenprüfung auf einem viel weiteren Weg. Sie hat den Ehrgeiz einer Siebzehnjährigen. Je enger der Rahmen, desto verlässlicher sprengt ihn Lardi. Sie gibt immer hundert Prozent, mindestens, obwohl zwanzig Prozent in fast allen Fällen reichen würden. Denn Lardi spielt Theater wie Mozart Klavier spielte oder Stalin Völker deportierte: als Teil ihres Wesens. Wo auch immer Lardi auftritt, wo auch immer sie probt oder dreht, verfügt sie über die natürliche Autorität des Ausnahmetalents.

«Haben wir eine Schauspielerin wie die Lardi?», fragte der russische Starregisseur Kirill Serebrennikow anlässlich der Moskauer Aufführungen von *Mitleid*. Und Serebrennikow gab sich selbst die Antwort: «Nein. Keine.»

Die Krise mit Lardi

Man muss es ganz offen sagen: Die erste Probenphase von *Mitleid* war für mich, aber auch für Lardi eine der schlimmsten Zeiten unseres Lebens. Wie immer bei meinen Inszenierungen beginne ich mit einem weissen Blatt Papier. Für meine Intendanz am Genter Nationaltheater will ich das sogar zum Dogma für alle Regisseurinnen und Regisseure machen: dass es keinen Text gibt, an den man sich halten kann, keinen Ibsen, keinen Shakespeare, kein gar nichts – nur die Phantasie und den Entdeckerwillen der Beteiligten. Dass die völlige Panik herrscht, von Anfang an.

Auch für *Mitleid* hatten wir also keinen Text. Irgendwie sollte es um die Arbeit von NGOs gehen, um echtes und gespieltes Mitleid – und um das unfassbare, ozeanische Leid auf dieser Welt, aus dem eben dieses Mit-Leid erwächst. Ich nahm Lardi auf meine Recherchereisen mit. Wir durchreisten jenen historisch gewordenen Herbst 2015, als eine Million Menschen nach Deutschland aufbrach. Wie zwei Forrest Gumps waren wir immer dort, wo Geschichte passierte: An der Stelle in der Nähe von Bodrum, wo man Aylan Kurdi gefunden hatte, den ertrunkenen Flüchtlingsjungen. In Idomeni, lange bevor das Lager an der mazedonischen Grenze zum

Symbol für den Zynismus der EU-Grenzpolitik werden sollte. Wir reisten durch Zentralafrika, sprachen mit Minenarbeitern, NGO-Leuten, die den Genozid in Ruanda erlebt hatten und die darauffolgende Rache der Tutsi-Armee im Ostkongo. Wir halfen auf griechischen Inseln in Auffanglagern aus, verteilten Schoko-Croissants und Wasserflaschen. Parallel dazu führte ich mit Lardi lange Gespräche zu ihrer Kindheit und überhaupt ihrem Leben, in Jeeps im Bürgerkriegsgebiet, in Coltanminen und Weissen-Hotels mitten im Dschungel.

Natürlich war all das Teil eines Stückentwicklungs-Plans. Aber je länger wir reisten, desto unwissender und schliesslich verzweifelter wurden wir. Lardi hasste mich, ich hasste Lardi, und doch waren wir aneinander gekettet in dieser grotesken Nibelungentreue, die Schauspieler und Regisseure miteinander verbindet.

«Was tun wir hier eigentlich?», fragte mich Lardi immer wieder.

Und ich: «Das werden wir schon herausfinden.»

Irgendwann später gestand mir Lardi, dass diese Vorproben mit mir die «längste Depression ihres Arbeitslebens» gewesen seien. Denn wie für jeden Künstler bzw. jede Künstlerin gibt es für Lardi nichts Schrecklicheres als das Gefühl, keinen Zugang zu ihren Energie-Quellen zu haben. Sie fühlte, dass ich sie zu etwas treiben wollte. Aber sie verstand nicht zu was. Wir verstanden uns gegenseitig nicht. «Gib mir einen Text», sagte sie immer wieder. «Gib mir einen Text, damit ich spielen kann.»

Über Lardis Schauspielkunst (2)

Ich nähere mich einem Projekt auf drei Ebenen: auf der *historischen,* wozu die Recherche gehört, vor allem aber das, was man während der Recherche erlebt (die ihrerseits nur ein Erlebnis- oder Intensitäts-Vorwand ist); auf der *privaten,* wozu das Leben des Schauspielers, bzw. der Schauspielerin gehört, aber auch mein Leben und das Leben unserer Arbeitsbeziehung; und schliesslich auf der Ebene der *Inszenierung,* auf der alles zusammenkommt: das Licht, der Rhythmus, der Körper, die Sprache, der politische Moment und Ort des Projekts und so fort.

Diese drei Ebenen lassen sich nicht auseinanderhalten. Sie sind immer gleichzeitig da. Deshalb nehme ich Schauspielerinnen und Schauspieler auf Reisen mit, zwinge sie zu Lektüren, bringe uns in Todesgefahr, dränge sie zu Psycho-Séancen, überrede sie, sich nackt auszuziehen und lange, poetische Monologe oder unverständliche analytische Texte zu sprechen oder besser noch: zu schreiben. Vor allem aber alles gleichzeitig.

Und hier lag unser Problem: Lardi kann dieser Dialektik nicht viel abgewinnen. Jedenfalls nicht, als wir anfingen, zusammenzuarbeiten. Unterdessen hat sie verstanden, dass ich diese Panik, dieses Herantasten, diese Gleichzeitigkeit von allem brauche, um ins Denken zu kommen. Dass ich kein Verzierer, Adaptierer und Durch-Takter bin, sondern ein Experimentator im manisch-depressiven Raum. Und dass ich das auch von meinen Mitarbeiterinnen und Mitarbeitern verlange – weil es sich lohnt. «Journi», nennt mich Lardi liebevoll, wenn ich mit Reiseplänen, Filmen, Büchern, Psycho-Gesprächen um die Ecke komme, aber sie weiss unterdessen, dass es nicht eine Sekunde um Informationen geht. Denn Lardi versteht, wie jede grosse Schauspielerin: Alles ist interessant, am Ende hilft es aber nichts. Am Ende steht man allein auf der Bühne. Deshalb interessiert sich Lardi nur für die Intelligenz dieses ganz spezifischen Ausgesetztseins. Nur für dieses wahnwitzige Schicksal des Schauspielers: vor tausend Augen allein zu sein.

Aber wer steht da eigentlich, wenn Ursina Lardi auf der Bühne steht? Einmal habe ich gesagt, Lardi sei eine Meta-Diva: zugleich sie selbst und nicht sie selbst, eben «etwas Drittes». Man könnte das, was mit Lardi auf der Bühne geschieht, mit vollem Recht als Transsubstantiation beschreiben. Der physische Mensch Lardi ist zwar noch zu sehen, wenn sie *Mitleid* spielt, und zwar sehr deutlich, sehr aufdringlich. Zugleich ist da aber nur noch die Rolle: eine rassistische, unsichere, dem Wahnsinn verfallende NGO-Mitarbeiterin. Aktuell kann ich das bei der Arbeit für *LENIN*[6] beobachten, unserem neuen Stück an der Schaubühne. Die blonde, schlanke Schweizerin Ursina Lardi spielt hier den glatzköpfigen russischen Revolutionsführer Wladimir Iljitsch Lenin kurz vor seinem Tod. Und das Irre ist: Kein Augenblick lang fällt einem das auf – obwohl die Inszenierung selbst absolut naturalistisch angelegt ist, bis ins letzte Ausstattungsobjekt hinein. Und wie immer, wenn man mit Lardi arbeitet, gibt es kein Method Acting. Es gibt kein Herantasten, kein Herausfinden. Lardi *ist* einfach Lenin, von der ersten Probe an: «Ich trete hinein in die Figur», wie sie

6 Zu *LENIN* siehe den Beitrag von Stefan Bläske im vorliegenden Band, S. 121–127.

in *Mitleid* sagt. Zugleich ist und bleibt sie aber gleichsam rudernd, in der Figur: Lardi. Und es entsteht etwas Drittes: der Kampf Lardis mit der Figur.

Proben mit Lardi

«Gib mir einen Text», sagte also Lardi zu mir, am Ende der Vorproben zu *Mitleid*. Und da es nicht anders ging, da ich gezwungen war, setzte ich mich hin und schrieb. Kondensierte aus unseren Gesprächen und Recherchen, aus meiner Phantasie und meinen Tagebüchern eine Figur, die «Lardi» wurde. Die zwei irrsten Szenen, die Vernichtung des Flüchtlingslagers und der Traum, in dem Lardi gezwungen wird, über ihre beste Freundin zu pinkeln: zwei Träume, die ich Jahre zuvor bei meiner Arbeit in Zentralafrika gehabt hatte. Und auf einmal merkte ich, obwohl ich sie für ihre Verweigerung gehasst hatte: Es war Lardis «Gib mir einen Text», was mir den Zugang zu diesen Erinnerungen verschafft hatte. Was mich daran erinnerte, dass ich Autor war, dass ich – wie sie als Schauspielerin – über alles verfügte, was ich brauchte. Dass ich es nicht im Kongo oder in Griechenland, sondern in mir selbst finden musste. Dass ich auch einfach mal meine Technik nutzen konnte.

Denn das ist Lardis Lehre: Es geht nicht ums Suchen, es geht darum, in den Zustand des Findens zu kommen. Lardis künstlerische Praxis *ist* das Finden. Wissen interessiert sie deshalb eher wenig, weder das biographische noch das existenzielle noch das Google-Wissen. Oder anders herum: Sind die Bedingungen nicht gegeben, zu jenem Zustand aufzulaufen, der findet, dann leidet Lardi. Sie ist dann depressiv, wütend, abweisend, vorwurfsvoll. Ist aber der Text da, die Matrix, ist sie bereit zu allem. Dann beginnt ein unendlich ausgreifender Prozess des Ausprobierens. Das Privateste und Abstrakteste, einfach alles läuft dann durch Lardi hindurch, materialisiert sich in ihr. Faulheit ist Lardi deshalb wesensfremd. Mit Leuten ohne inneres Feuer und Talent hat sie absolut keine Geduld. Wer sich schont, den verachtet sie. «Apothekersöhnchen», zischt sie, wenn junge Schauspieler rumtändeln. Im Grund kennt Lardi keine Proben, sie ist immer voll da, geladen, macht Vorschläge, wie eine Spielsequenz noch besser, noch schlagender, krasser werden könnte. Sie bleibt nach den Proben zu Gesprächen, nachts schickt sie SMS mit Vorschlägen und ruft an Wochenenden an. Lange vor Probenbeginn oder noch nach Jahren auf Tour.

Viele Leute halten sie deshalb für egozentrisch, und das ist wahr. Verglichen mit anderen Stars ihrer Bekanntheit ist Lardi jedoch fast unsichtbar im Privaten. Auf der Bühne aber ist sie so fordernd, dass es für Schauspielerinnen und Schauspieler an ihrer Seite, wäre Lardi nicht so sympathisch und selbstironisch, eine Qual wäre. Bei *LENIN*, zum Beispiel, wirken über zehn Ensemble-Mitglieder der Schaubühne mit, darunter viele berühmte Namen. Aber jedem ist klar, dass Lardi Lenin ist, die Hauptfigur. An der Zusammenarbeit mit Romeo Castellucci ist ihr in Erinnerung geblieben, dass er sich nicht für sie interessiert hat. Er stand neben ihr und sprach mit den Lichttechnikern. Das verwunderte sie: Wie konnte jemand Augen haben für etwas anderes als sie, Lardi, das Zentrum? Und auch bei mir merkt sie sofort, wenn ich nur die Maske der Zugewandtheit aufsetze, aber in Gedanken woanders bin. Lardi braucht die totale Aufmerksamkeit.

Über Lardis Schauspielkunst (3)

Und nun verrate ich ein kleines Geheimnis. Gerade weil sie so grossartig, so perfekt, so talentiert ist, darf man nie das tun, was Lardi für richtig erachtet. Jedenfalls nicht gleich, nicht auf direktem Weg. Es gibt nämlich etwas, das auch dem Genie erst jenseits aller Enttäuschungen und Entbehrungen blüht. Etwas, das man erst in der absoluten Verlorenheit findet, erst dann, wenn einem alle Selbstsicherheit abhandengekommen ist. Denn erst wenn die Angst, vollkommen zu scheitern, zum einzigen Gefühl wird, erst wenn man in dieser Angst so völlig eingeschlossen ist, dass man sich überhaupt nicht mehr vorstellen kann, irgendwann wieder etwas zustande zu bringen – erst dann fängt die künstlerische Arbeit an. Erst dann sind unsere Sinne scharf, unsere Gesten notwendig, unsere seelischen Überlebensinstinkte geweckt. Weil wir dann, wie Tiere, die man in die Enge getrieben hat, nur noch unsere Haut retten wollen.

An diesen Punkt muss Lardi gebracht werden. Denn erst dort ist sie nicht nur Ausnahmetalent und Super-Profi, sondern Meta-Diva. Man kann Lardis totale, geradezu barocke Beherrschung der Bühne als Unehrlichkeit empfinden. Ihre Achillesferse ist die Tatsache, dass ihr das Spielen zu leicht fällt. Wenn man nicht aufpasst, feuert Lardi pausenlos ein Feuerwerk der Mimik und Gestik ab. Deshalb muss man sie auf Abwege zwingen, auf Holzwege, in jene Wüsten hinein, wo ihre Professionalität versiegt. Deshalb muss man sie zwingen, an trockenen Stellen und damit tiefer zu graben.

Denn dass Lardi sich nicht für ihre Biographie interessiert, ist nur die halbe Wahrheit. Sie interessiert sich für sie nur nicht auf direktem Weg. *Mitleid* zum Beispiel ist ein Stück über Gewalt und Schuld, aber im Geheimen auch ein Stück über die indirekte, quälerische Form unserer Zusammenarbeit: über die Frage, wie man zugleich unehrlich und ehrlich sein kann, Schauspieler und Mensch. Das ist eine Frage, die mich in all meinen Inszenierungen umtreibt: Wie man von sich erzählen kann, indem man über eine erfundene Figur spricht, und umgekehrt. Wie das geht, das absolut Konkrete im absolut Allgemeinen zu finden, um es frei nach Hegel zu sagen. Wie wir Autoren und Darsteller einer modernen Tragödie werden können.

Schluss

Gerade komme ich wieder einmal aus dem Kongo zurück, sitze unter einem Baum am Mittelmeer und lese. Einer der Regisseure, der in meiner ersten Spielzeit am Nationaltheater in Gent arbeiten wird, will einen Kathy-Acker-Abend machen, also liegt ein Acker-Buch aufgeschlagen vor mir. Auf der ersten Seite fickt die Hauptfigur, 10 Jahre alt, ihren Vater, und zwar trotz ihrer entzündlichen Beckenerkrankung; auf Seite zwei stellt Kathy Acker tiefsinnige Gedanken über den Tod an und zitiert ein modernistisches Gedicht; auf Seite drei folgt eine Art Essay über die Freundschaft, den die Hauptfigur dialogisch mit dem besten Freund ihres Vaters führt.[7] Reine Poesie, dann wieder knallharte Analyse. Schweinereien und prophetische Sprache. Kathy Acker gibt sich den Leserinnen und Leser völlig hin, sie öffnet ihre Beine, ihr Hirn, ihre Leseschätze, alles.

Und genauso ist es mit Ursina Lardi. Ihr Talent ist pervers, voyeuristisch, heiss-kalt. Lardi ist ein verletzbares Monster der schauspielerischen Machbarkeit. Wie Kathy Acker kann sie alles und alles durcheinander, und manchmal verfällt sie der Einladung zur Verzierung, zum Blitzsieg, zum Schaulaufen. In *Mitleid* referiert sie über Schauspielkunst, schlüpft in die Figur eines rassistischen NGO-Mitglieds, spielt eine Szene aus Castelluccis *Ödipus,* erzählt

7 Kathy Acker, *Harte Mädchen weinen nicht.* Deutsche Übersetzung von Uschi Gnade. München: Wilhelm Heyne 1985.

von ihrer Ausbildung zur Primarlehrerin, pinkelt, weint und schreit zu Gott. Für den Künstler bzw. die Künstlerin gibt es keinen Unterschied zwischen den Erscheinungen, den Spiel- und Stilebenen. In der Kunst wird alles eins, die Pisse und die Poesie, die Philosophie und das Allgemeinwissen, der Heldenmut und die Kleingeistigkeit, das Eigene und das Fremde, der Körper und der Geist. Alles wird zur reinen Gabe, oder wie Peter Zadek einmal auf einer Probe von Bertolt Brechts *Mutter Courage* sagte, bei der ihm meine damalige Freundin assistierte: «Nichts, was während der Proben geschieht, bleibt am Ende unsichtbar»[8]. Das «Was tue ich hier eigentlich», das uns auf unseren Reisen, in den Flüchtlingslagern und Minen begleitete, wurde in *Mitleid* zu einer universalen Selbstbefragung des westlichen Menschen. Man könnte sagen, dass Lardi an Bord ihrer Figur wie am Steuer eines sinkenden Schiffes steht: ein durchgeknallter Kapitän, völlig klar im Kopf und von Dämonen besessen, rücksichtslos sich selbst und den Zuschauern gegenüber, unwissend, naiv und gierig nach Transzendenz, erfüllt vom Wissen aller Schifffahrer aller Zeiten und doch nur eine Nichtschwimmerin, die ihren Fuss grössenwahnsinnig auf die Ozeane setzt.

Die deutschsprachige Version dieses Beitrags erscheint zeitgleich in: Milo Rau, Rolf Bossart, *Wiederholung und Ekstase. Ästhetisch-politische Grundbegriffe des International Institute of Political Murder.* Zürich: diaphanes 2017 (Denkt Kunst).

8 Peter Zadeks Inszenierung von Bertolt Brechts *Mutter Courage,* mit Angela Winkler in der Titelrolle, hatte am 05.06.2003 am Deutschen Theater Berlin Premiere.

Milo Rau

Notes sur mon travail avec Ursina Lardi

Il y a cinq ans environ, Thomas Ostermeier m'a convaincu de venir travailler à la Schaubühne de Berlin. « Bien sûr », ai-je répondu, « si je peux trouver quelqu'un qui, dans la troupe, m'inspire et que j'inspire. » À l'époque, je ne connaissais qu'un seul acteur de l'ensemble, Thomas Bading, à qui j'avais confié les voix off de *Ceauşescu*[1] et de *Hate Radio*[2]. Sinon, je ne savais pratiquement rien de la troupe. Après deux années passées en Russie et en Suisse, en tournée dans dix pays, à faire des recherches dans la jungle congolaise, des répétitions à Bruxelles et Paris, j'ai décidé de regarder, fin 2014, quelques pièces de la Schaubühne pour voir les comédiennes et les comédiens à l'œuvre. Par hasard, il s'agissait de *La Vipère,* une pièce de Broadway des années 1940 qu'Ostermeier avait remise en scène[3], et d'*Œdipe le tyran,* la version que Romeo Castellucci avait tirée de la tragédie grecque, replaçant l'action dans un cloître de nonnes[4]

1 *Les derniers jours de Ceauşescu* est un « reenactment » du procès et de l'exécution du couple de dictateurs roumains Nicolae et Elena Ceauşescu. Avant-première : Teatrul Odeon, Bucarest, 10/11.12.2009 ; création : Berlin, HAU 2, 18.12.2009. Informations : http://www.die-letzten-tage.com/ (page consultée le 10.08.2017).

2 Le projet *Hate Radio* fait revivre la chaîne radio RTLM, qui avait massivement contribué à la diffusion de pamphlets racistes et d'appels au meurtre, et donc au génocide, en reconstruisant les coulisses de la chaîne de façon réaliste. Des survivants du génocide jouent sur scène. Création : Berlin, HAU, 11.12.2011. Informations : http://international-institute.de/hate-radio-2/ (page consultée le 10.08.2017).

3 A propos de l'interprétation d'Ursina Lardi du rôle de Birdie Hubbard dans *La Vipère* de Lillian Hellman, voir le texte de Peter M. Boenisch dans ce volume, p. 212–217.

4 Voir à ce propos l'interview de Romeo Castellucci par Paola Gilardi dans ce volume, p. 187–195.

Mais je n'ai vu qu'Ursina Lardi. Dans *La Vipère,* on dirait qu'une diva de Broadway, ivre, s'est emparée d'un film des années 1940. Ce contrepoint avec une mise en scène strictement naturaliste, se déroulant de façon presque géométrique, était bien sûr voulu, mais la comédienne était visiblement allée un peu trop loin. Comme le dramaturge, énervé, me l'a avoué, elle était sortie du rang dès le début des répétitions. Dans la seule scène qui m'est restée en mémoire, elle joue du piano, titube sur scène, monologue sur des étoiles quelconques, en infligeant une mort atroce à toute forme de naturalisme. Elle fait la même chose dans *Œdipe le tyran* de Romeo Castellucci, mais d'une manière complètement différente. Elle y joue tout simplement son truc, un Œdipe qui ressemble à un Jésus, qui déclame des vers en faisant de grands gestes, sans s'occuper le moins du monde des autres personnages (un groupe de nonnes menées par Angela Winkler).

Ursina Lardi, Jésus, Œdipe, fossoyeuse du naturalisme, glorieuse solitaire, hystérique transcendante : comme si souvent au début flamboyant d'une histoire d'amour professionnelle, ces premières impressions allaient se concrétiser dans *Compassion. L'histoire de la mitraillette*[5]. Mais ce fut aussi le début d'une première phase vraiment difficile.

Sur l'art de jouer d'Ursina Lardi (1)

On sait d'Humphrey Bogart qu'il ne méprisait qu'une chose : le manque de professionnalisme. Même complètement ivre, il connaissait son texte. C'est exactement la même chose chez Ursina Lardi. On peut lui donner une scène à 11 heures et, à 11h15, elle la joue. Cette maîtrise presque absurde du texte est doublée de la capacité de faire appel à tout le répertoire des sentiments et des mouvements, quand et aussi souvent qu'elle le souhaite. En tournée, nous avons parfois joué *Compassion* deux fois par jour, ce qui signifiait qu'elle devait uriner deux fois de suite, pleurer deux fois de suite, délirer deux fois de suite. Comme c'est le cas pour tous les comédiens dotés d'un talent absolu, le côté technique de son métier va tellement de soi qu'elle ne comprend pas ce que signifie la « technique ». Ce qu'elle fait est toujours un point, au

5 Outre Ursina Lardi, la comédienne belge Consolate Sipérius, née au Burundi, joue aussi dans la pièce. La création a eu lieu le 16.01.2016 à la Schaubühne de Berlin. Informations supplémentaires (en allemand et en anglais) : http://international-institute.de/mitleid-die-geschichte-des-maschinengewehrs/ (page consultée le 27.08.2017).

hasard, d'un espace de jeu ouvert dans toutes les directions. « Ce n'est que le début » : c'est le mantra de l'univers théâtral d'Ursina Lardi. Ce qui semble être le point culminant d'une carrière n'est pour elle qu'un épisode, qu'une épreuve intermédiaire sur un chemin beaucoup plus long. Elle est ambitieuse comme une jeune fille de dix-sept ans. Plus le cadre est étroit, plus on peut être sûr qu'elle va le faire exploser. Elle se donne toujours à cent pour cent, bien que vingt pour cent suffiraient dans presque tous les cas. Car elle est comédienne de théâtre comme Mozart jouait au piano ou comme Staline déportait des populations : c'est son essence même. Elle déploie l'autorité de son talent exceptionnel partout où elle joue, partout où elle répète ou tourne.

« Est-ce qu'on a une comédienne comme Ursina Lardi ? », avait demandé le metteur en scène Kirill Serebrennikov lors des représentations de *Compassion* à Moscou. Il connaissait la réponse : « Non. Aucune. »

La crise

Il faut être honnête : la première phase de répétitions de *Compassion* a été pour moi, mais aussi pour Ursina Lardi, une des pires périodes de notre vie. Comme toujours dans mes mises en scène, je commence avec une page blanche. Bientôt directeur du Théâtre national de Gand, j'entends même en faire un dogme pour toutes les metteuses en scène et tous les metteurs en scène : qu'il n'y ait aucun texte auquel se retenir, pas d'Ibsen, pas de Shakespeare, rien du tout – seulement l'imagination et l'esprit de découverte des participants. Qu'une panique totale règne, dès le début.

Nous n'avions donc aucun texte pour *Compassion.* La pièce devait aborder, d'une certaine façon, le travail des ONG, la vraie et la fausse pitié – et la souffrance insaisissable, océanique sur cette planète, souffrance de laquelle résulte cette com-passion (qui signifie « souffrir avec »). J'ai emmené Ursina Lardi lors de mes recherches sur le terrain. Nous avons traversé cet automne 2015 devenu historique, durant lequel un million de personnes sont arrivées en Allemagne. Nous étions comme deux Forrest Gump, toujours présents là où il se passait quelque chose : près de Bodrum, où Aylan Kurdi, le garçonnet mort noyé, a été retrouvé. À Idomeni, à la frontière macédonienne, bien avant que le camp ne devienne le symbole du cynisme de la politique européenne des réfugiés. Nous avons traversé le centre de l'Afrique, avons parlé avec des gens travaillant dans des mines, avec des collaborateurs d'ONG qui avaient vécu le génocide au Rwanda et, ensuite, la vengeance de l'armée tutsie en République démocratique du Congo. Dans des camps d'accueil sur des îles grecques, nous avons aidé à distribuer des croissants au chocolat et des bouteilles d'eau. En parallèle, durant nos trajets en jeep à travers des régions en guerre, dans les mines de coltan ou des hôtels pour blancs au milieu de la jungle, nous parlions beaucoup – de son enfance, et de sa vie en général.

Bien sûr, il s'agissait de la partie d'un plan pour développer la pièce. Mais plus nous voyagions, plus nous étions incertains et, finalement, désespérés. Elle me haïssait, je la haïssais, mais nous étions enchaînés l'un à l'autre dans cette grotesque fidélité de Nibelungen qui lie les comédiens et les metteurs en scène.

« Qu'est-ce qu'on fait ici, en fait ? », ne cessait-elle de me demander.

Et je lui répondais : « On va bien trouver. »

Plus tard, elle m'a avoué que cette phase de préparation avait causé « la plus longue dépression de sa vie professionnelle. » Car, comme pour chaque artiste, il n'y a pour Ursina Lardi rien de pire que le sentiment de ne pas pouvoir accéder à sa propre source d'énergie. Elle sentait que je voulais l'entraîner à faire quelque chose. Mais elle ne comprenait pas quoi. Nous ne nous comprenions pas. « Donne-moi un texte », me demandait-elle constamment. « Donne-moi un texte pour que je puisse jouer. »

Sur l'art de jouer d'Ursina Lardi (2)

Je m'approche généralement d'un projet sur trois plans : *historique,* avec des recherches, mais surtout avec le vécu que l'on accumule pendant les recherches (ce qui est un prétexte pour vivre des expériences et quelque chose d'intense) ; *privé,* avec la vie du comédien, ou de la comédienne, mais aussi avec ma vie et la vie de notre relation professionnelle ; et, finalement, sur le plan de la *mise en scène,* qui réunit tous les éléments : la lumière, le rythme, le corps, la langue, le moment politique et le lieu du projet – et davantage encore.

Il n'est pas possible de distinguer ces trois plans. Ils sont toujours là en même temps. C'est pourquoi j'emmène les comédiennes et les comédiens avec moi en voyage, je les force à lire certains textes, je nous mets en danger de mort, je les traîne à des séances psychologiques, les convaincs de se mettre à nu et les pousse à prononcer de longs monologues poétiques ou des textes analytiques incompréhensibles ou, mieux encore : à écrire. Mais surtout, tout cela en même temps.

Et c'est là que résidait notre problème : Ursina Lardi n'est pas à l'aise avec cette dialectique. En tout cas pas lorsque nous avons commencé à travailler ensemble. Entretemps, elle a compris que j'avais besoin de cette panique, de ce tâtonnement, de cette simultanéité pour commencer à réfléchir. Que je ne suis pas un décorateur, un adaptateur ou quelqu'un qui se limite à donner le rythme, mais un expérimentateur se mouvant dans un espace maniaco-dépressif. Et que c'est aussi ce que j'attends de mes collaboratrices et collaborateurs – parce que cela vaut la peine. Ursina Lardi m'appelle affectueusement « journaleux » quand j'arrive avec mes projets de voyage, mes films, mes livres et mes discussions psychologiques, mais, entretemps, elle sait qu'il n'y a rien, dans tout cela, qui doive servir à l'information. Car elle comprend, comme le font toutes les grandes comédiennes : tout cela est intéressant, mais, en fin de compte, cela n'aide en rien. À la fin, on est seul sur scène. C'est pourquoi elle ne s'intéresse qu'à l'intelligence de cette façon très spécifique de s'exposer, au destin, fou, du comédien : être seul devant mille yeux.

Mais qui est là, en fait, quand Ursina Lardi est sur scène ? Une fois, j'ai dit qu'elle était une méta-diva : elle est, en même temps, elle-même et pas elle-même, elle est justement « quelque chose de tiers ». On pourrait, à bon droit, décrire ce qui se passe avec elle sur scène comme de la transsubstantiation. La personne physique Ursina Lardi est certes encore là, quand elle joue dans *Compassion,* et même très distinctement, de façon très imposante. Mais en même temps elle n'incarne pourtant que son rôle : la collaboratrice d'une ONG raciste, pas sûre d'elle-même, en train de tomber dans la folie. Je le vois aussi en ce moment, pendant le travail pour *LENINE*[6], notre prochaine pièce à la Schaubühne. La Suissesse mince et blonde interprète le révolutionnaire chauve russe Vladimir Ilitch Lénine peu de temps avant sa mort. Ce qui est fou : à aucun moment personne n'y pense, alors que la mise en scène est absolument

6 À propos de *LENINE,* voir aussi l'analyse de Stefan Bläske dans le présent ouvrage, p. 121–127.

naturaliste, jusqu'au moindre objet du décor. Et comme toujours, quand on travaille avec Ursina Lardi, il n'y a pas de Method Acting. Il n'y a pas de tâtonnement, pas de révélation. Elle *est* tout simplement Lénine, depuis la première répétition. Comme elle le dit dans *Compassion,* « J'entre dans le personnage. » En même temps, elle s'agite sans cesse dans son personnage : Ursina Lardi. C'est ainsi que quelque chose d'autre prend vie : son combat avec le personnage.

Répétitions avec Ursina Lardi

« Donne-moi un texte », m'a donc demandé Ursina Lardi à la fin des travaux préparatoires de *Compassion.* Et comme cela n'allait pas autrement, comme j'y étais forcé, je me suis assis et j'ai écrit. Un condensé de nos discussions et de nos recherches, de mon imagination et de mes journaux intimes a donné naissance à un personnage, qui est devenu « Lardi ». Les deux scènes les plus fortes, la destruction du camp de réfugiés et le rêve où elle est forcée à uriner sur sa meilleure amie, sont deux rêves que j'avais eu des années auparavant, lorsque je travaillais en Afrique centrale. Et tout à coup j'ai réalisé que, bien que je l'avais détestée pour cela, c'était son « donne-moi un texte » qui m'avait remis ces souvenirs en mémoire. Qui m'avait rappelé que j'étais un auteur, que je disposais – comme elle en tant que comédienne – de tout ce dont j'avais besoin. Que je ne le trouverais pas au Congo ou en Grèce, mais en moi-même. Que je pourrais aussi, une fois, profiter de ma technique.

C'est son message : il ne s'agit pas de chercher, il s'agit de se mettre dans l'état de trouver. C'est le fondement même de la pratique artistique d'Ursina Lardi. En conséquence, le savoir l'intéresse assez peu, que ce soit un savoir biographique, existentiel ou provenant de Google. Je peux le dire encore autrement : si les conditions pour parvenir à l'état de trouver ne sont pas données, elle souffre. Elle devient dépressive, colérique, distante, réprobatrice. Mais si le texte, si la matrice est là, elle est prête à tout. Alors commence un processus infiniment croissant d'expérimentation. La chose la plus privée, la plus abstraite, tout, simplement tout, passe à travers elle, se matérialise en elle. C'est pourquoi la paresse lui est totalement étrangère. Elle n'a aucune patience pour les gens sans feu intérieur et sans talent. Elle méprise les gens qui s'économisent. « Fils de pharmacien », persifle-t-elle quand de jeunes comédiens ne s'investissent pas assez. Fondamentalement, pour Ursina Lardi, il n'y a pas de répétitions, elle est toujours pleinement présente, fait des propositions sur la manière d'améliorer une séquence de jeu, de la rendre encore plus percutante, plus extrême. Après les répétitions, elle reste pour discuter, envoie des SMS la nuit et téléphone pendant le week-end. Longtemps avant que les répétitions ne commencent ou après des années en tournée.

Beaucoup de gens la trouvent égocentrique, et ils ont raison. En comparaison avec d'autres stars ayant le même degré de célébrité, elle est pourtant presque invisible sur le plan privé. Sur scène en revanche, elle est tellement exigeante que, si elle n'était pas aussi sympathique et aussi ironique envers elle-même, elle serait une torture pour les autres comédiennes et comédiens. Dix autres membres de la troupe de la Schaubühne jouent par exemple aussi dans *LENINE,* parmi lesquels de nombreux grands noms. Mais il est clair qu'Ursina Lardi est Lénine, le personnage principal. Du travail avec Romeo Castellucci, il lui est resté en mémoire qu'il n'avait aucun intérêt pour elle. Il était assis à côté d'elle et parlait avec les éclairagistes. Elle s'était demandé comment quelqu'un pouvait ne pas avoir d'yeux que pour elle, Ursina Lardi, le centre ? Chez moi aussi, elle remarque immédiatement si je n'ai que le masque de l'attention mais que mes pensées sont ailleurs. Il lui faut l'attention complète.

Sur l'art de jouer d'Ursina Lardi (3)

Je veux maintenant révéler un petit secret. C'est précisément parce qu'elle est si extraordinaire, si parfaite et si talentueuse qu'il ne faut pas faire ce qu'elle tient pour juste. En tout cas pas tout de suite, pas directement. Il y a en effet quelque chose qui ne fait éclore le génie qu'au-delà de toutes les déceptions et de tous les sacrifices. Quelque chose que l'on ne trouve que dans un sentiment absolu de perdition, seulement quand toute la confiance en soi a disparu. Alors seulement, quand la peur d'échouer complètement reste le seul sentiment, quand on est si totalement prisonnier de cette peur que l'on ne peut plus s'imaginer pouvoir terminer quelque chose, jamais – alors seulement commence le travail artistique. Nos sens sont alors aiguisés, nos gestes nécessaires, les instincts de survie de l'âme réveillés. Car, comme des animaux acculés, nous ne voulons plus qu'une chose : sauver notre peau.

C'est là qu'il faut amener Ursina Lardi. Parvenue à ce point-là, elle n'est plus seulement ce talent exceptionnel et cette super professionnelle, elle est une méta-diva. On pourrait ressentir sa maîtrise totale de la scène, carrément baroque, comme de la malhonnêteté. Son talon d'Achille : il lui est trop facile de jouer. Si on ne fait pas attention, on assiste à un festival de mimiques et de gesticulations. C'est pourquoi il faut la forcer, par des détours sur une fausse route, à pénétrer sur ces terres désertiques où son professionnalisme se tarit. C'est pourquoi il faut la forcer à creuser dans des endroits arides, et donc plus en profondeur.

Lorsqu'elle dit qu'elle ne s'intéresse pas à sa biographie, ce n'est qu'à moitié vrai. Elle ne s'y intéresse que d'une manière indirecte. *Compassion,* par exemple, est une pièce sur la violence et la culpabilité, mais c'est aussi, secrètement, une pièce sur la forme indirecte, cruelle de notre collaboration, et sur cette question : comment peut-on être en même temps sincère et non sincère, acteur et être humain. Cette question me hante dans toutes mes mises en scène : comment parler de soi tout en parlant d'un personnage inventé, et vice-versa. Comment trouver quelque chose d'absolument concret dans quelque chose d'absolument général, pour reprendre, de façon libre, une citation d'Hegel. Comment devenir les auteurs et les acteurs d'une tragédie moderne.

Conclusion

Je reviens une nouvelle fois du Congo, je suis assis sous un arbre au bord de la Méditerranée et je lis. Un des metteurs en scène qui travaillera avec moi lors de ma première saison au Théâtre national de Gand veut organiser une soirée Kathy Acker. Un de ses livres est donc ouvert, devant moi. Sur la première page, le personnage principal, une fillette de dix ans, baise son père et cela malgré son inflammation pelvienne. Page deux, Kathy Acker formule de profondes pensées sur la mort et cite un poème moderne. Page trois suit une sorte d'essai sur l'amitié que le personnage principal mène sous forme de dialogue avec le meilleur ami de son père.[7] De la poésie pure, suivie d'une analyse dure et froide. Des cochonneries et un langage prophétique. Kathy Acker

7 Cf. Kathy Acker, *Sang et stupre au lycée.* Traduction de Claro, Monaco : Editions du Rocher, 2005.

se donne complètement à ses lectrices et à ses lecteurs, elle ouvre ses jambes, son cerveau, ses trésors de lecture, tout.

C'est exactement ce que fait aussi Ursina Lardi. Son talent est pervers, voyeuriste, chaud-froid. Elle est un « monstre vulnérable » de ce qu'un comédien peut faire sur le plan artistique. Comme Kathy Acker, elle peut tout faire et tout mélanger, et, parfois, elle cède à la tentation de l'arabesque, de la victoire rapide, du pur spectacle. Dans *Compassion,* elle discourt sur l'art du jeu, elle se glisse dans le personnage d'une collaboratrice raciste d'une ONG, joue une scène de l'*Œdipe* de Castellucci, parle de sa formation de maîtresse d'école primaire, urine, pleure et crie vers Dieu. Pour un ou une artiste, il n'y a pas de différence entre les apparitions, les plans du jeu et du style. Dans l'art, tout devient un, la pisse et la poésie, la philosophie et les connaissances générales, le courage du héros et l'étroitesse d'esprit, ce qui nous appartient et ce qui nous est étranger, le corps et l'esprit. Tout devient don pur, ou, comme l'a dit Peter Zadek lors d'une répétition de *Mère Courage* de Bertold Brecht, à laquelle ma compagne de l'époque assistait : « Rien de ce qui se passe pendant les répétitions n'est invisible à la fin. »[8] Le « qu'est-ce que je fais là, en fait », qui nous a accompagnés lors de notre voyage dans les camps de réfugiés et les mines, s'est transformé, dans *Compassion,* en auto-questionnement universel de l'Occident. On pourrait dire qu'Ursina Lardi est dans son personnage comme un navigateur sur son bateau en train de couler : elle est une capitaine déjantée, complètement lucide et simultanément envahie par des démons, sans égards pour elle-même et pour les spectateurs, ignorante, naïve et avide de transcendance, remplie du savoir de tous les navigateurs de tous les temps et pourtant non-nageuse, que la folie des grandeurs pousse à mettre le pied sur les océans.

8 La mise en scène de *Mère Courage* de Bertolt Brecht, par Peter Zadek, avec Angela Winkler dans le rôle-titre, a été créée le 05.06.2003 au Deutsches Theater de Berlin.

Ursina Lardi mit Consolate Sipérius in *Mitleid. Die Geschichte des Maschinengewehrs,* Berlin, Schaubühne am Lehniner Platz, Januar 2016. Regie: Milo Rau; Dramaturgie: Florian Borchmeyer; Mitarbeit Recherche / Dramaturgie: Mirjam Knapp und Stefan Bläske
Foto: © Gianmarco Bresadola

Milo Rau

Appunti sul mio lavoro con Ursina Lardi

All'incirca cinque anni fa Thomas Ostermeier mi convinse a realizzare una produzione alla Schaubühne di Berlino. Gli dissi: «Certo, a patto di riuscire a trovare, nella compagnia, una persona in grado d'ispirarmi e che io possa ispirare.» Fino ad allora avevo lavorato con un solo attore della Schaubühne, Thomas Badig, a cui avevo affidato le voci fuori campo per *Ceaușescu*[1] e *Hate Radio*[2], e sapevo poco o nulla dell'ensemble. Dopo due anni trascorsi fra la Russia e la Svizzera, in tournée in dieci Paesi, in viaggi di ricerca nella giungla congolese e immerso nelle prove di nuove produzioni a Bruxelles e Parigi, verso la fine del 2014 riuscii ad assistere a un paio di spettacoli della Schaubühne per vedere le attrici e gli attori in azione. Il caso volle che si trattasse di *Piccole volpi*, una pièce di Broadway degli anni Quaranta, di cui Thomas Ostermeier aveva appena realizzato un nuovo adattamento[3], ed *Edipo il tiranno*, una versione della

1 *Gli ultimi giorni di Ceaușescu* è un «reenactment» del processo e dell'esecuzione del dittatore Nicolae Ceaușescu e di sua moglie Elena. Anteprima: Teatrul Odeon Bukarest, 10/11.12.2009; Debutto: Berlino, Hebbel am Ufer HAU 2, 18.12.2009. Maggiori informazioni al sito: http://www.die-letzten-tage.com/ (consultato il 10.08.2017).

2 Il progetto *Hate Radio* fa rivivere in diretta, in spazi riprodotti fedelmente, una trasmissione dell'emittente radiofonica ruandese RTLM che aveva contribuito in modo determinante al genocidio, diffondendo pamphlet razzisti e appelli all'omicidio. I ruoli sono interpretati da persone sopravvissute al genocidio. Debutto: Berlino, Hebbel am Ufer HAU, 11.12.2011. Maggiori informazioni al sito: http://international-institute.de/hate-radio-2/ (consultato il 10.08.2017).

3 Sull'interpretazione del ruolo di Birdie Hubbard da parte di Ursina Lardi in *Piccole volpi* di Lillian Hellman si rimanda al contributo di Peter M. Boenisch nel presente volume, pp. 219–224.

tragedia di Sofocle che Romeo Castellucci aveva ambientato in un convento di suore[4].

Io però non avevo occhi che per Ursina Lardi. Nel caso di *Piccole volpi* sembrava che un film degli anni Quaranta fosse stato ammutinato da una diva di Broadway ubriaca. Si trattava ovviamente di un contrappunto inserito di proposito in una messinscena rigorosamente naturalistica e dalla struttura quasi geometrica, ma Ursina Lardi si era spinta palesemente troppo in là. Come mi confessò il drammaturgo, snervato, l'attrice era uscita dai ranghi sin dall'inizio delle prove. Nell'unica scena della pièce che mi è rimasta impressa, Ursina Lardi suona il piano, cammina barcollando, recita un monologo su non so quali costellazioni e strazia a morte ogni forma di naturalismo. Fa la stessa cosa, benché su un altro piano, anche nell'*Edipo il tiranno* di Castellucci. In questa pièce Ursina Lardi recita la sua parte, un Edipo dalle sembianze di Gesù che declama versi poetici con gesti solenni, senza curarsi minimamente degli altri personaggi (una comunità di suore con Angela Winkler nel ruolo della badessa).

Ursina Lardi, Gesù, Edipo, la carnefice del naturalismo, la grandiosa individualista, l'isterica trascendentale: queste prime impressioni – come spesso accade quando divampa un nuovo amore professionale – avrebbero dovuto essere rielaborate nella mia nuova produzione, *Compassione. La storia della mitragliatrice*[5]. Dapprima seguì tuttavia un periodo difficile.

Sull'arte drammatica di Ursina Lardi (1)

Si dice che Humphrey Bogart disprezzasse una sola cosa: la mancanza di professionalità. Conosceva il suo testo a menadito anche quando era completamente ubriaco. Anche nel caso di Ursina Lardi è così: se le si dà una nuova scena alle 11:00, alle 11:15 è già in grado di recitarla. Questa padronanza quasi assurda del testo è abbinata alla capacità di fare appello in qualunque momento all'intera gamma dei sentimenti o movimenti. In tournée, ad esempio, può capitare

4 Si veda l'intervista di Paola Gilardi a Romeo Castellucci in questo volume, pp. 170–177.
5 In *Compassione* Ursina Lardi è affiancata dall'attrice belga, nata in Burundi, Consolate Sipérius. Questa produzione ha debuttato il 16.01.2016 alla Schaubühne di Berlino. Maggiori informazioni al sito: http://international-institute.de/mitleid-die-geschichte-des-maschinengewehrs/ (consultato il 10.08.2017).

di presentare *Compassione* due volte nello stesso giorno; ciò significa che Ursina Lardi deve urinare, piangere e delirare due volte di seguito. Come ogni talento assoluto, ha interiorizzato a tal punto l'aspetto tecnico della sua professione che non riesce a capire cosa si intenda per «tecnica». Ogni cosa che fa è solo un punto casuale in uno spazio attoriale aperto in tutte le direzioni. «Questo non è che l'inizio», è il mantra nell'universo teatrale di Ursina Lardi. Quello che potrebbe sembrare l'apice di una carriera, per Ursina Lardi non è altro che un semplice episodio, una tappa intermedia di un percorso molto più lungo. Ha la stessa ambizione di una diciassettenne. Quanto più il quadro è ristretto, tanto più si può stare certi che Ursina Lardi lo farà esplodere. Dà sempre il cento per cento, come minimo, anche se nella maggioranza dei casi basterebbe il venti per cento; perché per Ursina Lardi recitare è come per Mozart suonare il piano o per Stalin deportare intere popolazioni: fa parte del suo essere. In qualunque contesto si muova – in scena, durante le prove o sul set di un film – Ursina Lardi emana l'autorità del suo straordinario talento.

«Abbiamo un'attrice come Lardi?», ha chiesto il noto regista Kirill Serebrennikow dopo una rappresentazione di *Compassione* a Mosca. Ed ha risposto da sé: «No. Nessuna.»

La crisi

Devo dire onestamente che la fase preliminare di *Compassione* è stata per me, ma anche per Ursina Lardi, uno dei periodi più difficili della nostra vita. Inizio sempre ogni mia nuova produzione davanti a un foglio bianco. Quando sarò direttore artistico del Teatro nazionale di Gent intendo farne addirittura un dogma per tutti i registi e le registe: le messe in scena non dovranno basarsi su un testo – niente Ibsen, niente Shakespeare, niente di niente – ma solo sulla fantasia e sullo spirito pionieristico delle persone coinvolte. Dovrà regnare sin dall'inizio il panico totale.

Neanche per *Compassione* disponevamo di un testo. La pièce doveva essere incentrata in qualche modo sul lavoro umanitario delle ONG, sulla vera e la falsa compassione – e sull'inconcepibile e oceanica sofferenza nel mondo, da cui nasce appunto questo sentimento di com-passione. Ho portato Ursina Lardi con me nei miei viaggi di ricerca. Abbiamo attraversato quel memorabile autunno del 2015, durante il quale oltre un milione di persone si sono messe in marcia verso la Germania. Come due Forrest Gump, ci siamo ritrovati sempre nei luoghi dove si stava scrivendo la storia: nel punto vicino a Bodrum dove è stato ritrovato il corpo di Aylan Kurdi, il piccolo profugo morto annegato; o a Idomeni, molto prima che questo campo profughi al confine fra la Grecia e la Macedonia divenisse il simbolo del cinismo della politica europea in merito alla gestione delle frontiere. Abbiamo attraversato l'Africa centrale e incontrato minatori e collaboratori di ONG che erano sopravvissuti al genocidio in Ruanda e alla vendetta dell'esercito Tutsi nelle regioni orientali del Congo. Abbiamo dato una mano in alcuni centri d'accoglienza sulle isole greche, distribuendo croissants al cioccolato e bottiglie d'acqua minerale. Al contempo, discutevo a lungo con Ursina Lardi sulla sua infanzia e la sua vita in generale – su una jeep in zone nelle quali imperversava la guerra civile, in miniere di Coltan e in hotel per bianchi in mezzo alla giungla.

Tutto ciò rientrava ovviamente nel mio piano di elaborazione della pièce. Tuttavia, più viaggiavamo e più brancolavamo nel buio, in preda alla disperazione. Ursina Lardi ha cominciato a odiarmi ed io ho cominciato a odiare lei, ma eravamo incatenati l'uno all'altra nella grottesca fedeltà nibelungica che unisce attori e registi.

«Che ci facciamo qui?», mi domandava Ursina Lardi in continuazione.

Ed io le rispondevo: «Prima o poi lo scopriremo.»

In un secondo momento mi ha confessato di avere vissuto questa fase preliminare come «la più lunga depressione di tutta la sua carriera.» Per un'artista non c'è infatti niente di peggio della sensazione di non riuscire ad accedere alla propria fonte d'energia. Intuiva che volevo spingerla in una determinata direzione, ma non sapeva bene in quale. Non riuscivamo a capirci. «Dammi un testo», continuava a ripetermi. «Dammi un testo affinché possa recitare.»

Sull'arte drammatica di Ursina Lardi (2)

Di regola, approccio un nuovo progetto su tre livelli: quello *storico,* che comprende la ricerca ma soprattutto le esperienze vissute durante questa fase di ricerca (che a sua volta non è che un pretesto per fare delle esperienze e aumentare il grado d'intensità); quello *privato,* che include la vita dell' attrice o dell'attore come pure la mia vita e la nostra relazione professionale e infine quello della *messinscena,* in cui rientra tutto il resto: le luci, il ritmo, il corpo, il linguaggio, il momento politico e il luogo in cui il progetto verrà realizzato, eccetera.

Non è possibile distinguere nettamente queste tre dimensioni, poiché si compenetrano. Per questa ragione chiedo alle attrici e agli attori di accompagnarmi in viaggio, oppure li obbligo a leggere determinati testi, metto in pericolo la loro vita, li spingo a sottoporsi a delle sedute psicanalitiche, li convinco a spogliarsi e a recitare lunghi monologhi poetici o incomprensibili saggi analitici o, meglio ancora: a scrivere. Ma soprattutto tutte queste cose contemporaneamente.

Il nostro problema risiedeva proprio nel fatto che Ursina Lardi non apprezza questo tipo di dialettica, perlomeno non all'inizio della nostra collaborazione. Nel frattempo però ha capito che ho bisogno di questo panico, di questo procedere a tentoni, di questa simultaneità per riuscire a pensare. E che nelle mie messe in scena non mi limito a impreziosire, adattare o dare il ritmo, ma sono piuttosto uno sperimentatore in uno spazio maniaco-depressivo. E che pretendo la stessa cosa dai miei collaboratori e collaboratrici – perché ne vale la pena. «Gazzettiere», mi chiama scherzosamente quando tiro fuori itinerari di viaggio, libri o discussioni da strizzacervelli; ma ormai ha capito che tutto ciò non ha il benché minimo scopo informativo. Come ogni grande attrice, Ursina Lardi sa infatti che ogni cosa può essere interessante, ma alla fine non è di nessuna utilità. Alla fine si è soli sul palcoscenico. Per questo motivo s'interessa esclusivamente all'intelligenza legata a questo modo specifico di esporsi, al folle destino dell'attore di ritrovarsi da solo davanti a mille occhi.

Ma chi è presente sul palco, quando Ursina Lardi calca la scena? Qualche tempo fa ho detto che Ursina Lardi è una «meta-diva», nel senso che è al contempo se stessa e non se stessa, «una terza cosa» per l'appunto. Si potrebbe parlare a giusta ragione di transubstanziazione per definire quello che avviene a Ursina Lardi in scena. In *Compassione* l'attrice è ancora visibile, distintamente, in tutta la sua fisicità. Al contempo sul palco rimane però unicamente il suo personaggio: una collaboratrice di ONG razzista, insicura e sull'orlo della follia. Attualmente osservo la stessa cosa in *LENIN*[6], la nostra nuova pièce alla Schaubühne, in cui

6 Su *LENIN* si veda il contributo di Stefan Bläske nel presente volume, pp. 121–127.

la bionda e snella attrice svizzera Ursina Lardi interpreta il ruolo del calvo rivoluzionario russo Vladimir Ilic Lenin poco prima della morte. E la cosa assurda è che non ci si fa minimamente caso, benché la messa in scena sia impostata in modo assolutamente naturalistico fin nei minimi dettagli della scenografia. E come sempre, quando si lavora con Ursina Lardi, non c'è bisogno di nessun *Method Acting* o di procedere per tentativi o tramite un processo di ricerca. Ursina Lardi è semplicemente Lenin, sin dal primo giorno di prove: «Entro nel personaggio», come dice in una scena di *Compassione.* Contemporaneamente continua però ad agitarsi all'interno, dando vita a una terza cosa: la lotta di Ursina Lardi con il personaggio.

Prove con Ursina Lardi

«Dammi un testo», continuava a ripetermi Ursina Lardi al termine della fase preliminare di *Compassione.* Siccome non si poteva proprio fare altrimenti, sono stato costretto a mettermi a scrivere. Condensando elementi tratti dalle nostre discussioni e ricerche, immagini scaturite dalla mia fantasia e pagine del mio diario, ha preso forma il personaggio di «Lardi». Le due scene più deliranti – la distruzione del campo profughi e il sogno in cui Lardi è costretta a urinare sulla sua migliore amica – sono ispirate a due sogni che avevo fatto diversi anni prima, durante il mio lavoro in Africa centrale. All'improvviso mi sono reso conto che, malgrado avessi odiato Ursina Lardi per il suo atteggiamento di rifiuto, è stato proprio il suo martellante «Dammi un testo» ad avermi permesso di accedere nuovamente a questi ricordi, e ad avermi ricordato che sono un autore e che – proprio come lei in quanto attrice – disponevo già di tutto ciò che mi occorreva. Non dovevo dunque cercare in Congo o in Grecia, ma in me stesso. Per una volta potevo ricorrere semplicemente alla mia tecnica.

L'insegnamento di Ursina Lardi consiste proprio in questo: non si tratta di cercare, ma di mettersi nella condizione di trovare. È il fondamento stesso della sua pratica artistica. Non è molto interessata al sapere, né a quello biografico o esistenziale né a quello enciclopedico di Google. In altre parole: se non sono date le condizioni per raggiungere lo stato che le consente di trovare, Ursina Lardi soffre. È depressa, stizzosa, ostile, rancorosa. Ma non appena le si dà il testo, la matrice, è pronta a tutto. In quel momento inizia un processo di sperimentazione infinitamente ampio. Tutto – dalle cose più intime a quelle più astratte – passa attraverso di lei, si materializza in lei. Per questo motivo la pigrizia le è estranea. Con persone senza fuoco sacro né talento perde subito la pazienza. Disprezza chi non dà tutto se stesso. «Figlio di papà», sibila quando dei giovani attori si trastullano. Fondamentalmente, per Ursina Lardi le prove non esistono, è presente in ogni istante, sempre carica, avanza proposte su come si potrebbe migliorare una scena o renderla più convincente o più estrema. Si ferma a discutere dopo le prove, invia idee via SMS in piena notte e chiama durante il fine settimana – già molto prima dell'inizio delle prove e anche dopo anni in tournée.

Per questa ragione molte persone la considerano egocentrica, ed è vero. Tuttavia, in confronto ad altre star del suo calibro, nella vita privata Ursina Lardi è pressoché invisibile. Sul palcoscenico però è esigente a tal punto che, se non fosse così simpatica e autoironica, per gli altri attori e attrici sarebbe una tortura lavorare al suo fianco. In *LENIN*, ad esempio, sono coinvolti altri dieci membri della compagnia della Schaubühne, fra cui diversi grandi nomi. Ma tutti sono in chiaro che Ursina Lardi è Lenin, è la protagonista. Della collaborazione con Romeo Castellucci le è rimasto impresso che non si interessava a lei. Le stava accanto e parlava con i tecnici delle luci. Era sbigottita che qualcuno potesse avere occhi per qualcos'altro all'infuori di lei, Ursina Lardi, il fulcro! Anche con me si accorge subito se metto la maschera dell'interessamento, mentre in realtà sto pensando ad altro. Ursina Lardi esige l'attenzione totale.

Sull'arte drammatica di Ursina Lardi (3)

Ora rivelerò un piccolo segreto. Proprio perché Ursina Lardi è così grandiosa, perfetta e talentuosa non si deve mai fare quello che le pare giusto. In ogni caso non subito, non direttamente. C'è una cosa che sboccia, anche per il genio, solo dopo avere sopportato delusioni e sacrifici, qualcosa che è possibile trovare solo nel totale smarrimento, solo dopo avere perso completamente la fiducia in se stessi. Quando si è dominati dalla paura di fallire su tutta la linea e quando questa paura è così opprimente da farci pensare di non riuscire a creare mai più nulla – solo in quel momento inizia il vero lavoro artistico. Questo particolare stato aguzza infatti i nostri sensi, rende i nostri gesti necessari e risveglia l'istinto di sopravvivenza della nostra anima. In quell'istante siamo infatti come animali in trappola, pensiamo solo a salvare la pelle.

Bisogna spingere Ursina Lardi fino al punto in cui cessa di essere un talento fuori dalla norma e un'attrice super-professionale, per trasformarsi in una «meta-diva». La sua padronanza scenica assoluta, quasi barocca, potrebbe sembrare insincera. Paradossalmente, il tallone d'Achille di Ursina Lardi consiste proprio nel fatto di recitare con estrema facilità. Se non si fa attenzione, lancia senza sosta un fuoco d'artificio mimico e gestuale. Bisogna quindi disorientarla, depistarla e condurla nel deserto dove la sua professionalità s'inaridisce. Bisogna condurla su un terreno arido per obbligarla a scavare più a fondo.

In effetti, è vero solo in parte che Ursina Lardi non s'interessa alla sua biografia. Se ne interessa solo indirettamente. *Compassione,* ad esempio, è incentrato sui temi della violenza e della colpa, ma in segreto parla in maniera indiretta anche della nostra dolorosa forma di collaborazione: di come si possa essere al contempo sinceri e insinceri, attori ed esseri umani. Questa è la domanda che mi assilla in tutte le mie messe in scena: come si possa raccontare di sé, parlando di un personaggio inventato, e viceversa; come sia possibile – citando liberamente Hegel – cogliere il concreto assoluto nell'universale assoluto; come possiamo diventare autori e interpreti di una moderna tragedia.

Conclusione

Sono appena rientrato dal Congo e leggo all'ombra di un albero su una costa del Mediterraneo. Uno dei registi con il quale collaborerò durante la mia prima stagione al Teatro Nazionale di Gent ha intenzione di realizzare una serata dedicata alla scrittrice americana Kathy Acker. Per questo motivo ho davanti a me un suo libro. Sulla prima pagina la protagonista, una ragazzina di dieci anni, si scopa il padre malgrado soffra di una malattia infiammatoria pelvica; sulla seconda pagina troviamo una profonda riflessione dell'autrice sulla morte e la citazione di una poesia modernista; sulla terza pagina si legge una sorta di trattato sull'amicizia, che la protagonista elabora durante una conversazione con il migliore amico di suo padre.[7] Pura poesia, poi di nuovo una

7 Cfr. Kathy Acker, *Blood and Guts in High School,* New York: Grove Press, 1984.

fredda analisi. Porcherie e linguaggio profetico. Kathy Acker concede tutta se stessa alle lettrici e ai lettori, apre le gambe, il suo cervello, lo scrigno delle sue preziose letture, tutto.

È così anche nel caso di Ursina Lardi. Il suo talento è perverso, voyeuristico, al contempo freddo e bollente. È un mostro vulnerabile delle potenzialità attoriali. Come Kathy Acker sa fare tutto e mescola tutto, e a volte cede alla seduzione dei fronzoli, della vittoria lampo e dello spettacolo d'intrattenimento. In *Compassione* disquisisce sull'arte drammatica, incarna il personaggio di una collaboratrice di ONG razzista, recita una scena tratta dall'*Edipo* di Castellucci, racconta della sua formazione d'insegnante di scuola elementare, urina, piange e invoca Dio. Per un'artista non c'è differenza fra le apparenze, i vari livelli di recitazione e di stile. Nell'arte tutto si condensa, la piscia e la poesia, la filosofia e la cultura generale, il coraggio eroico e la grettezza, il proprio e l'estraneo, il corpo e lo spirito. Tutto diventa un dono o, come disse una volta Peter Zadek (di cui la mia compagna di allora era assistente alla regia) durante una prova di *Madre Coraggio* di Bertolt Brecht: «Nulla di ciò che accade durante le prove rimane invisibile alla fine.»[8] Il «Che ci faccio qui», che ci ha accompagnato nei nostri viaggi, nei campi profughi e nelle miniere, in *Compassione* ha assunto la dimensione universale di un autointerrogarsi dell'essere umano occidentale. Si potrebbe dire che Ursina Lardi sta a bordo del proprio personaggio come al timone di una nave in procinto di affondare: una capitana completamente folle, al contempo lucida e indemoniata, senza nessun riguardo né nei propri confronti né in quelli del pubblico, ignara, ingenua e affamata di trascendenza, colma del sapere dei marinai di tutti i tempi e tuttavia una semplice non nuotatrice, che la megalomania spinge a varcare gli oceani.

8 La messinscena di *Madre Coraggio* di Bertolt Brecht realizzata da Peter Zadek, con Angela Winkler nel ruolo principale, ha debuttato il 05.06.2003 al Deutsches Theater di Berlino.

Milo Rau

Notes on My Work with Ursina Lardi

Around five years ago Thomas Ostermeier persuaded me to put on a production at the Berlin Schaubühne. I said, "Sure, if I find someone in the ensemble who inspires me and I inspire." At that point I knew virtually nothing about the company, having only worked with one Schaubühne actor, Thomas Bading, who had done the off-stage voices for *Ceaușescus*[1] and *Hate Radio*[2]. After two years had passed where I was in Russia and Switzerland, on tour in ten countries, on a research trip in the Congolese jungle and in rehearsal in Brussels and Paris – in other words at the end of 2014 – I took in a few plays at the Schaubühne to see the performers in action. Quite by chance they were doing *The Little Foxes,* a Broadway play from the 1940s, which had just been restaged by Ostermeier[3], and *Oedipus the Tyrant,* a version of the Greek tragedy that the Italian Romeo Castellucci had set in a convent[4].

1 *The Last Days of the Ceaușescus* is a reenactment of the conviction and execution of the dictator couple Nicolae and Elena Ceaușescu. Preview: Teatrul Odeon Bucharest, 10/11 December 2009; premiere: Berlin, HAU 2, 18 December 2009. More at http://www.die-letzten-tage.com/ (last accessed 10 August 2017).
2 The project *Hate Radio* puts the Rwandan broadcaster RTLM (largely responsible for the genocide thanks to its role in propagating racist pamphlets and incitement to murder) back live on air in faithfully reproduced scenery. On stage stand survivors of the genocide. Premiere: Berlin, HAU 2, 11 December 2011. More at http://international-institute.de/hate-radio-2/ (last accessed 10 August 2017).
3 For more on Ursina Lardi's role as Birdie Hubbard in Lillian Hellmann's *The Little Foxes* see the article by Peter M. Boenisch in the present volume, pp. 225–229.
4 Also see the interview by Paola Gilardi with Romeo Castellucci in the present volume, pp. 196–203.

But I saw only Lardi. *The Little Foxes* was like a 1940s film being hijacked by a drunken Broadway diva. That, of course, was a deliberate counterpoint to a strictly naturalistic mise en scene that proceeded almost geometrically; but Lardi quite obviously went a few steps too far. The unnerved dramaturg admitted to me that Lardi had marched to a different tune from the moment rehearsals began. In one scene, the only one in the play I remember, she plays the piano, staggers around the stage, gives a monologue on some constellations, and lets naturalism die an agonising death. It's similar in Castellucci's *Oedipus the Tyrant,* albeit in a completely different way. There Lardi simply plays a thing, a Jesus-like Oedipus, who delivers verses with grand gestures without paying the slightest attention to the other characters (a group of nuns led by Angela Winkler).

Lardi, this Jesus, this Oedipus, this butcher of naturalism, this glorious loner and transcendental hysteric – these first impressions were, as is usually the case in a freshly kindled professional love affair, to find a use in *Compassion. The History of the Machine Gun*[5]. But then a very difficult period began.

On Lardi's Art of Acting (1)

It's said that there's only one thing that Humphrey Bogart despised: a lack of professionalism. He knew his lines even if he was completely drunk. Lardi is exactly the same. You can give her a scene at 11 in the morning and she'll be acting it by 11:15. She combines this almost absurd mastery of the text with the ability to call up any feeling and physical movement whenever and as often as it suits her. On tour we sometimes performed *Compassion* twice a day. That meant Lardi had to pee, cry and go crazy twice in quick succession. As is the case with any absolutely exceptional talent, the technical side of her job is so self-evident that she can't even understand what's meant by "technique". What she does is only ever an incidental point in an acting space that is open in all directions. "This is only just the start" is the mantra in Lardi's world of theatre. For Lardi, what looks like the highpoint of a career is a mere episode, an interim test on a much longer

5 On stage, next to Ursina Lardi, also stands Consolate Sipérius, a Belgian actor born in Burundi. The premiere took place on 16 January 2016 at the Berlin Schaubühne. More at http://international-institute.de/en/compassion-the-history-of-the-machine-gun/ (last accessed 10 August 2017).

path. She has the ambition of a seventeen-year-old. The narrower the constraints, the surer you can be that Lardi will go beyond them. She always gives at least 100 per cent, even though 20 per cent would do in almost every case. Lardi does theatre like Mozart played piano or Stalin deported peoples: as part of her being. Wherever Lardi performs, wherever she rehearses or films, she has the natural authority of exceptional talent.

"Do we have an actor like Lardi?" asked the Russian star director Kirill Serebrennikov at the Moscow performance of *Compassion*. He gave the answer himself: "No. We don't."

The Lardi Crisis

I can't deny the initial rehearsal phase for *Compassion* was one of the worst times of our lives, for both me and Lardi. As always with my productions, I started with a blank sheet of paper. For my directorship at the NTGent I even want to establish that as a dogma for all directors: there's no text to stick to, no Ibsen, no Shakespeare, no nothing – only the imagination and will to discover of those involved. I want there to be complete panic from the outset.

So we didn't have a text for *Compassion* either. Somehow it was supposed to be about the work of NGOs, about real and pretend compassion, and the unfathomable, oceanic suffering that exists in this world – the passion from which this compassion arises. I took Lardi with me on my research trips. We travelled our way through autumn 2015, which has gone down in history as the time a million people left for Germany. Like two Forrest Gumps we always managed to be where history was happening: at the place near Bodrum where they found Alan Kurdi, the drowned refugee boy; in Idomeni, long before the camp on the Macedonian border became a symbol of the EU's cynical border policy. We travelled through Central Africa, talked to miners and NGO people who had experienced the genocide in Rwanda and the subsequent revenge of the Tutsi army in East Congo. We helped out at reception centres on Greek islands, handing out chocolate croissants and water bottles. At the same time I had long talks with Lardi about her childhood, about her whole life, in jeeps in the civil war zone, in coltan mines and hotels for whites in the middle of the jungle.

Naturally that was all part of a plan to develop a play. But the longer we travelled, the less we knew and the more desperate we got. Lardi hated me, I hated Lardi, but at the same time we were chained to each other in this grotesque blind loyalty that binds actors and directors.

"What are we doing here?" Lardi kept asking me.

I'd reply, "Don't worry, we'll find out."

Later on Lardi admitted to me that these preliminary rehearsals with me had been the longest depression in her professional life. As for any artist, for Lardi there's nothing worse than the feeling of not being able to access her energy sources. She could feel that I wanted to drive her to something. But she didn't understand what. Neither of us understood what. "Give me a text," she kept saying. "Give me a text so that I can act."

On Lardi's Art of Acting (2)

I approach a project on three levels: on an *historic* level, which includes research, but above all what's experienced during research (which is only a pretext for experience or intensity); on a *private* level, which includes the actor's life, but also my life and the life of our working relationship; and finally on the level of *mise en scene* where it all comes together: light, rhythm, the body, language, the political moment, the location of the project, and so on.

You can't keep these three levels apart. They always exist simultaneously. That's why I take actors on a journey, make them read, put us in harm's way, force them into psycho-séances, persuade them to take all their clothes off and speak – or even better, write – long, poetic monologues or incomprehensible analytical texts. Above all, all this has to happen simultaneously.

And there lay our problem: Lardi doesn't get much out of this dialectic. At least she didn't when we started working together. In the meantime she's understood that I need this panic, this feeling around, this simultaneity from everyone to get us thinking. She's realised that I'm not an embellisher, adaptor or conductor. I'm an experimenter in a manic depressive space. And that's also what I demand from the people I work with – because it's worth it. She affectionately calls me "Journo" when I appear with travel itineraries, films, books and psychospeak, but now she understands that it isn't about information, not for one moment. Like every great actor, Lardi realises that everything is interesting, but in the end it doesn't help at all. In the end you're standing all alone on stage. That's why Lardi is only interested in the intelligence of this very specific form of being exposed. She's only interested in the crazy fate of the actor: to stand alone before a thousand eyes.

But who's really standing there when Ursina Lardi is on stage? Once I said that Lardi was a meta-diva: herself and not herself at the same time – a third thing, something else. You could justifiably describe what happens with Lardi on stage as transubstantiation. While you can still see the physical person Lardi when she plays *Compassion* – very clearly, very obtrusively – at the same time there's only the role: a racist, insecure NGO employee succumbing to madness. At the moment I can observe that in the work for *LENIN*[6], our new production at the Schaubühne. Here the slim, blond Swiss woman Ursina Lardi plays the bald Russian revolutionary leader Vladimir Ilyich Lenin shortly before his death. The crazy thing is that you don't notice for one moment, even though the production itself is absolutely naturalistic, right down to the last prop. And as always when you're working with Lardi, there's no method acting. There's no feeling her way, finding out. Lardi simply *is* Lenin, from the first rehearsal on; in *Compassion* she says that she steps into the character. At the same time, though, she's in there in the character, steering: Lardi. And a third thing arises: Lardi's struggle with the character.

Rehearsals with Lardi

"Give me a text", Lardi said to me at the end of the preliminary rehearsals for *Compassion*. And since there was no other way, because I was forced to, I sat down and wrote. From our discussions and investigations, my imagination and my diaries, I condensed a character that became "Lardi". The two craziest scenes: the destruction of the refugee camp and the dream where Lardi was forced to pee on her best friend – two dreams that I'd had two years previously during my work in Central Africa. And all of a sudden I realised that although I had hated her for her refusal, it was Lardi's "give me a text" that had given me access to these memories. It reminded me that I was an author, that I – like her as an ac-

6 On *LENIN* see Stefan Bläske's article in the present volume, pp. 121–127.

tor – had everything I needed. That I would have to find it in myself, not in the Congo or Greece. That I could also use my technique for once.

Because what Lardi teaches you is that it's not about seeking, but about getting into the state of finding. Lardi's artistic practice *is* finding. That's why she's not very interested in knowledge – biographical knowledge, existential knowledge, or the knowledge you can google. Or putting it the other way around, if the conditions aren't in place to get to this state of finding, Lardi suffers. She's depressed, angry, dismissive and reproachful. But once the text is there, the matrix, she's ready for anything. An infinitely expansive process of trying out begins. Simply everything, even the most private and abstract things, runs through Lardi, materialises in her. That's why laziness is alien to Lardi. She has absolutely no patience with people who don't have inner fire and talent. She despises people who don't give their all. You'll hear her hiss "spoilt kids" if she sees young actors messing around. Basically there's no such thing as rehearsals for Lardi. She's always fully present, charged up, making suggestions as to how a sequence on stage could be made even better, even punchier, even gnarlier. She'll stay on after rehearsals to discuss, in the middle of the night she'll text you suggestions, and she'll call you at the weekend – way before rehearsals start, or even after years on tour.

For this reason many people think she's egocentric. It's true. But compared with other stars as famous as she is, Lardi's almost invisible in private. On stage she's so demanding that if it weren't for the fact that she's so nice and self-deprecating, it would be torture for the actors playing alongside her. In *LENIN,* for example, there are more than ten other Schaubühne actors involved, including many famous names. But no one's in any doubt that Lardi is Lenin, the main character. The thing she still remembers from her work with Romeo Castellucci is that he wasn't interested in her. He stood beside her and talked to the lighting technicians. She found that amazing: how could someone have eyes for something other than her, Lardi, the centre? And with me too she notices immediately if I'm only pretending to pay attention to her and my thoughts are elsewhere. Lardi demands total attention.

On Lardi's Art of Acting (3)

And now I'll let you in on a little secret. Precisely because she's so great, so perfect, so talented, you must never do what Lardi thinks is right. Not immediately at least, not directly. Because there's something that doesn't blossoms until a point beyond all the disappointments and hardships, even for a genius. Something that you only find when you're absolutely lost, when you've shed all your self-assurance. When the fear of complete failure becomes the only feeling you have, when you're so completely enveloped in this fear that you can't even imagine ever being able to make anything work again – only then does the artistic work begin. That's when our senses are sharp, our gestures necessary, our deepest survival instincts aroused. At that point, like animals that have been forced into a corner, we only want to save our skin.

Lardi has to be brought to this point. That's where she's not only an exceptionally talented and professional actor, but a meta-diva. Lardi's total, almost baroque mastery of the stage can come over as insincere. Her Achilles heel is the fact that acting comes too easily to her. If you don't pay attention, Lardi will let off an uninterrupted firework display of physical gestures and facial expressions. That's why you've got to force her off track, onto the wrong path, into deserts where her professionalism runs dry. You've got to drive her into arid places where she has to dig deeper.

The thing is, it's only half true that Lardi isn't interested in her biography. She is interested in it, but not directly. *Compassion,* for example, is a play about violence and guilt, but secretly also a play about the indirect, tortuous nature of our collaboration: about the question of how you can be honest and dishonest at the same time, an actor and a human being. That's a question that occupies me in all my productions: how you can say something about yourself by talking about an invented character, and vice versa. How you go about finding the absolutely concrete in the absolutely general, as Hegel might have put it. How we can become authors and actors of a modern tragedy.

Final Thoughts

I've just got back from the Congo again. I'm sitting under a tree by the Mediterranean reading. One of the directors who'll be working at the National Theater Gent during my first season there wants to do a Kathy Acker evening, so I have a book by Acker open before me. On the first page the main character, ten years old, fucks her father, despite her pelvic inflammatory disease. On page two Kathy Acker gets into deep thoughts about death and quotes a modernist poem. On page three there's a kind of essay on friendship from the main character in dialogue with her father's best friend.[7] Pure poetry, then hard-core analysis. Smutty stories and the language of prophecy. Kathy Acker gives herself totally to the reader. She opens her legs, her brain, her literary treasure chest, everything.

It's exactly the same with Ursina Lardi. Her talent is perverse, voyeuristic, hot and cold. Lardi is a vulnerable monster of acting possibility. Like Kathy Acker, she can do everything, and everything all over the place, and sometimes she can't resist embellishment and display. In *Compassion* she gives a lecture on acting, slips into the character of a racist NGO member, plays a scene from Castellucci's *Oedipus,* talks about her training to be a primary school teacher, takes a piss, weeps, and cries out to God. For the artist there's no difference between appearances, the level of acting and the level of style. In art everything becomes one: the piss and the poetry, the philosophy and the general knowledge, the heroism and the narrow-mindedness, the familiar and the strange, the body and the mind. Everything becomes a pure gift, or as Peter Zadek once said at a rehearsal of Bertolt Brecht's *Mother Courage*[8] where he was assisted by my then-girlfriend: "Nothing that happens during rehearsal remains invisible in the end." In *Compassion* the "what am I doing here?" that accompanied us on our travels, in the refugee camps and mines, became a universal self-questioning by western man. You could say that Lardi stands on board her character as at the helm of a sinking ship: a crazed captain with a completely clear head and possessed by demons, ruthless with herself and the audience, unknowing, naive and greedy for transcendence, filled with the knowledge of all seafarers throughout history, and at the same time a non-swimmer who megalomaniacally steps out on the ocean.

7 Cf. Kathy Acker, *Blood and Guts in High School* (New York: Grove Press, 1984).
8 Peter Zadek's production of Bertolt Brecht's *Mother Courage,* with Angela Winkler in the title role, premiered at the Deutsches Theater in Berlin on 5 June 2003.

Paola Gilardi

Ursina Lardi in der Titelrolle und Ensemblemitglieder der Berliner Schaubühne als Karmelitinnen in *Ödipus der Tyrann,* nach Friedrich Hölderlins Übersetzung der Tragödie von Sophokles, Berlin, Schaubühne am Lehniner Platz, März 2015. Regie, Bühne und Kostüme: Romeo Castellucci; Dramaturgie: Piersandra Di Matteo und Florian Borchmeyer
Foto: © Arno Declair

Paola Gilardi

Un *Edipo tiranno* al femminile

Incontro con il regista Romeo Castellucci

Cofondatore e direttore artistico della Socìetas Raffaello Sanzio, Romeo Castellucci è noto per il suo teatro sperimentale e visionario. I suoi lavori sono invitati e prodotti dai più prestigiosi teatri e festival del mondo. Nel 2008 è stato *artiste associé* al Festival di Avignone. Tra i numerosi riconoscimenti, nel 2013 gli è stato conferito il Leone d'Oro della Biennale di Venezia alla carriera. Con la compagnia della Schaubühne di Berlino e Ursina Lardi nel ruolo principale, nel 2015 ha portato in scena *Ödipus der Tyrann,* basato sulla versione poetica di Friedrich Hölderlin della tragedia di Sofocle. Abbiamo intervistato il regista mentre era in tournée ad Atene.[1]

> **Paola Gilardi:** Di recente ha realizzato ben tre produzioni tratte da opere di Hölderlin: nel 2012 *The Four Seasons Restaurant,* ispirato a *La morte di Empedocle,* nel 2013 *Hyperion* e nel 2015 *Ödipus der Tyrann.* Cosa l'affascina di questo grande poeta tedesco?

Romeo Castellucci: Hölderlin mi è caro innanzitutto per i suoi principi estetici e in secondo luogo per ragioni di ordine filosofico. È uno dei pochi autori che ha saputo interpretare e trasformare la sostanza del pensiero tragico. Nelle sue ver-

1 L'intervista si è svolta via Skype il 01.07.2017; la prima di *Ödipus der Tyrann* ha avuto luogo il 06.03.2015 alla Schaubühne di Berlino. Maggiori dettagli al sito: http://www.schaubuehne.de/de/produktionen/oedipusder-tyrann.html (consultato il 10.08.2017).

sioni poetiche di Sofocle dà centralità al concetto di cesura, di pausa, perché ha capito che il linguaggio tragico trascende la mera comunicazione. Nella tragedia, secondo lui, le parole non servono a veicolare un significato quanto, piuttosto, una dimensione più profonda di rivelazione. Questo aspetto lo rende più contemporaneo rispetto a un Winckelmann o a uno Schiller, che avevano una visione della cultura greca luminosa, apollinea. Hölderlin, invece, è in grado di risvegliare le potenze telluriche, il pensiero ombroso e ctonio che nella cultura greca era immenso – basti pensare al culto dionisiaco, ai misteri eleusini, all'Orfismo, al Pitagorismo e ai tanti movimenti mistici dell'antica Grecia – e che è stato «addomesticato» dalla riscoperta del classicismo nella sua epoca. Hölderlin ha pagato un alto prezzo per esprimere in poesia quello che sentiva. Per un artista essere contemporanei significa necessariamente essere in avanti rispetto al proprio tempo.

> **PG:** Com'è stato poter lavorare, per *Ödipus,* sul testo originale di Hölderlin?

RC: Lavorare nella lingua originale è stata per me un'occasione unica. Approfittando della collaborazione avuta con la compagnia della Schaubühne di Berlino, ho potuto immergermi nella musica, nel ritmo spezzato – come un ruscello di montagna – della poesia di Hölderlin. Per la seconda volta, dopo *Hyperion,* ho potuto apprezzare dall'interno la sua opera, che finora avevo conosciuto solo in traduzione.

> **PG:** Le parole di Hölderlin, pronunciate a viva voce in scena, hanno un impatto molto forte, malgrado il significato risulti spesso difficile da decifrare.

RC: È vero, si ha l'impressione di una lingua messa a nudo, mai udita prima. In effetti anche il pubblico tedesco, di Berlino – come mi è stato detto e io stesso ho osservato – era spesso costretto a leggere i sopratitoli in inglese per capire. E questo lo trovo straordinario! La sensazione di estraneità nella madrelingua, il fatto di praticare l'*errore* nella propria lingua – seppure attraverso la perfezione distillata della poesia – è un altro elemento di fondamentale importanza nel considerare la portata immane dell'opera di Hölderlin.

PG: Lavorare con Ursina Lardi, che è perfettamente bilingue, è stato un aiuto per accedere alla lingua iniziatica di Hölderlin?

RC: Certamente, è stato molto utile e istruttivo proprio perché Ursina padroneggia sia il tedesco che l'italiano; attraverso un confronto con lei, mi è stato possibile entrare nella fibra profonda della parola di Hölderlin. Considerare parola per parola.

PG: Ursina Lardi è un'attrice particolarmente sensibile a una dimensione che trascende il mero significato semantico delle parole.

RC: Sì, Ursina possiede una grande capacità di penetrare e abitare la frase; fin dal principio ho trovato sintonia con lei, perché riusciva a cogliere l'essenza del testo di Sofocle nella traduzione poetica di Hölderlin, che non è di immediata evidenza psicologica dal momento che si esprime soprattutto nel ritmo, nella struttura della frase, nelle cesure. Ecco perché con Ursina non è stato necessario sviluppare un lavoro psicologico sulla figura di Edipo. Aveva già una riserva emotiva abbastanza grande da poter contenere la complessità di questo personaggio, uno dei più complessi della drammaturgia mondiale. Così complesso da essere divenuto il simbolo per antonomasia della psicoanalisi. Normalmente, nel mio lavoro, non procedo facendo appello alle strutture della psicologia. In ogni caso il linguaggio di Hölderlin, come una lastra di ghiaccio, impedisce questa chiave d'accesso, forse perché è *psichico* piuttosto che psicologico, dunque – etimologicamente – vicino all'anima, allo spirito. Nel ruolo di Edipo, Ursina ha mantenuto un atteggiamento algido, controllato fino al midollo, ma allo stesso tempo le parole di Hölderlin riuscivano a trasmettere emozioni profondissime, al punto di commuovere fino alle lacrime. La sua interpretazione ha fatto sentire a tutto il pubblico la profonda fragilità umana del personaggio, riflettendosi in essa. Prima ancora della dimensione psicologica, la tragedia esprime quella che potremmo definire una «commozione universale», che non ha nulla a che vedere con il sentimentalismo. Ciononondimeno nella tragedia ci si commuove, perché tocca l'essenza della vita. Ursina è stata capace di rendere tutto questo.

PG: Uno dei momenti più intensi è il monologo di Edipo, destabilizzato dopo la rivelazione dell'indovino Tiresia e la confidenza della moglie / madre Giocasta sulle circostanze della morte di Laio e l'abbandono del primogenito in fasce per scongiurare il compimento dell'oracolo che aveva predetto il parricidio.

RC: Sì, Ursina si sporge sul bordo della scena, quasi sul punto di cadere dal palcoscenico, solleva un velo di tulle bianco, come svelando la verità: ā-*letheya*, e pronuncia il noto monologo dell'agnizione di Edipo che è come uno specchio per tutti noi. Ha dimostrato una meravigliosa compostezza nel modo di vivere questo testo, riuscendo a cogliere gli elementi universali che appartengono a ciascuno di noi. Questo monologo è il pianto di chi scopre di essere ciò che è. Un essere umano, la «cosa umana».

PG: L'impressione è quella di un netto contrasto fra la postura statuaria, quasi ieratica e le parole pronunciate da Edipo / Ursina, che vibrano andando a toccare corde profonde.

RC: Il suo monologo e in generale tutta la sua parte sono straordinari e assolutamente credibili. Si avverte una fessura, una «crisi dell'essere» che risulta ancora più lacerante perché nascosta e protetta da questa rigidità formale. Si tratta di una sorta di corazza, di carapace che protegge un'estrema fragilità umana. In quel momento Ursina incarna un essere umano che rivolge la sua fragilità come un'oblazione agli spettatori, ad altri esseri umani. Edipo è fratello in questi istanti.

PG: Ursina Lardi incarna in modo molto convincente la complessità e ambivalenza del carattere di Edipo.

RC: Sì, Ursina mantiene costantemente una postura statuaria; tuttavia, senza enfasi, con la semplice modulazione della voce e ricorrendo a una mimica e a una gestualità minimali, riesce a esprimere da un lato l'autorevolezza e virilità del sovrano e dall'altro il profondo sgomento nell'istante in cui ogni certezza della sua vita si sgretola. Nella scena in cui il messaggero, giunto da Corinto per annunciare la morte del re Polibo, rivela a Edipo di non esserne il figlio legittimo, la tonalità di voce di Edipo / Ursina è come quella di un bambino e anche sul piano visivo si realizza una sorta di regressione fino allo stato di un neonato in fasce – che ricorda al contempo una salma, quella di Gesù, avvolta in un lenzuolo. Alfa e Omega.

> **PG:** La scelta di affidare il ruolo di Edipo a Ursina Lardi si è imposta fin da subito o come sono stati distribuiti i ruoli?

RC: Conoscevo già un po' l'ensemble della Schaubühne, perché avevamo collaborato nel 2013 per la messa in scena di *Hyperion,* sempre di Hölderlin. Anche nel caso di *Ödipus* desideravo avere una compagine completamente al femminile, perché la vicenda sarebbe stata trasposta in un convento di Carmelitane scalze. Mi sono confrontato con il drammaturgo della Schaubühne, Florian Borchmeyer, e quando ho conosciuto meglio i membri della compagnia e il lavoro che avevano fatto, ho pensato evidentemente a Ursina per il ruolo di Edipo. Era la persona più giusta, sia per le sue caratteristiche artistiche di attrice che come volto. È una donna molto bella e, in questo senso, Edipo avrebbe dovuto essere la persona più affascinante, essendo il centro della tragedia. Doveva avere un determinato tipo di volto, di corpo, di voce e di temperamento. La sintonia, la bellezza e la tonalità emotiva si riunivano nella figura di Ursina. Ho dunque chiesto di potere lavorare con lei su questo Edipo così particolare e la scelta è stata felice.

> **PG:** Immagino che anche per Ursina potere interpretare questo ruolo sia stata un'esperienza molto speciale.

RC: Sì, si è creato un bel clima di lavoro. Abbiamo discusso molto, confrontandoci sulle ragioni di determinate scelte, prima di tutto l'aver adottato il «filtro» di Hölderlin, poeticamente altissimo ma difficile sul piano della recitazione. Abbiamo lavorato insieme ai drammaturghi sulle parti da tralasciare e sul ritmo generale.

Ricoprendo il ruolo da protagonista era naturale avere un dialogo privilegiato con lei, avvantaggiati dal fatto di poter parlare in italiano. Ursina è entrata subito nello spirito di questa messa in scena, consapevole di esserne il punto di leva.

Altissima la sua professionalità: era sempre la prima a provare il canto gregoriano, i gesti, la cura dei dettagli apparentemente meno importanti. Era presente e vigile in ogni momento. In generale non ha l'atteggiamento della diva e questo fa di lei un'ottima compagna di lavoro.

> **PG**: Perché nella Sua messa in scena tutti i ruoli, ad eccezione dell'indovino Tiresia, sono interpretati da donne e la tragedia greca è trasposta in un convento di Carmelitane scalze?

RC: Una tragedia greca calata in un convento di Carmelitane diventa un oggetto estraneo, obliquo, «sbagliato». Ho immaginato che una suora avesse infilato il libro di Sofocle sotto la gamba zoppa del letto per impedire che traballasse. Dopo la sua morte una consorella trova per caso il volume, lo estrae e il letto si inclina. Questo dettaglio rimanda alla zoppia di Edipo. Il mio intento era quello d'inserire il dramma di Edipo in un contesto alieno. L'oggetto, il libro di Edipo, è qui un anticorpo, un errore. Inoltre, soltanto in un luogo come un convento, in cui si pratica il silenzio, la parola di Hölderlin poteva trovare una sua sede. Soltanto dove si pratica il silenzio si può ascoltare Hölderlin. Paradossalmente, nella filosofia di Hölderlin la parola non è uno strumento per comunicare, ma è piuttosto epifania del vuoto. Per la messa in scena era necessario creare una distanza da ogni forma di comunicazione. Le suore interpretano a modo loro la tragedia. Sono contaminate dal virus della parola tragica, dalla parola di Sofocle che rivive in Hölderlin.

> **PG**: Questa contaminazione di due universi contrastanti è evidenziata anche sul piano scenografico: il contesto buio e angusto del convento si trasforma nella reggia di Edipo, completamente bianca e spoglia, illuminata da una luce quasi accecante.

RC: Certo, la reggia di Edipo è una specie di luogo eviscerato: una chiesa, nella fattispecie, di cui rimangono solo alcune tracce architettoniche. L'intero sistema cristiano soccombe al pensiero tragico. Mentre prima tutto era oscuro, ora si sviluppa nella luce; una luce incandescente e priva di ombre, perché il problema di Edipo è proprio l'assenza dell'ombra. Più parla e più illumina la sua nuda esistenza, che diventa vergogna profondissima nel momento in cui scopre ciò che ha fatto. L'esperimento di questa messa in scena consiste proprio nell'unione di due segni, di due assi culturali e spirituali apparentemente inconciliabili: quello orizzontale greco e quello verticale cristiano.

> **PG:** La Sua messa in scena ha una struttura fortemente rituale, quasi liturgica. Quale funzione svolge questa ritualità?

RC: Tutti i personaggi sono rappresentati da figure cristiane: i gesti di Edipo / Ursina ricordano come un calco quelli di Gesù, malgrado al posto del costato ferito qui vi sia un seno femminile scoperto. Tiresia come San Giovanni Battista indossa una pelle di cammello, tiene in mano una croce pastorale e porta in braccio un agnello, Creonte assomiglia a San Pietro e Giocasta assume tratti mariani. È come se le statue di gesso del convento cominciassero a muoversi per prendere parte alla tragedia, che penetra in questo universo come un virus e lo trascina verso di sé. Quando la suora apre il libro che trova sotto il letto e comincia a leggerlo è già troppo tardi, avviene una contaminazione di segni. Ha inizio un processo di «decostruzione» tragica. È come se, al rallentatore, esplodesse una bomba di luce in grado di rischiarare ciò che era tenuto nelle tenebre. La dimensione liturgica parallela è solo un meccanismo, una struttura che consente alla tragedia di affiorare e manifestarsi a noi. Il momento centrale, più commovente, però non è liturgico, ma è il momento in cui Edipo / Ursina si sporge sul bordo della scena e, spezzando proprio la liturgia, alza lo sguardo verso di noi, spettatori, guardandoci dritto negli occhi.

> **PG:** Il monologo di Edipo è seguito da una sequenza video in cui al regista (quindi a Lei) viene spruzzato uno spray al peperoncino negli occhi e, dopo averli risciacquati, li riapre a fatica e fissa il pubblico. È un riferimento all'autopunizione di Edipo, che si acceca alla fine della tragedia?

RC: Hölderlin traduce tendenziosamente non *Edipo Re,* preferisce dire alla lettera *Edipo il tiranno.* La colpa fondamentale di Edipo, secondo il poeta, è il fatto di non volere accettare l'ombra, la disfunzione esistenziale. Paradossalmente per Hölderlin la colpa di Edipo non è di tipo sessuale, non è l'incesto, ma qualcosa che ha a che vedere con la filosofia di vita. Il re dei Tebani diventa tiranno perché vuole essere guidato esclusivamente dalla luce della ragione, illudendosi di riuscire a mantenere il controllo sul proprio destino. Poi sopraggiunge il tenebroso Tiresia, dalle parole torbide e inquietanti, a compensare le cose. Si potrebbe dire che Edipo e Tiresia siano lo stesso personaggio, ambedue rappresentano la dicotomia della psiche umana in conflitto perenne. La connotazione urbana e contemporanea dello spray al peperoncino non vuole rappresentare la cecità, ma al contrario lo sguardo che si infiamma e diventa più vivido, in grado di vedere più in profondità. È certamente un riferimento a Hölderlin, il cui sguardo sulla tragedia è bruciante proprio perché la sua forza rivelatrice può essere un'esperienza destabilizzante per gli spettatori.

> **PG:** Va dunque interpretata in questo senso l'inquietante scena finale in cui si vedono tre masse umane amorfe, senza arti né bocca né occhi, e in grado di produrre solo borborigmi?

RC: Si tratta di figure umane ridotte a respiri e rumori intestinali, come se la parola – e forse il linguaggio intero – fosse stata completamente ingurgitata. Rappresentano il vero aspetto tragico, il grido umano nella sua forma più intensa in cui il linguaggio si riduce a un rumore o al silenzio e il corpo a massa informe. Si può pensare legittimamente al trittico di Francis Bacon, dedicato alla crocifissione, che nel grido estremo provato da Gesù sulla croce evidenzia la «cosalità dell'essere», cioè il fatto che tutti noi siamo in sostanza una «cosa», irrimediabilmente inscindibili dalla fragilità del nostro corpo. È curioso che Bacon abbia intitolato il suo trittico *Tre studi per una crocifissione,* ma dichiara di essersi ispirato alla vera ossessione della sua vita, l'*Orestea* di Eschilo. Anche qui la cultura greca «ritorna» e penetra con durezza in quella cristiana. Non c'è dunque nessun misticismo nella mia messa in scena. Hölderlin e prima di lui Sofocle avevano capito la dimensione profonda della tragedia che consiste nel potere di rivelare l'enigma dell'esistenza umana, di dire lo scandalo della vita.

Paola Gilardi

Ödipus der Tyrann in weiblicher Gestalt

Ein Gespräch mit dem Regisseur Romeo Castellucci

Romeo Castellucci, Mitbegründer und künstlerischer Leiter der Socìetas Raffaello Sanzio, ist für sein experimentelles und visionäres Theater bekannt. Mit seiner Gruppe gastiert er weltweit und ihre Arbeiten werden von den renommiertesten Theatern und Festivals produziert. 2008 war er *Artiste associé* beim Festival d'Avignon. Er erhielt zahlreiche Auszeichnungen, darunter 2013 den Goldenen Löwen der Biennale Venedig für sein Lebenswerk. Mit dem Ensemble der Berliner Schaubühne und Ursina Lardi in der Titelrolle brachte er 2015 *Ödipus der Tyrann* heraus, auf der Grundlage von Friedrich Hölderlins Übersetzung der Sophokles-Tragödie. Wir haben den Regisseur interviewt, als er auf Tournee in Athen war.[1]

> **Paola Gilardi:** Sie haben jüngst drei Werke nach Hölderlin inszeniert: 2012 *The Four Seasons Restaurant,* das auf dem *Tod des Empedokles* beruht, 2013 *Hyperion* und 2015 *Ödipus der Tyrann.* Was fasziniert Sie an dem grossen deutschen Dichter?

Romeo Castellucci: Ich liebe Hölderlin vor allem für seine Ästhetik, aber auch für seine Philosophie. Er ist einer der wenigen Dichter, die es verstanden haben, den tragischen

1 Das Interview fand am 01.07.2017 über Skype statt; Romeo Castelluccis Inszenierung von *Ödipus der Tyrann* hatte am 06.03.2015 in der Berliner Schaubühne Premiere. Weitere Informationen unter: http://www.schaubuehne.de/de/produktionen/oedipusder-tyrann.html (letzter Zugriff: 10.08.2017).

Gedanken in seinem Wesen zu deuten und umzuformen. In seinen Sophokles-Übersetzungen steht das Konzept der Zäsur, der Pause im Zentrum, weil er begriffen hat, dass die tragische Sprache die reine Kommunikation übersteigt. Bei ihm dienen die Worte in der Tragödie nicht in erster Linie dazu, einen Sinn zu vermitteln, sondern vielmehr eine tiefere Dimension zu offenbaren. Dieser Aspekt macht ihn ungleich zeitgenössischer als Winckelmann oder Schiller, die von der griechischen Kultur eine lichterfüllte, apollinische Vorstellung haben. Hölderlin hingegen vermag die tellurischen Kräfte wiederzuerwecken, das verschattete Denken, das Chthonische, das in der griechischen Kultur eine immense Bedeutung hatte – denken Sie nur an die Dionysien, die Mysterien von Eleusis, den Orphismus, die Pythagoräer und all die anderen mystischen Bewegungen der Antike – die Klassik hat das «domestiziert». Hölderlin musste teuer dafür bezahlen, dass er in seiner Dichtung ausdrückte, was er empfand. Ein Künstler, der wirklich Zeitgenosse seiner Epoche ist, muss ihr unweigerlich voraus sein.

PG: Wie war es für Sie, bei *Ödipus* mit dem deutschen Originaltext Hölderlins zu arbeiten?

RC: Ein einzigartiges Erlebnis. Dank der Arbeit mit dem Ensemble der Berliner Schaubühne konnte ich in die Musik, in den gebrochenen Rhythmus von Hölderlins Dichtung eintauchen – wie in einen Bergbach. Zum zweiten Mal nach *Hyperion* konnte ich sein Werk, das ich bis dahin nur in italienischer Übersetzung kannte, in seiner sprachlichen Substanz würdigen.

PG: Hölderlins Worte entfalten auf der Bühne gesprochen eine enorme Wirkung, auch wenn ihr Sinn schwierig zu enträtseln ist.

RC: Das ist wahr, man bekommt den Eindruck einer entblössten, noch nie zuvor gehörten Sprache. Tatsächlich sah sich auch das deutschsprachige Publikum in Berlin – wie ich gehört habe und auch selbst beobachten konnte – öfter gezwungen, die englischen Übertitel zu lesen, um dem Text zu folgen. Das finde ich ausserordentlich! Dieses Gefühl von Fremdheit in der Muttersprache, der Umstand in der eigenen Sprache zu *irren,*– obgleich in der Vollendung der Poesie –, das ist ein weiteres fundamentales Element, um die ungeheure Tragweite von Hölderlins Werk zu erfassen.

PG: Half Ihnen die Arbeit mit Ursina Lardi, die perfekt *bilingue* ist, einen besseren Zugang zur hermetischen Sprache Hölderlins zu finden?

RC: Sicherlich, die Zusammenarbeit mit ihr war sehr nützlich und instruktiv, weil sie das Deutsche so perfekt beherrscht wie das Italienische; über sie wurde es mir möglich, Hölderlins Sprache sozusagen in der Faser kennen zu lernen, sie Wort für Wort zu erfassen.

PG: Ursina Lardi ist als Schauspielerin besonders sensibel für sprachliche Dimensionen, welche die reine semantische Bedeutung übersteigen.

RC: Ja, Ursina ist fähig, einen Satz zu durchdringen und ihn sich vollends anzueignen. Ich habe mich sofort mit ihr verstanden, weil sie es vermochte, die Essenz des Textes von Sophokles in Hölderlins Übersetzung herauszulesen, welche nicht unmittelbar psychologisch einleuchtet, weil sie sich eben hauptsächlich im Rhythmus, in der Satzstruktur, in den Zäsuren ausdrückt. Deshalb war es mit Ursina auch nicht notwendig, eine Psychologie der Ödipus-Figur zu entwickeln. Sie brachte schon einen Vorrat an Emotionen mit, der genügend gross war, um die Komplexität dieses Charakters aufzunehmen, eines der komplexesten der Weltliteratur. So komplex, dass sein Name zum Symbol der Psychoanalyse schlechthin werden konnte. Ich berufe mich in meiner Arbeit in aller Regel nicht auf Strukturen der Psychologie. Hölderlins Sprache verhindert jedenfalls diesen Zugang wie eine Eisplatte – vielleicht weil sie eher *psychisch* ist als psychologisch, somit etymologisch nahe bei der Seele, beim Geist. In der Rolle des Ödipus hat Ursina Lardi ein eisiges Auftreten bewahrt, kontrolliert bis ins Mark, aber Hölderlins Worte vermochten die tiefsten Emotionen zu übertragen, so sehr, dass sie zu Tränen rührten. Die Art, wie sie diese Rolle verkörperte, ermöglichte sämtlichen Zuschauern, die tiefe menschliche Fragilität der Figur zu spüren und sich darin zu spiegeln. Noch vor der psychologischen Dimension drückt die Tragödie etwas aus, das wir als «universale Ergriffenheit» definieren könnten, und das mit Sentimentalität nichts zu tun hat. Dennoch ergreift uns die Tragödie, weil sie das Wesen des Lebens berührt. Ursina war in der Lage, dies zu leisten.

PG: Besonders intensiv ist der Monolog von Ödipus, nachdem ihm der Seher Teiresias sein Schicksal enthüllt hat und seine Mutter / Gattin Iokaste ihm die Umstände von Lajos' Tod und seine Aussetzung als Kleinkind gestanden hat, mit welcher der Orakelspruch vom Vatermord hätte abgewehrt werden sollen.

RC: Ja, Ursina lehnt sich über den Bühnenrand, sie stürzt beinahe über die Rampe, hebt einen weissen Tüllschleier, enthüllt also wörtlich die Wahrheit: ā-*letheya,* und spricht den bekannten Monolog von Ödipus' Anagnorisis, der für uns alle so etwas wie ein Spiegel ist. Wunderbar gefasst durchlebt sie diesen Text. Es gelingt ihr, darin die universalen Elemente zu berühren, die uns alle betreffen. Dieser Monolog ist die Klage dessen, der entdeckt, wer er ist. Ein Menschenwesen, das «Ding Mensch».

PG: Der Eindruck ist der eines klaren Kontrastes zwischen der statuenhaften, geradezu hieratischen Haltung und Ödipus'/Ursinas Rede, die tief bewegt.

RC: Ihren Monolog und ganz allgemein ihre Partie gestaltet sie grossartig und absolut glaubhaft. Sie macht einen Riss wahrnehmbar, eine «existentielle Krise», die sich noch erschütternder erweist, als sie unter dieser starren Form versteckt und in ihr geborgen ist. Es handelt sich um eine Art Harnisch, einen Panzer, der eine extreme menschliche Zerbrechlichkeit schützt. In diesem Moment verkörpert Ursina ein menschliches Wesen, das seine Fragilität wie eine Oblation an die Zuschauer übergibt, an andere menschliche Wesen. In diesen Augenblicken ist Ödipus Bruder.

PG: Ursina Lardi verkörpert die Komplexität und die Ambivalenz von Ödipus' Charakter sehr überzeugend.

RC: Ja, Ursina bewahrt ständig eine Statuen-Haltung; gleichwohl schafft sie es, ohne Emphase, nur mit der Färbung ihrer Stimme und mit minimaler Gestik, einerseits die Virilität und das Ansehen des Herrschers zu zeigen, anderseits seine tiefe Bestürzung in dem Moment, in dem sich jede Sicherheit, jede Gewissheit seines Lebens in Nichts auflöst. In der

Szene, in der der Bote aus Korinth kommt und Ödipus enthüllt, dass er nicht Polybos' leiblicher Sohn ist, bekommt Ödipus'/Ursinas Stimme einen kindlichen Klang, und auch auf der visuellen Ebene ereignet sich eine Art Regression bis hin zum Zustand eines Neugeborenen in Windeln – der zugleich auch an einen Leichnam erinnert, den des Jesus, gewickelt in Leinenbinden. Alpha und Omega.

> **PG:** War Ihnen von Anfang an klar, dass Sie Ursina Lardi die Rolle des Ödipus übertragen wollten, oder wie kam es zu der Besetzung?

RC: Ich kannte das Ensemble der Schaubühne bereits, weil ich hier 2013 *Hyperion* inszeniert hatte, ebenfalls von Hölderlin. Auch für *Ödipus* wünschte ich mir ein rein weibliches Ensemble, weil das Geschehen in ein Karmelitinnen-Kloster verlegt werden sollte. Ich habe den Dramaturgen Florian Borchmeyer getroffen, und als ich die Ensemblemitglieder und ihre Arbeit ein wenig besser kannte, dachte ich natürlich an Ursina Lardi für die Rolle. Sie passte sowohl von ihren künstlerischen Eigenschaften her am besten, als auch mit ihrem Aussehen. Sie ist eine sehr schöne Frau, und Ödipus sollte auch in diesem Sinn die faszinierendste Figur sein, als Mittelpunkt der Tragödie. Er musste ein bestimmtes Gesicht, einen bestimmten Körper, einen bestimmten Stimmklang und ein bestimmtes Temperament haben. Dieser Einklang, die Schönheit und die emotionale Gestimmtheit, kamen in der Gestalt von Ursina zusammen. Ich habe sie also gefragt, ob sie mit mir an diesem so besonderen Ödipus arbeiten wollte, und es war eine gute Wahl.

> **PG:** Ich stelle mir vor, dass es auch für Ursina Lardi etwas ganz Besonderes war, diese Rolle zu verkörpern.

RC: Ja, es entwickelte sich ein gutes Arbeitsklima. Wir haben viel diskutiert, über die Beweggründe für diese oder jene Wahl, vor allem über den höchst poetischen, aber schwer zu sprechenden Hölderlin-«Filter», den wir über die Produktion gelegt hatten. Wir haben auch zusammen mit den Dramaturgen über Kürzungen diskutiert und über den durchgängigen Rhythmus. Mit Ursina Lardi als Protagonistin hatte ich natürlich einen privilegierten Dialog, begünstigt dadurch, dass wir Italienisch sprechen konnten.

Ursina eignete sich den Geist dieser Inszenierung sofort an und war sich sehr bewusst, dass sie ihr Angelpunkt war. Sie ist höchst professionell: Sie war immer die erste, die den Gregorianischen Gesang probierte, die Gesten, sie achtete mit Akribie auch auf scheinbar unwichtige Details. Sie war in jedem Augenblick präsent und wachsam. Sie benimmt sich generell nicht wie eine Diva und das macht aus ihr eine tolle Arbeitskollegin.

> **PG**: Warum haben Sie in Ihrer Inszenierung alle Rollen mit Ausnahme des Sehers Teiresias mit Frauen besetzt und die griechische Tragödie in ein Karmelitinnen-Kloster versetzt?

RC: Im Karmelitinnen-Kloster bekommt die griechische Tragödie eine fremdartige, schräge, «verkehrte» Anmutung. Ich habe mir vorgestellt, dass eine der Schwestern Sophokles' Buch unter das Wackelbein ihres Bettes geklemmt hat, damit es fest steht. Nach ihrem Tod findet eine Mitschwester zufällig den Band, zieht ihn heraus, und das Bett kippt. Dieses Detail verweist auf das Hinken, den Körperfehler von Ödipus. Meine Absicht war, das Ödipus-Drama in einen fremden Kontext zu stellen. Das Objekt, das Ödipus-Buch, ist hier ein Antikörper, etwas Falsches. Darüber hinaus konnten Hölderlins Worte nur an einem Ort wie einem Konvent, wo Schweigen Pflicht ist, ihren Platz finden. Nur wo man Schweigen übt, kann man Hölderlin hören. Paradoxerweise ist die Sprache in Hölderlins Philosophie nicht ein Kommunikationsmittel, sondern eher eine Epiphanie der Leere. Für die Inszenierung war es notwendig, Abstand zu jeder Form von Kommunikation zu schaffen. Die Nonnen spielen die Tragödie auf ihre Weise. Sie sind vom Virus des tragischen Wortes infiziert, von Sophokles' Rede, die in Hölderlin neu auflebt.

> **PG**: Diese Kontaminierung zweier gegensätzlicher Welten zeigt sich auch auf der Ebene des Bühnenbilds: Der düstere und beengte Kontext des Klosters verwandelt sich in den Königspalast von Ödipus, komplett weiss und leer, in grelles Licht getaucht.

RC: Gewiss, der Palast von Ödipus ist sozusagen ein ausgeweideter Ort: eine Kirche, um genau zu sein, von der nur wenige architektonische Spuren übrig sind. Das gesamte christliche System erliegt dem tragischen Gedanken. Wenn vorher alles dunkel war, entwickelt sich nun alles im Licht; einem blendenden, jeden Schattens beraubten Licht. Denn das Problem von Ödipus ist gerade die Abwesenheit des Schattens. Je mehr er redet, desto mehr erhellt er seine nackte Existenz, die zur tiefsten Schande wird in dem Moment, in dem er erkennt, was er gemacht hat. Der Versuch dieser Inszenierung war eigentlich, zwei Zeichen, zwei kulturelle und spirituelle Achsen in eins zu bringen, die scheinbar unvereinbar sind: die horizontale griechische und die vertikale christliche.

> **PG:** Ihre Inszenierung hat eine sehr rituelle, beinahe liturgische Struktur. Was für eine Funktion hat das Ritual?

RC: Alle Figuren sind wie christliche Heilige dargestellt: Die Gesten von Ödipus / Ursina erinnern wie abgepaust an jene von Jesus, auch wenn wir hier anstelle der verwundeten Brust eine enthüllte weibliche Brust haben. Teiresias hat sich wie Johannes der Täufer eine Kamelhaut übergeworfen, in der Hand hält er ein Hirtenkreuz und im Arm trägt er ein Lamm. Kreon ähnelt Petrus und Iokaste nimmt Marien-Züge an. Es ist, als fingen die Gipsstatuen im Kloster an sich zu bewegen, um bei der Tragödie mitzumachen, die wie ein Virus in dieses Universum eindringt und es auf seine Seite zieht. Wenn die Nonne das Buch öffnet, das sie unter dem Bett gefunden hat, und zu lesen beginnt, ist es schon zu spät. Ein Prozess der tragischen «Dekonstruktion» läuft an. Es ist, als explodierte in Zeitlupe eine Lichtbombe, die alles zu erhellen vermag, was in der Finsternis gehalten wurde. Die parallele liturgische Dimension ist nur ein Mechanismus, eine Struktur, die der Tragödie erlaubt, aufzublühen und sich zu manifestieren. Der zentrale, bewegendste Moment ist jedoch nicht liturgisch; es ist der Moment, in dem Ödipus / Ursina sich über die Rampe beugt und die Liturgie gerade durchbricht. Sie hebt den Blick zu uns, den Zuschauern, und schaut uns direkt in die Augen.

> **PG:** Auf diesen Monolog von Ödipus folgt eine Video-Sequenz, in der dem Regisseur, also Ihnen, Pfefferspray in die Augen gesprüht wird. Er spült sie aus, öffnet sie wieder und fixiert angestrengt das Publikum. Ist das eine Anspielung auf Ödipus' Selbstblendung?

RC: Hölderlin übersetzt den Titel tendenziöserweise nicht mit *König Ödipus,* er zieht die wörtliche Form *Ödipus der Tyrann* vor. Die fundamentale Schuld von Ödipus ist für ihn, dass er den Schatten nicht akzeptieren will, die existentielle Fehlfunktion. Paradoxerweise ist für Hölderlin Ödipus' Schuld nicht sexueller Natur, nicht der Inzest, sondern etwas, das mit seiner Lebensphilosophie zu tun hat. Der König der Thebaner wird zum Tyrannen, weil er sich ausschliesslich vom Licht der Vernunft leiten lassen will, in der Illusion, dass er die Kontrolle über sein Schicksal behalten könne. Dann erscheint der finstere Teiresias mit undurchsichtigen, unheimlichen Worten, und gleicht die Dinge aus. Man könnte sagen, Ödipus und Teiresias seien dieselbe Figur; beide repräsentieren die Dichotomie der menschlichen Seele in ewigem Konflikt. Die urbane, zeitgenössische Konnotation des Pfeffersprays will nicht die Blendung darstellen, sondern im Gegenteil den Blick, der entflammt und lebhafter wird, tauglich, um mehr in die Tiefe zu schauen. Das bezieht sich allerdings auf Hölderlin, dessen Sicht der Tragödie gerade deshalb Schärfe hat, weil ihre enthüllende Kraft für die Zuschauer zur destabilisierenden Erfahrung werden kann.

> **PG:** Ist das die Deutung für die beunruhigende Schlussszene, in der drei amorphe menschliche Massen zu sehen sind, ohne Glieder oder Mund und Augen, nur noch imstande, Verdauungsgeräusche von sich zu geben?

RC: Es handelt sich um menschliche Gestalten, die auf Atem und Darmgeräusche reduziert sind, als hätten sie die Worte – und vielleicht die gesamte Sprache – komplett hinuntergewürgt. Sie verkörpern den wahrhaft tragischen Aspekt, den menschlichen Schrei in seiner intensivsten Form, die Sprache ist reduziert auf ein Geräusch oder auf Lautlosigkeit, der Körper auf eine unförmige Masse. Man kann mit Recht an ein Kreuzigungs-Triptychon von Francis Bacon denken, das im letzten Schrei von Jesus am Kreuz die «Dinghaftigkeit des Seins» herausstellt, das heisst die Tatsache, dass wir alle substantiell ein «Ding» sind, heillos verbunden mit der Fragilität unseres Körpers. Es ist merkwürdig, dass Bacon eine der Fassungen als *Drei Studien für eine Kreuzigung* betitelt, aber erklärt, inspiriert habe ihn die wahre Obsession seines Lebens, die *Orestie* des Aischylos. Auch hier kehrt die griechische Kultur zurück und durchdringt die christliche mit Nachdruck. Es gibt deshalb keinerlei Mystizismus in meiner Inszenierung. Hölderlin und vor ihm Sophokles haben die tiefe Dimension der Tragödie erkannt, welche in ihrer Macht liegt, das Rätsel der menschlichen Existenz kundzutun, den Skandal des Lebens auszusprechen.

Paola Gilardi

Œdipe tyran au féminin

Rencontre avec le metteur en scène Romeo Castellucci

Cofondateur de la Socìetas Raffaello Sanzio, Romeo Castellucci est connu pour son théâtre visionnaire et expérimental. Il est invité par les théâtres et les festivals les plus renommés au monde. En 2008, il a été artiste associé du Festival d'Avignon. Son travail a été récompensé par de nombreuses distinctions dont, en 2013, le Lion d'Or de la Biennale de Venise pour l'ensemble de sa carrière. En 2015, Romeo Castellucci a créé *Ödipus der Tyrann* – version allemande de la tragédie de Sophocle, composée en vers par le poète Friedrich Hölderlin – avec la troupe permanente de la Schaubühne de Berlin ; Ursina Lardi y tenait le rôle-titre. Nous avons interviewé le metteur en scène italien pendant sa tournée à Athènes.[1]

> **Paola Gilardi** : Vous avez récemment réalisé pas moins de trois spectacles à partir des œuvres de Hölderlin : *The Four Seasons Restaurant*, inspiré de *La mort d'Empédocle*, en 2012 ; *Hyperion* en 2013 et *Ödipus der Tyrann* en 2015. En quoi ce poète allemand vous a-t-il fasciné ?

Romeo Castellucci : J'ai une affection particulière pour Hölderlin, tout d'abord pour ses principes esthétiques, puis pour des raisons d'ordre philosophique. Il est l'un des rares

1 Entretien réalisé par Skype le 01.07.2017 ; la création d'*Ödipus der Tyrann* a eu lieu le 06.03.2015 à la Schaubühne de Berlin. De plus amples informations sont disponibles en allemand et anglais sur le site du théâtre : http://www.schaubuehne.de/de/produktionen/oedipusder-tyrann.html (consulté le 10.08.2017).

auteurs qui ait su s'attaquer à l'essence de la pensée tragique et la transformer. Dans ses versions de Sophocle, il accorde une place centrale au concept de césure, de suspension, car il a compris que le langage tragique va bien au-delà de la simple communication. Dans la tragédie, selon son point de vue, les mots ne sont pas là pour véhiculer un contenu, mais pour atteindre une dimension plus profonde de révélation. Cet aspect nous le rend plus proche que, par exemple, Winckelmann ou Schiller, qui écrivent à la même époque et qui ont une vision de la culture grecque lumineuse, apollinienne. Hölderlin, au contraire, est capable de réveiller des puissances telluriques ; une pensée sombre et chtonienne, très présente dans la culture grecque. Il suffit de penser au culte dionysiaque, aux mystères d'Éleusis, à l'Orphisme et au Pythagorisme ; l'antiquité grecque a toujours été traversée par de puissants courants mystiques, qui ont été « domestiqués » a posteriori par la relecture néo-classique. Hölderlin a dû payer cher le fait d'avoir exprimé, dans sa poésie, ce ressenti profond. Pour un artiste, être contemporain implique une avance indispensable de sa pensée sur l'époque dans laquelle il vit.

> **PG** : Comment avez-vous abordé le texte original de l'*Ödipus* de Hölderlin ?

RC : Travailler sur la langue originale a été pour moi une occasion unique. J'ai pu profiter de la collaboration avec la troupe de la Schaubühne, m'immerger dans la musique de cette poésie, dans son rythme brisé, qui rappelle un ruisseau de montagne. Pour la deuxième fois, après *Hyperion,* j'ai pu apprécier de l'intérieur une œuvre que j'avais connue, jusque alors, uniquement en traduction.

> **PG** : Les mots de Hölderlin, scandés à haute voix sur le plateau, ont une force étonnante, et ce malgré la difficulté pour le spectateur à en saisir la signification.

RC : C'est vrai, nous avons l'impression d'une langue mise à nu, jamais entendue auparavant. J'ai pu constater moi-même – et certains spectateurs me l'ont dit – que même le public allemand, à Berlin, finissait souvent par lire les sous-titres anglais, faute de compréhension directe du texte. Je trouve cela extraordinaire ! La sensation d'une étrangeté de la langue maternelle, la possibilité de tomber dans l'*erreur* dans sa propre langue – et pourtant d'une perfection épurée propre à la poésie – est un élément capital pour saisir la valeur considérable de cette œuvre.

> **PG** : Ursina Lardi est parfaitement bilingue : cette qualité a-t-elle été utile pour votre compréhension du texte de Hölderlin ?

RC : Certainement, le fait qu'Ursina maîtrise à la perfection l'italien et l'allemand a été très utile et intéressant ; grâce au dialogue que nous avons instauré, j'ai pu entrer plus profondément dans la fibre de cette langue. Considérer chaque mot.

> **PG** : Ursina Lardi est une comédienne très sensible à la dimension d'une parole qui va au-delà de l'utilisation courante.

RC : Oui, Ursina sait pénétrer et habiter la phrase avec une extrême précision ; j'ai eu dès le départ une grande affinité avec elle ; j'ai senti qu'elle saisissait l'essence du texte de Sophocle dans la traduction poétique de Hölderlin. Le texte n'est pas d'une approche psychologique immédiate, car il prend surtout forme par le rythme, la structure de la phrase, les césures. C'est la raison pour laquelle, avec Ursina, nous n'avons pas dû développer un travail psychologique sur la figure d'Œdipe. Elle avait déjà un réservoir émotionnel assez ample pour aborder la richesse du personnage, l'un des plus complexes de la culture dramatique mondiale. Tellement complexe qu'il est devenu un thème absolu, le symbole même de la psychanalyse. Dans mon travail, par ailleurs, je ne fais pas appel aux structures psychologiques. Le langage de Hölderlin, qui se présente comme une surface glacée, nous interdit cette approche : il est plus psychique que psychologique, il est donc – si nous suivons l'étymologie du mot – proche de l'âme, de l'esprit. Dans le rôle d'Œdipe, Ursina a gardé une attitude froide, contrôlée jusqu'à la mœlle ; en même temps, la parole de Hölderlin véhiculait des émotions abyssales, jusqu'à provoquer des larmes. Son interprétation a transmis au public le personnage dans la profondeur de sa fragilité humaine. Le spectateur s'y est reconnu, comme dans un miroir. Avant même sa dimension psychologique, la tragédie exprime un sentiment qu'on pourrait appeler « émotion universelle », qui n'a rien à voir avec la sentimentalité. Néanmoins, la tragédie nous émeut, car elle touche à l'essence de la vie. Ursina a été capable de restituer tout cela.

> **PG** : Un des moments les plus intenses du spectacle, c'est le monologue d'Œdipe, troublé par la révélation du devin Tirésias et par l'aveu de sa femme / mère Jocaste sur les circonstances de la mort du roi Laius qui avait abandonné l'enfant dès sa naissance, dans l'espoir de déjouer l'oracle qui prédisait le parricide.

RC : Oui, Ursina se penche alors à la lisière de la scène, comme si elle allait tomber du plateau, elle soulève un tulle blanc, en dévoilant littéralement la vérité : l'*ā-letheya*. Et prononce son monologue. Œdipe ouvre les yeux et, une fois de plus, il est un miroir pour nous tous. La comédienne a su garder une retenue remarquable dans sa façon d'incarner le texte, elle restitue les éléments universels qui parlent à chacun d'entre nous. Cette tirade montre le déchirement de se découvrir soi-même. Un être humain, une « chose humaine ».

> **PG** : Nous avons l'impression à ce moment d'un très fort contraste entre sa posture, sculpturale et hiératique, et la vibration des mots d'Œdipe / Ursina qui touchent des cordes émotionnelles très profondes.

RC : Son monologue et son rôle en général sont extraordinaires et totalement crédibles. On perçoit une faille, une « crise de l'être », que nous recevons d'une manière d'autant plus déchirante qu'elle est protégée par cette raideur formelle. Il s'agit d'une sorte de cuirasse, d'une carapace qui cache une fragilité humaine extrême. À ce moment-là, Ursina incarne un être humain qui offre sa fragilité comme don ultime aux spectateurs en tant qu'êtres humains. Œdipe est, pour un instant, *notre* frère.

> **PG** : Ursina Lardi est capable de restituer d'une manière extrêmement convaincante la complexité et l'ambivalence du caractère d'Œdipe.

RC : Elle garde à chaque instant cette posture de statue ; cependant, sans aucune emphase, simplement grâce à la modulation de la voix et à l'usage d'une gestuelle et d'une mimique essentielles, elle arrive à exprimer d'un côté la virilité et la crédibilité du souverain et, de l'autre, son égarement profond, à l'instant où toute certitude de la vie part en lambeaux. Dans la scène où le messager, qui vient de Corinthe annoncer la mort du roi Polybe, révèle à Œdipe qu'il n'est pas le fils légitime de ce dernier, la voix d'Œdipe / Ursina devient celle d'un enfant ; et sur le plan visuel, elle réalise une régression jusqu'au stade d'un nourrisson dans ses langes. C'est aussi l'image d'un cadavre, celui du Christ dans son linceul. Début et fin : Alpha et Oméga.

> **PG** : Le choix d'une comédienne, et en particulier d'Ursina Lardi, pour incarner le rôle d'Œdipe, était-il évident dès le début ? Comment avez-vous constitué votre distribution ?

RC : Je connaissais déjà un peu l'ensemble, pour avoir collaboré avec lui, en 2013, lors de la mise en scène d'*Hypérion,* toujours de Hölderlin. Dans le cas d'*Ödipus,* ayant transposé l'histoire dans un couvent de carmélites déchaussées, je désirais une distribution entièrement féminine. J'ai pu en discuter avec Florian Borchmeyer, dramaturge à la Schaubühne, et, lorsque j'ai mieux connu les membres de la troupe et leur travail, j'ai tout de suite pensé à Ursina pour le rôle d'Œdipe. C'était l'interprète idéale pour ses qualités artistiques, mais aussi pour son visage. Il s'agit d'une femme d'une très grande beauté et je pensais le rôle d'Œdipe comme celui de quelqu'un qui exerce une grande fascination, car il est le centre de cette tragédie. Il devait posséder une typologie précise de visage, de corps, de voix et de tempérament. La figure d'Ursina présentait à la fois la beauté, l'harmonie et la tonalité émotionnelle nécessaires pour incarner ce rôle. Je lui ai donc proposé de travailler sur le personnage d'Œdipe ; et cette idée assez particulière s'est révélée être un choix heureux.

> **PG** : J'imagine que pour la comédienne aussi, pouvoir interpréter ce rôle a été une expérience unique…

RC : En effet, et cela a créé une bonne entente dans le travail. Nous avons beaucoup discuté, nous avons échangé à propos de certains choix et motivations, en particulier à propos du filtre que nous avons choisi, celui de Sophocle relu par

Hölderlin. Le texte est d'une force saisissante, mais très difficile à jouer. Nous avons travaillé avec les dramaturges sur les passages à sacrifier et sur le rythme général. S'agissant du rôle-titre, il était naturel d'avoir un dialogue privilégié avec Ursina et le fait de pouvoir parler italien nous a beaucoup aidés. Ursina est très vite entrée dans l'esprit de cette mise en scène, avec une conscience aiguë d'en être le pivot. De plus, elle a démontré un grand professionnalisme : elle était toujours la première à répéter le chant grégorien, les gestes, avec un soin extrême des détails, même des plus anodins. Avec une présence, une vigilance de tous les instants. Loin de cultiver l'attitude de la diva, elle s'est révélée être une merveilleuse partenaire de travail.

> **PG** : Quelle est la raison pour laquelle vous avez choisi une distribution entièrement féminine, sauf en ce qui concerne le rôle du devin Tirésias ? Pourquoi transposer la tragédie grecque dans un couvent de carmélites déchaussées ?

RC : Dans un couvent, la tragédie d'origine devient un objet étranger, oblique, « faux ». J'ai imaginé qu'une religieuse avait glissé le livre de Sophocle sous le pied d'un lit, pour caler celui-ci et l'empêcher de pencher. Après sa mort, une consœur découvre par hasard le volume, s'en saisit et fait ainsi basculer le lit. Il s'agit d'un détail important, qui se rattache à la claudication bien connue d'Œdipe. Je voulais donc insérer le drame d'Œdipe dans un contexte détourné. L'objet, le livre, est ici un anticorps, une erreur. De plus, ce n'était que dans un lieu clos comme l'est un couvent, où la règle du silence est absolue, que la parole d'Hölderlin pouvait trouver son siège. Ce n'est que là où l'on met en pratique le silence que nous pouvons écouter Hölderlin. Paradoxalement, dans la philosophie du poète, le mot n'est pas un instrument de communication, mais bien plutôt l'épiphanie du Vide. Pour la mise en scène, il était nécessaire de créer une distance réelle avec la possibilité même de la communication. Les religieuses interprètent à leur manière la Tragédie. Elles sont contaminées par le virus de la parole tragique, par la parole de Sophocle qui revit dans Hölderlin.

> **PG** : Cette contamination entre deux univers apparemment éloignés se retrouve aussi dans le décor : la clôture sombre du couvent se transforme en

palais royal, siège dépouillé et blanc d'Œdipe, sous une lumière froide et aveuglante.

RC : Justement, le palais d'Œdipe est une sorte de lieu évidé : une église, en l'occurrence, dont ne restent que des traces architecturales. Le système chrétien dans son ensemble ne résiste pas à la pensée tragique. Avant, l'obscurité régnait ; maintenant, cette pensée peut se développer en pleine lumière ; une lumière incandescente et dépourvue de zones d'ombre. Le problème d'Œdipe est là : l'absence d'ombre. Plus il parle, plus il illumine son existence nue, qui se transforme en honte profonde, au moment même où il découvre ce qu'il a fait. La tentative de cette mise en scène consiste dans l'union de deux signes, de deux axes culturels et spirituels qui semblent inconciliables : le grec, horizontal, et le chrétien, vertical.

PG : Votre mise en scène présente une structure rituelle, presque liturgique. Quelle est la fonction de ce choix ?

RC : Tous les personnages incarnent des figures chrétiennes : les gestes d'Œdipe / Ursina sont calqués sur ceux de Jésus, même si, en lieu et place du flanc percé du Christ, nous avons la poitrine exposée d'une femme. Tirésias, vêtu comme Jean-Baptiste d'une peau de chameau, tient à la main une croix pastorale et un agneau sous le bras. Créon ressemble à saint Pierre et Jocaste à une figure mariale. C'est comme si les statues en plâtre du couvent commençaient à bouger pour interpréter la tragédie, qui pénètre ces lieux comme un virus pour les entraîner avec soi. Lorsque la religieuse ouvre le livre qu'elle a trouvé sous le pied du lit et elle commence à le lire, c'est déjà trop tard, tous les signes sont contaminés. La déconstruction tragique est enclenchée. Comme si une bombe de lumière commençait à exploser au ralenti pour éclairer tout ce qui était gardé dans les ténèbres. La composante liturgique n'est qu'un mécanisme, une structure qui permet à la tragédie de remonter à la surface et de se manifester à nos yeux. Pourtant, le moment central, le plus émouvant, n'est pas liturgique. C'est l'instant où Œdipe / Ursina se penche au bord de la scène. Elle casse cette liturgie, lève le regard vers nous et nous regarde droit dans les yeux.

PG : À la suite du monologue d'Œdipe, vous projetez une séquence vidéo, dans laquelle vous-même, en tant que metteur en scène, recevez dans les yeux un spray au piment. Après les avoir rincés, vous rouvrez les yeux avec difficulté et vous regardez le public. S'agit-il d'une référence à l'autopunition d'Œdipe, qui s'aveugle à la fin de la tragédie ?

RC : Hölderlin opère un choix de traduction très précis : à la version classique, *Œdipe roi,* il préfère, plus littéralement, *Œdipe le tyran.* Selon le poète, la faute fondamentale du personnage est celle de ne pas avoir accepté l'ombre, le dysfonctionnement existentiel. Paradoxalement, pour Hölderlin, Œdipe n'a pas commis de faute d'ordre sexuel, d'inceste ; il a plutôt nié un point fondamental de la philosophie de vie. Le roi de Thèbes devient tyran parce qu'il veut être guidé uniquement par la lumière de la raison. Il reste dans l'illusion d'arriver à garder le contrôle sur son destin. Se présente alors le ténébreux Tirésias ; ses mots sont troubles, inquiétants, et l'équilibre est rétabli. On pourrait dire qu'Œdipe et Tirésias sont un même personnage. Ils représentent la dichotomie de la psyché humaine, constamment en tension. Le caractère urbain et contemporain du spray au piment ne veut pas représenter la cécité, bien au contraire. C'est le regard qui s'embrase et devient plus vif, capable de voir plus loin. C'est une référence directe à Hölderlin : son regard sur la tragédie est brûlant justement parce que la puissance de la révélation peut devenir une expérience déstabilisante pour le spectateur.

PG : C'est en ce sens qu'on pourrait lire la scène, inquiétante, qui clôt votre spectacle, dans laquelle nous voyons des créatures informes, sans bras ni jambes, sans bouches ni yeux, qui ne produisent plus que des borborygmes ?

RC : Il s'agit de figures humaines réduites à des respirations et à des bruits intestinaux, comme si la parole – et peut-être le langage lui-même – avait été complètement avalée. Ils représentent la vraie forme tragique, le cri de l'humain dans sa forme la plus intense, là où le langage est réduit à un bruit, au silence, et le corps à une masse informe. On peut penser clairement au triptyque de Francis Bacon, consacré à la crucifixion : le cri ultime du Christ sur la Croix rend visible la « chosité de l'être » : nous tous, irrémédiablement liés à la fragilité de notre corps, nous ne sommes qu'une « chose ». Ce qui est intrigant, c'est que Bacon a voulu donner à son triptyque le titre de *Trois études pour une crucifixion,* mais il déclarait avoir trouvé sa source d'inspiration dans l'une des œuvres qui l'obsédaient depuis toujours, l'*Orestie* d'Eschyle. Encore une fois, la culture grecque « revient » et pénètre avec violence la culture chrétienne. Il n'y a donc aucune attitude mystique dans ma mise en scène. Hölderlin, et avant lui Sophocle, avait compris la dimension profonde de la tragédie. Sa capacité à révéler l'énigme de l'existence humaine, à dire le scandale de la vie.

Paola Gilardi

An All-Female *Oedipus the Tyrant*

A Conversation with Director Romeo Castellucci

Co-founder and artistic director of the Socìetas Raffaello Sanzio, Romeo Castellucci is known for his experimental, visionary theatre. His work is featured at numerous theatres and festivals around the world. In 2008 he was an associated artist at the Festival d'Avignon. He has been honoured with prestigious awards, including the Golden Lion for Lifetime Achievement at the Venice Biennale in 2013. With the Berlin Schaubühne ensemble and Ursina Lardi in the main role, in 2015 Castellucci staged *Oedipus the Tyrant*, based on Sophocles' tragedy in the poetic version by Friedrich Hölderlin. We interviewed the Italian theatre director while he was on tour in Athens.[1]

> **Paola Gilardi:** You have recently staged three productions based on Hölderlin's works: in 2012, *The Four Seasons Restaurant*, inspired by *The Death of Empedocles*, then *Hyperion* in 2013, and *Oedipus the Tyrant* in 2015. What is it about the great German poet that fascinates you?

Romeo Castellucci: Hölderlin is dear to me first of all for his aesthetic principles, and second for philosophical reasons. He is one of the few authors who was able to interpret and transform the substance of tragic thought. In his

1 The interview was held via Skype on 1 July 2017; *Oedipus the Tyrant* opened on 6 March 2015 at the Schaubühne in Berlin. For more details, see http://www.schaubuehne.de/de/produktionen/oedipusder-tyrann.html (Accessed 10 August 2017).

poetic versions of Sophocles, he placed the concept of caesura, pause, at the centre, because he understood that tragic language transcends mere communication. According to Hölderlin, the purpose of words in tragedy is to convey not so much a meaning as a deeper dimension of revelation. This aspect makes him more contemporary, compared to, say, Winckelmann or Schiller, who had a vision of Greek culture as luminous, apollonian. Hölderlin, on the other hand, is able to awaken the tellurian forces, the shadowy, chthonian thought so extensive in Greek culture – one need but think of the cult of Dionysus, the Eleusinian Mysteries, Orphism, Pythagoreanism, and the many mystical movements of ancient Greece – which was "tamed", as it were, by the rediscovery of classicism in his time. Hölderlin paid a high price to express in poetry what he felt. For an artist, being contemporary necessarily means being ahead of their time.

PG: What was it like working on *Oedipus* with Hölderlin's original text?

RC: Working in the original language was a unique opportunity for me. Taking advantage of the collaboration I had with the Berlin Schaubühne ensemble, I was able to plunge into the music, the fragmented rhythm – like that of a mountain stream – of Hölderlin's poetry. Once again, after *Hyperion,* I was able to appreciate his work from within, whereas up to then I had only known it in translation.

PG: Hölderlin's words, uttered out loud on stage, have a very strong impact, even though their meaning is often hard to decipher.

RC: That's true, one has the impression of a language that has been stripped bare, that has never been heard before. Actually, even the German audience in Berlin – so I was told and I observed it myself – was often forced to read the supertitles in English in order to understand. And I find this extraordinary! The feeling of foreignness in the mother tongue, the fact of practising error in one's own tongue – albeit through the distilled perfection of poetry – is another element of crucial importance in considering the enormous relevance of Hölderlin's work.

PG: Was working with Ursina Lardi, who is perfectly bilingual, helpful in gaining access to Hölderlin's initiatory language?

RC: Of course, it was very useful and instructive, because Ursina masters both German and Italian. Comparing notes with her I was able to penetrate the deep core of Hölderlin's words, to consider every single word in itself.

PG: Ursina Lardi as an actress is particularly sensitive to a dimension that transcends the mere semantics of words.

RC: Yes, Ursina has a great capacity to penetrate and inhabit sentences; from the very start we found ourselves on the same wavelength, because she managed to grasp the essence of the Sophocles text in Hölderlin's poetic translation, which is not straight away psychologically evident, since it expresses itself mainly in the rhythm, the structure of sentences, the breaks. That is why with Ursina it was not necessary to do any psychological work on the figure of Oedipus. She already had a sufficiently large emotional reserve to contain the complexity of this character, one of the most complex in world drama. Complex enough to have become the symbol par excellence of psychoanalysis.

Normally, in my work, I don't refer to the structures of psychology. In any case, Hölderlin's language, like a sheet of ice, prevents this approach, perhaps because it is related to the psyche, rather than to psychology – etymologically close to the soul, the spirit. In the role of Oedipus, Ursina kept a cool, hyper-controlled attitude, but at the same time Hölderlin's words were able to convey extremely deep emotions, capable of moving spectators to tears. Her interpretation made the whole audience feel the character's profound human frailness and reflect itself in it. Even before the psychological dimension, the tragedy expresses what we might call "universal sympathy", which has nothing to do with sentimentalism. Nonetheless the tragedy moves us, because it touches the essence of life. Ursina was able to express all this.

PG: One of the most intense moments is the monologue Oedipus delivers when he is destabilised after the revelation of Tiresias the seer and the tale of his wife / mother Jocasta about the circumstances of Laius's death and the abandoning of her first-born son as an infant to thwart the oracle's prophecy of the parricide.

RC: Yes, Ursina leans out over the edge of the stage, almost on the verge of falling off, she lifts a white tulle veil, as if unveiling truth – *ā-letheya* – and delivers the well-known monologue of Oedipus' self-recognition that is like a mirror held up to us all. She demonstrated a marvellous composure in her interpretation of this text, managing to capture the universal elements that belong to every one of us. The monologue is the desolate cry of one who discovers who he is. A human being, the "human thing".

PG: The impression is that of a clear contrast between the statuesque, almost hieratic posture of Oedipus / Ursina, and the words she utters, which vibrate, resonating deeply within us.

RC: Her monologue, and her part in general, are extraordinary and absolutely credible. You can feel a fissure, a "crisis of existence" that is even more heart-rending because it is hidden and protected by this formal rigidity – a sort of armour, a shell that protects an extreme human frailness. At that moment Ursina embodies a human being that hands out her frailness as an oblation to the audience, to other human beings. During that monologue, Oedipus feels like our brother.

PG: Ursina Lardi convincingly embodies the complexity and ambivalence of Oedipus' character.

RC: Yes, Ursina constantly keeps a statuesque posture, but without over-emphasising it. Simply by using voice modulation and minimal facial expressions and gestures, she manages to express on the one hand the king's authority and manhood, and on the other hand the deep-set dismay at the instant when every certainty in his life crumbles. In the scene in which the messenger who has come from Corinth to announce the death of king Polybus reveals to Oedipus that he was not his legitimate son, the tone of voice of Oedipus / Ursina is like that of a child, and even on the visual level a sort of regression takes place, to the state of a swaddled infant – which at the same time brings to mind a corpse, that of Jesus, wrapped in a shroud. Alpha and omega.

PG: Was the choice of giving the role of Oedipus to Ursina Lardi set from the start – or how were roles assigned?

RC: I already knew the Schaubühne ensemble a little, because we had worked together in 2013 to stage the *Hyperion,* also by Hölderlin. For *Oedipus,* too, I wanted an all-female cast, because the story would be transposed to a convent of Discalced Carmelites. I spoke with the Schaubühne dramaturg, Florian Borchmeyer, and when I got to know the members of the company better and the work they had done, I obviously thought of Ursina for Oedipus' role. She was the best fit, both for her acting and her features. She is a very beautiful woman, and, in this sense, Oedipus, as the focal point of the tragedy, had to be the most attractive person. What was needed was a certain type of face, body, voice and temperament. Harmony, beauty and emotional tonality were unified in the figure of Ursina. I therefore asked to be able to work with her on this highly peculiar Oedipus and it was a good choice.

PG: I imagine that even for Ursina interpreting this role must have been a remarkable experience.

RC: Yes, a good work environment was established. We talked a lot, comparing notes on the reasons for certain choices, first of all the selection of Hölderlin's "filter", which is poetically very high, but difficult from the point of view of acting. We worked with the dramaturgs on the parts to leave out and the general rhythm.

As she had the main role, it was natural to communicate more with her, and we had the advantage that we could speak Italian to each other. Ursina immediately got into the spirit of the production, aware that she was its keystone.

She is exceptionally professional: she was always the first to rehearse the Gregorian chants, the gestures, and she paid attention to the apparently least relevant details. She was constantly present and vigilant. In general, she doesn't have a diva's attitude, and this makes her an excellent work partner.

PG: Why are all roles, except for Tiresias the seer, interpreted by women in your production, and why is the Greek tragedy transposed to a Carmelite nunnery?

RC: A Greek tragedy set in a Carmelite convent becomes extraneous, oblique, "wrong". I imagined that a nun had slipped a book by Sophocles under the rickety leg of her bed to prevent it from wobbling. After her death, another sister chances upon the book, pulls it out, and the bed tilts. This detail is a reference to Oedipus' claudication. My intent was that of placing the tragedy of Oedipus in an alien context. The object, the book of Oedipus, is here an antibody, a mistake. Furthermore, only in a place like a nunnery, in which silence is practised, could Hölderlin's word find its place. Hölderlin can be listened to only where silence reigns. Paradoxically, in Hölderlin's philosophy, words are not tools to communicate in, but rather the epiphany of Void. For the staging it was necessary to create a distance from any form of communication. The nuns interpret the Tragedy in their own way. They are contaminated by the virus of the tragic word, by Sophocles' word that lives again in Hölderlin.

PG: This contamination of two contrasting universes is also highlighted by the set design. The dark, cramped context of the convent is transformed into Oedipus' palace, completely white and barren, illuminated by an almost blinding light.

RC: Definitely, Oedipus' palace is a sort of disembowelled place: a church, specifically, of which only a few architectural traces remain. The entire Christian system succumbs to tragic thought. While before everything was dark, it now unfolds in the light; an incandescent, shadowless light, because the problem of Oedipus is precisely the lack of shadow. The more he speaks, the more he casts light on his naked existence, experiencing profound embarrassment as he discovers what he did. The experiment of this production consists truly in the joining of two signs, two cultural and spiritual axes that are apparently irreconcilable: the horizontal Greek axis and the vertical Christian axis.

PG: Your production has a strongly ritual, almost liturgical structure. What is the purpose of this ritualism?

RC: All the characters are represented by Christian figures: the gestures of Oedipus / Ursina are like a copy of Jesus', despite the fact that instead of the chest wound there is here an uncovered female breast. Tiresias, like St. John the Baptist, wears a camel skin, holds a cross-staff in his hand, and carries a lamb. Creon looks like St. Peter, and Jocasta has traits of Mary. It is as if the convent's plaster statues started to move to take part in the tragedy, which penetrates into this universe like a virus and drags it toward itself. When the nun opens the book she finds under the bed and begins to read it, it is already too late, a contamination of signs has occurred. A process of tragic "deconstruction" begins. It is as if, in slow motion, an explosion of brightness occurs which is able to throw light on what was kept in the shadows. The parallel liturgical dimension is just a mechanism, a structure that allows the tragedy to emerge and show itself to us. The central moment, the most moving, is not liturgical, though: it is the moment when Oedipus / Ursina leans out over the edge of the stage and, breaking with the liturgy, lifts her gaze toward us, the spectators, looking us straight in the eye.

PG: Oedipus' monologue is followed by a video sequence in which the director (you) gets sprayed in the eyes with pepper spray; after you have rinsed your eyes out, you open them and stare at the audience. Is this a reference to the self-punishment of Oedipus, who blinds himself at the end of the tragedy?

RC: Hölderlin gives a biased translation of the title: he does NOT say *Oedipus the King,* he chooses the literal *Oedipus the Tyrant*. Oedipus' essential sin, according to Hölderlin, is that he was not willing to accept shadow, existential dysfunction. Paradoxically, according to Hölderlin the sin of Oedipus is not sexual, it is not incest, but something that has to do with his philosophy of life. The king of Thebes becomes a tyrant because he wants to be guided exclusively by the light of reason, deluding himself that he can control his own destiny. Then gloomy Tiresias arrives, with his murky disturbing words, to compensate. One could say that Oedipus and

Tiresias are the same character, they represent the dichotomy of the human mind, in perennial conflict. The urban, contemporary connotation of the pepper spray does not intend to represent blindness, but, on the contrary, a gaze that gets inflamed and becomes more vivid, able to see more in depth. It is certainly a reference to Hölderlin, whose view of tragedy is scorching precisely because his revealing force can be a destabilising experience for spectators.

> **PG:** So is this how we should interpret the unsettling final scene, where we see three shapeless human forms, with no limbs, mouths or eyes, which are only able to utter gurgling sounds?

RC: They are human figures reduced to breathing and bowel sounds, as if words – and even language as a whole – had been completely swallowed up. They represent the true tragic aspect, the human cry in its most intense form, where language is reduced to a sound or to silence, and the body to a shapeless mass. One may well think of the triptych by Francis Bacon depicting the crucifixion, which in the extreme cry of Jesus on the cross highlights the "thingness of being" the fact that we all are substantially a "thing", hopelessly inseparable from the frailness of our body. It is curious that although Bacon called his triptych *Three Studies for a Crucifixion* he claimed to draw his inspiration from the true obsession of his life, Aeschylus's *Oresteia*. Here, again, Greek culture "returns" and penetrates bluntly into Christian culture. There is therefore no mysticism in my production. Hölderlin, and Sophocles before him, had understood the deeper dimension of tragedy, which consists in the power to reveal the enigma of human existence, to relate the scandal of life.

Peter M. Boenisch

Die Überflüssigen

Birdie Hubbard und Maria Braun in
Thomas Ostermeiers «soziologischer» Theaterregie
206

Les femmes inutiles

Birdie Hubbard et Maria Braun dans la mise en scène
« sociologique » de Thomas Ostermeier
212

Donne inutili

Birdie Hubbard e Maria Braun nel teatro
«sociologico» di Thomas Ostermeier
219

Surplus to Requirements

Birdie Hubbard and Maria Braun in
Thomas Ostermeier's "Sociological" Direction
225

Ursina Lardi als Birdie Hubbard in *Die kleinen Füchse – The Little Foxes* nach Lillian Hellman, Berlin, Schaubühne am Lehniner Platz, Januar 2014. Regie: Thomas Ostermeier; Dramaturgie: Florian Borchmeyer
Foto: © David Baltzer / bildbuehne.de

Peter M. Boenisch

Die Überflüssigen

Birdie Hubbard und Maria Braun in Thomas Ostermeiers «soziologischer» Theaterregie

Lange Zeit irrlichtert die Figur der Birdie Hubbard durch Lillian Hellmans *Die kleinen Füchse.* Ihre quirlige Vitalität, auch ihr Sinn für Kunst, den sie immer wieder am Flügel beweist, interessiert im neureichen Hochglanz-Haushalt der Hubbards aber niemanden, am wenigstens ihren Mann Oscar, dessen regelmässige Schläge sie zu verbergen sucht. Für ihn war seine der eingesessenen Aristokratie entstammende Frau reine Trophäe, deren Aussteuer ihm erlaubte, bei den Bankgeschäften seiner abgebrühten Macher-Geschwister Ben und Regina mitspielen zu dürfen. Längst ist ihm Birdie bloss noch peinlich, zumal, wenn sie ihre Sehnsucht einmal mehr in Erdbeerbowle ertränkt. Auch die Zuschauerinnen und Zuschauer wissen mit der überdrehten Exzentrikerin zunächst wenig anzufangen – bis schliesslich, enthemmt vom Alkohol, die Fassade zusammenbricht. In einem langen Monolog ergiesst sich Birdies ganze Verzweiflung über ihre vollkommene Abhängigkeit. Mit den Worten «Ich bin von geradezu triumphaler Nichtsnutzigkeit» bringt sie schliesslich, leidlich derangiert, ihre trostlose Überflüssigkeit auf den Punkt und spricht derweil noch all die Wahrheiten über die Beziehungen in diesem Familienclan aus, die alle anderen verdrängen. Der schrille Paradiesvogel entpuppt sich eindrücklich als trauriger Narr.

Für ihr furioses Solo in Thomas Ostermeiers Wiederentdeckung von Hellmans Drama[1] aus dem Jahr 1939 (das

1 *Die kleinen Füchse – The Little Foxes.* Regie: Thomas Ostermeier; Fassung für die Schaubühne von Thomas Ostermeier und Florian Borchmeyer. Premiere:

in Deutschland zuvor erst einmal aufgeführt worden war, 1956 von Wolfgang Heinz an den DT-Kammerspielen in Ost-Berlin) bekommt Ursina Lardi regelmässig Szenenapplaus. Nicht zuletzt dank dieses Auftritts wird ihre Nebenrolle der Birdie hier zu einer zweiten Hauptfigur, zum Gegenbild der – bei Ostermeier von Nina Hoss gespielten – eiskalt intrigierenden Powerfrau Regina, die um ihrer Freiheit willen ihren Mann in den Tod treibt, ihre Brüder erpresst und ihre Tochter verrät. Gerade durch die bedächtig konstruierte, groteske Expressivität ihrer Rollenzeichnung gelingt es Ursina Lardi, ihre Birdie der Lächerlichkeit zu entreissen. Über die Komik in diesem allmählichen Zusammenbruch tastet sich die Schauspielerin zum tragischen Abgrund dieser Figur vor. Im pinken, knappen Sommerkleid verkörpert sie Birdie als im Käfig gefangener bunter Vogel, für dessen permanentes wirres Zwitschern sich doch niemand interessiert. Geduckt, gekrümmt ist ihre figurative Körperhaltung; hektisch ihre Versuche, am Intrigenspiel um sie herum teilzuhaben; resigniert, trunken schliesslich fällt sie nach all den Schikanen und Schlägen um, richtet sich aber unermüdlich widerständig ein ums andere Mal wieder auf, nicht zuletzt am Piano, das einzig sie zu spielen beherrscht.

Theaterstudien einer spätbürgerlichen Gesellschaft

Ursina Lardi führt gerade kein expressives Psychogramm der Birdie vor, sondern zeigt im Sinne Brecht'scher Gestik, wie dieses leidende Bewusstsein vom erbarmungslosen Sein der ökonomischen Bedingungen bestimmt ist. Ihr Spiel entdeckt uns die gesellschaftlichen Umstände, der sich diese Figur mit verzweifelter Kraft widersetzt. Lardis kunstfertige Ausgestaltung des Zusammenbruchs der Birdie Hubbard fügt sich so famos in Ostermeiers von manchen Kritikern als boulevardesker Realismus[2] missverstandenen Regie-

Berlin, Schaubühne am Lehniner Platz, 18.01.2014. Der Autor des vorliegenden Beitrags konnte mehreren Aufführungen beiwohnen.

2 So ist für Kritiker Dirk Pilz die Inszenierung ein «tiefer Kniefall vor einem Realismus, der für alle und alles seine Erklärungen findet.»; vgl.: «Wir stöckeln uns in den Abgrund». In: *Berliner Zeitung*, 19.01.2014 (http://www.berliner-zeitung.de/1157962; letzter Zugriff: 31.07.2017). Andreas Schäfer sah schon in Ostermeiers *Volksfeind* «Hipness, boulevardeske Überzeichnung und hochdramatisches Mitmachtheater» am Werk; vgl.: «Das ist die Berliner Luft». In: *Der Tagesspiegel*, 10.09.2012 (http://www.tagesspiegel.de/kultur/ibsens-volksfeind-an-der-schaubuehne-das-ist-die-berliner-luft/7113034.html; letzter Zugriff: 31.07.2017).

ansatz, den er selbst mit Anklang an Brecht als «soziologisches Theater» [3] beschreibt. Für die Schauspielerinnen und Schauspieler geht es hier nicht darum, psychologisierend Charaktermasken aufzusetzen und die seelischen Befindlichkeiten ihrer Rollen auszudrücken, sondern durch konkrete Handlungen und Vorgänge auf die gegebene Situation zu reagieren. Entsprechend sagt Lardi über ihre Paraderolle: «Birdie liebt die Musik. Und wenn man weiss, was ein Mensch liebt, hat man viel über ihn verstanden. Eigentlich hab' ich vor allem Klavier gespielt.» [4] Auf solchen alltäglichen, wiedererkennbaren Handlungen basieren Ostermeiers Theaterstudien einer spätbürgerlichen Gesellschaft, in der die umfassende Neoliberalisierung längst auch private Beziehungen nur noch an ihrem Profitpotenzial misst. Das hat der Regisseur zuvor und seitdem in den verschiedenen Versuchsanordnungen gerade seiner Ibsen- und Schnitzler-Inszenierungen analytisch nachvollzogen. Auch in *Die kleinen Füchse* interessiert ihn weniger Hellmans Südstaaten-Phänomenologie, die die Autorin um ihre Figur der Birdie im Gegenspiel von angestammtem Adel und emporstrebenden Provinzindustriellen anlegt. In der Schaubühnen-Textfassung werden aus den Baumwollhändlern, die in die industrielle Textilproduktion einsteigen wollen, Gründer-Investoren des Finanzkapitalismus der globalisierten Gegenwart. Die Hubbard-Geschwister Ben, Oscar und Regina wollen hier mit ihrem Familienbetriebs-Bankhaus auf dem grossen Parkett der Weltmärkte mitspielen. Entsprechend gab Ostermeier Lardi die Freiheit, Hellmans Monolog aus dem Stücktext für ihren Auftritt improvisierend neu zu gestalten. «Diese Birdie thematisiert etwas von einer musikalisch hochbegabten Frau, die in einer bürgerlichen Zweckehe hängen geblieben ist und da dem Alkoholismus frönt», so der Regisseur. «Ich habe Ursina versucht zu befeuern, den Monolog damit anzureichern, was sie in ihren Kreisen, als Frau in ihrem Alter, in ihrer Berliner Welt beobachten kann, um so mehr über das Hier und Jetzt zu erzählen.» [5]

3 Thomas Ostermeier, «Erkenntnisse über die Wirklichkeit des menschlichen Miteinanders. Plädoyer für ein realistisches Theater». In: Kai-Michael Hartig (Hrsg.), *Kräfte messen. Das Körber Studio Junge Regie.* Bd. 6. Hamburg: Edition Körber Stiftung 2009, S. 48–51. Vgl. auch Peter M. Boenisch, Thomas Ostermeier, *The Theatre of Thomas Ostermeier.* Abingdon / New York: Routledge 2016.

4 Barbara Behrendt, «Ich komme und mach das einfach». In: *taz – die tageszeitung,* 08.10.2014, S. 24.

5 Aus dem Gespräch des Autors mit Thomas Ostermeier, Berlin, 19.06.2017 (unveröffentlicht).

Liebe für expressionistische Ästhetik

Die Zusammenarbeit an *Die kleinen Füchse,* das im Januar 2014 in Berlin Premiere feierte, war Ursina Lardis erste Arbeit mit Ostermeier, seitdem sie 2012 festes Mitglied im Ensemble seiner Schaubühne geworden war. Dabei kannten sich die beiden schon seit gut zwei Jahrzehnten, von ihrer gemeinsamen Studienzeit an der Berliner Hochschule für Schauspielkunst «Ernst Busch» Mitte der Neunziger Jahre. Im ersten Studienjahr, in dem die Schauspiel- und Regieschüler ein gemeinsames praktisches Grundlagenseminar belegen, trafen sie einander in der Klasse der strengen vormaligen Berliner-Ensemble-Schauspielerin Gertrud-Elisabeth Zillmer. Für die Abschlussprüfung des Kurses erarbeiteten sie eine gemeinsame Szene als Oi und Sakko aus Thomas Braschs *Mercedes.* 1995 spielte Lardi dann auch in Ostermeiers Studenteninszenierung von Aleksandr Bloks *Die Unbekannte* am bat-Theater der Hochschule. Nicht nur Lardis aktivistische Ader, die sie seinerzeit in Entwicklungshilfeprojekten in Lateinamerika auslebte, brachte sie damals mit dem bekennenden Punk, Hausbesetzer und Trotzkisten Ostermeier zusammen. «Wir waren sehr dicke [Freunde] auf der Schauspielschule», erinnert sich der Regisseur. «Wir hatten damals an einem Strang gezogen, hatten dieselbe Überzeugung, denselben ausgeprägten Kunstfanatismus. Uns ging es immer nur um das Theater, um die Probe und um die Arbeit.»[6] Während Ostermeier frisch von der Schule mit seiner Baracke am Deutschen Theater reüssierte, ging Lardi in Engagements nach Düsseldorf und Frankfurt. 2004 gastierte sie in Ostermeiers Inszenierung von Frank Wedekinds *Lulu* an seiner Schaubühne. Neben dem damaligen Superstar des Theaters, Anne Tismer, spielte sie die Gräfin Geschwitz. Doch Lardis stark expressive, mit pathetischen Momenten spielende Gestaltung dieser Rolle passte nicht mehr fugenlos in Ostermeiers Regie, die sich zwischenzeitlich von der vormals geteilten gemeinsamen Liebe für expressionistische Ästhetik und auch für das Theater von Einar Schleef in Richtung realistisches Ensemblespiel entwickelt hatte. Als Lardi acht Jahre später fest ins Ensemble von Ostermeiers Theater kam, sollte es noch eine ganze Spielzeit dauern, in der sie zunächst bei Alvis Hermanis, Katie Mitchell und Falk Richter auftrat,

6 Ebd.

bevor sie wieder mit ihrem alten Schulfreund zusammenarbeitete – eben als Birdie Hubbard.

Formal starkes Spiel

Noch in der gleichen Spielzeit besetzte sie Ostermeier dann als Maria Braun für die Schaubühnen-Neuinszenierung seiner Bühnenfassung des Fassbinder-Filmes, die im Juli 2014 bei den Festspielen in Avignon Premiere hatte und kürzlich im Sommer 2017 durch China tourte.[7] Ostermeier hatte seine Adaption schon 2007 an den Kammerspielen München inszeniert und war damit 2008 zum Berliner Theatertreffen eingeladen; seinerzeit mit Brigitte Hobmeier in der im Film von Hannah Schygulla gespielten Hauptrolle. Hobmeier zeigte diese «Mata Hari des Wirtschaftswunders», wie sich Maria Braun im Stück selbst beschreibt, einerseits feist und voller Leidenschaft, andererseits aber gleichwohl unnahbar und auch im Verfügen über ihren Körper und ihre Reize voll kühler Berechnung. In der Neubesetzung begegnete einem mit Ursina Lardi eine andere Maria Braun – fragil, verletzlich und gezeichnet. Ihre direkte, beinahe plumpe Souveränität in der nachkriegsdeutschen Männerwelt speist sich aus ihren Wunden. Hinter ihrer Fassade erlaubt sich Lardis Maria Gefühle, Sehnsüchte und Wünsche. Gerade ihre Beziehung mit dem Strumpf-Fabrikanten Karl Oswald gewinnt in der neuen Besetzung (mit Thomas Bading als Spielpartner) romantische, anrührende Momente. Am Schluss wird Marias Lebensentwurf nun nicht länger, wie in Hobmeiers Spiel, von einer brutalen Realität zerschmettert, sondern er platzt im gleichen Knall der Gasexplosion, mit dem Maria Braun ihr Leben auslöscht, auf ungleich melancholischere Weise, wie ein Traum.

Gebrochene, aber doch nie schwache Frauen

Birdie Hubbard und Maria Braun: Ursina Lardi gestaltete in diesen Rollen, die sie in ihren beiden Schaubühnen-

7 *Die Ehe der Maria Braun,* nach Rainer Werner Fassbinder; Drehbuch: Peter Märthesheimer und Pea Fröhlich; Regie: Thomas Ostermeier; Dramaturgie: Julia Lochte und Florian Borchmeyer; Wiederaufnahme einer Produktion der Münchner Kammerspiele in neuer Besetzung. Vorpremiere: Festival d'Avignon, 23.07.2014; Premiere: Berlin, Schaubühne am Lehniner Platz, 06.09.2014. Der Autor des vorliegenden Beitrags konnte den Entstehungsprozess verfolgen sowie mehreren Aufführungen beiwohnen.

Produktionen unter der Regie von Hausherr Thomas Ostermeier spielte, in ihrem vor allem formal starken Spiel zwei gebrochene, aber doch nie schwache Frauen. Sie versuchen vergeblich, sich in einer von Männern dominierten Welt zu behaupten, wie Maria Braun gar auf Augenhöhe mitzuspielen – um sich dann vor dem einsamen Abgrund bodenloser Leere wiederzufinden, die beide Figuren zerbrechen lässt. Wie Barbara Behrendt in ihrem Porträt der Schauspielerin schreibt: «Ursina Lardi führt das Korsett vor, in dem die Figuren feststecken – bis zur Atemnot.»[8] So erzählt sie, in Ostermeiers «soziologischem» Regieansatz, vom Spuk einer geschäftigen, auf Profit ausgerichteten Welt, die wir nur allzu gut wiedererkennen.

8 Barbara Behrendt, «Ich komme und mach das einfach», a.a.O., S. 24.

Peter M. Boenisch

Les femmes inutiles

Birdie Hubbard et Maria Braun dans la mise en scène « sociologique » de Thomas Ostermeier

Pendant un long moment, dans *La Vipère* de Lillian Hellman, le personnage de Birdie Hubbard ne fait que s'agiter comme un feu follet. Son énergie foisonnante, ainsi que le sens artistique qu'elle révèle en jouant encore et toujours du piano, n'intéressent pourtant personne dans la maison rutilante et nouveau-riche des Hubbard. Surtout pas son mari Oscar, dont elle tente de cacher les coups qu'il lui donne. Ce dernier considère sa femme comme un simple trophée : issue de la vieille aristocratie, sa dot lui permet d'investir dans les affaires financières de ses frère et sœur Ben et Regina, de coriaces entrepreneurs. Birdie l'embarrasse depuis longtemps, surtout quand elle noie son ennui dans le punch aux fraises. Les spectatrices et les spectateurs ne savent pas non plus que penser de cette excentrique surexcitée – jusqu'à ce que finalement, à l'aide de l'alcool, la façade s'écroule. Dans un long monologue, Birdie confie son désespoir face à sa situation de totale dépendance. À la fin, lorsqu'elle dit « Je suis tout simplement l'inutile triomphant », elle met en évidence sa désespérante superfluité – non sans avoir d'abord dévoilé la vérité, que tous les autres refoulent, sur les relations de ce clan familial. L'oiseau de paradis criard se révèle être un triste fou.

Ursina Lardi est régulièrement saluée par de longs applaudissements après ce monologue enflammé tiré du drame écrit par Hellman en 1939 et qu'Ostermeier a redécouvert en 2014[1] (il n'avait été joué auparavant qu'une seule

1 *Die Kleinen Füchse – The Little Foxes* [*La Vipère*]. Mise en scène : Thomas Ostermeier ; adaptation pour la scène de Thomas Ostermeier et Florian

fois en Allemagne, en 1956, dans une mise en scène de Wolfgang Heinz au Deutsches Theater à Berlin-Est). C'est notamment grâce à cette performance que Birdie, qui est un rôle secondaire, devient le deuxième personnage principal, face à Regina – jouée par Nina Hoss chez Ostermeier –, une femme de pouvoir froide et intrigante qui, pour préserver sa liberté, pousse son mari à la mort, fait du chantage à ses frères et trahit sa fille. Grâce à son interprétation, caractérisée par une expressivité prononcée et soigneusement construite, Ursina Lardi réussit à éviter que Birdie ne tombe dans le ridicule. L'actrice avance en tâtonnant vers l'abîme tragique du personnage, au-delà du comique de son effondrement progressif. Dans sa robe d'été rose et succincte, Birdie personnifie un oiseau coloré emprisonné dans une cage, dont le gazouillis permanent et confus n'intéresse personne. Sa posture est courbée, humiliée ; ses tentatives de prendre part aux jeux d'intrigues autour d'elle sont frénétiques. Finalement, résignée et ivre après toutes les brimades et les coups reçus, elle flanche, avant de se reprendre pour s'installer encore une fois, infatigable, au piano dont elle seule sait jouer.

Étude théâtrale d'une société de la bourgeoisie tardive

Ursina Lardi ne présente pas un psychogramme de Birdie, mais elle montre, selon le gestus brechtien, comment cette conscience qui souffre est déterminée par l'impitoyable système économique. Son jeu nous révèle comment le personnage s'oppose avec une force désespérée aux contraintes sociales. L'adroite composition de la chute de Birdie Hubbard par Ursina Lardi s'insère magnifiquement dans la mise en scène d'Ostermeier, que certains critiques qualifient pourtant de « réalisme de boulevard »[2] et que lui-même décrit

Borchmeyer. Première : Berlin, Schaubühne am Lehniner Platz, 18.01.2014. L'auteur de ce texte a assisté à plusieurs représentations de la pièce.

2 Pour le critique Dirk Pilz, la mise en scène c'est se « mettre à genoux devant un réalisme qui trouve son explication pour tout et tout le monde. » ; cf. « Wir stöckeln uns in den Abgrund », dans *Berliner Zeitung*, 19.01.2014 (http://www.berliner-zeitung.de/1157962 ; consulté le 31.07.2017). Andreas Schäfer avait déjà observé, dans *l'Ennemi du peuple* de Ostermeier, « de la branchitude, du boulevard surjoué et du théâtre participatif extrêmement dramatique. » ; cf. « Das ist die Berliner Luft », dans *Der Tagesspiegel*, 10.09.2012 (http://www.tagesspiegel.de/kultur/ibsens-volksfeind-an-der-schaubuehne-das-ist-die-berliner-luft/7113034.html ; consulté le 31.07.2017).

en référence à Brecht comme du « théâtre sociologique »[3]. Pour les comédiennes et les comédiens, il ne s'agit pas de porter des masques psychologisants et d'exprimer les états d'âme de leurs personnages, mais de réagir à la situation donnée par des actions concrètes. Ursina Lardi dit de son rôle : « Birdie aime la musique. Et lorsque l'on sait ce qu'un être humain aime, on en connaît beaucoup sur lui. En fait, j'ai surtout joué du piano. »[4] Les recherches théâtrales d'Ostermeier reposent sur des actions quotidiennes de ce genre, signes reconnaissables d'une société de la bourgeoisie tardive, où depuis longtemps dans le cadre d'un néolibéralisme sévissant on ne mesure plus les relations personnelles qu'à l'aune des bénéfices que l'on peut en tirer. C'est ce que le metteur en scène explore depuis toujours de manière analytique dans ses différentes expérimentations, notamment dans ses mises en scène d'Ibsen et de Schnitzler. Dans *La Vipère,* la phénoménologie sociale du Sud des États-Unis que Hellman présente autour du personnage de Birdie, notamment l'opposition entre la noblesse établie et les puissants industriels de province, ne l'intéresse pas beaucoup. Dans son adaptation à la Schaubühne, les marchands de coton qui veulent se lancer dans l'industrie textile deviennent des investisseurs du système financier actuel capitaliste et globalisé. Les frères et sœur Hubbard Ben, Oscar et Regina, veulent entrer avec leur banque familiale dans la grande salle des marchés boursiers internationaux. Ostermeier a donné à Ursina Lardi la liberté de refaçonner le texte du monologue de Hellman en improvisant la scène. « Cette Birdie est une femme douée musicalement, qui est restée coincée dans un mariage de convenance bourgeois et qui s'abandonne dans l'alcool », dit le metteur en scène. « J'ai essayé d'encourager Ursina de sorte à ce qu'elle enrichisse le monologue avec ce qu'elle peut observer dans son milieu, en tant que femme de son âge, dans son univers berlinois, pour en dire encore plus sur l'époque actuelle. »[5]

3 Cf. Thomas Ostermeier, « Erkenntnisse über die Wirklichkeit des menschlichen Miteinanders. Plädoyer für ein realistisches Theater », dans Kai-Michael Hartig (éd.), *Kräfte messen. Das Körber Studio Junge Regie,* Vol. 6., Hambourg : Körber Stiftung, 2009, p. 48–51; cf. aussi Peter M. Boenisch, Thomas Ostermeier, *The Theatre of Thomas Ostermeier,* Abingdon / New York : Routledge, 2016.

4 Barbara Behrendt, « Ich komme und mach das einfach », dans *taz – die tageszeitung,* 08.10.2014, p. 24.

5 Tiré d'un entretien de l'auteur avec Thomas Ostermeier, Berlin, 19.06.2017 (non publié).

L'amour de l'esthétique expressionniste

La Vipère, pièce créée en 2014 à Berlin, a été la première collaboration entre Thomas Ostermeier et Ursina Lardi suite à la nomination de celle-ci comme membre permanent de la Schaubühne en 2012. Tous deux se connaissent pourtant depuis plus de vingt ans, depuis leurs études communes à l'Académie des arts dramatiques « Ernst Busch » à Berlin, dans les années 1990. Ils se rencontrent en première année dans la classe de l'austère Gertrud-Elisabeth Zillmer, ancienne comédienne du Berliner Ensemble, lors d'un séminaire pratique commun aux étudiants comédiens et metteurs en scène. Pour l'examen final du cours, ils travaillent ensemble une scène de *Mercedes* de Thomas Brasch, en prenant les rôles de Oi et de Sakko. En 1995, Ursina Lardi joue également dans *L'Inconnue* d'Aleksandr Blok mise en scène par Ostermeier, toujours étudiant, au bat-Theater de la Haute école. Ce n'est pas seulement la ferveur activiste d'Ursina Lardi (qui s'était engagée dans des projets d'aide au développement en Amérique latine) qui la rapproche d'Ostermeier, alors punk, squatteur et trotskiste. « Nous étions copains comme cochon à l'école d'art dramatique », se souvient le metteur en scène. « À l'époque, nous tirions à la même corde, nous avions les mêmes convictions et un fanatisme prononcé pour l'art. Pour nous, tout tournait autour du théâtre, des répétitions et du travail. »[6] Pendant qu'Ostermeier, fraîchement sorti de l'école, réussit avec sa Baracke du Deutsches Theater à Berlin, Ursina Lardi est engagée à Düsseldorf et Francfort. En 2004, elle participe à *Lulu* de Frank Wedekind, mis en scène par Ostermeier à la Schaubühne. Elle joue le rôle de la Comtesse Geschwitz aux côtés d'Anne Tismer, alors superstar du théâtre. Mais le jeu très expressif d'Ursina Lardi, avec ses touches pathétiques, ne correspond plus parfaitement à la mise en scène d'Ostermeier. Dans l'intervalle, leur amour commun pour l'esthétique expressionniste et pour le théâtre d'Einar Schleef a évolué chez le metteur en scène vers un jeu de troupe réaliste. Lorsque, huit ans plus tard, Ursina Lardi devient membre permanent de l'ensemble d'Ostermeier, il lui faudra attendre toute une saison, durant laquelle elle joue cependant pour Alvis Hermanis, Katie Mitchell et Falk Richter, avant de pouvoir retravailler avec son vieil ami d'études, en prenant justement le rôle de Birdie Hubbard.

6 Ibid.

Un jeu formellement puissant

Lors de la même saison théâtrale, elle endosse aussi le rôle de Maria Braun dans la nouvelle version qu'Ostermeier élabore de son adaptation théâtrale du film de Fassbinder.[7] La pièce est jouée en avant-première au Festival d'Avignon, en 2014, ainsi que plus récemment lors d'une tournée en Chine en été 2017. Ostermeier avait déjà mis en scène cette adaptation en 2007, dans le cadre des Kammerspiele de Munich, et avait été invité à la jouer en 2008 aux Rencontres théâtrales de Berlin ; c'était à l'époque Brigitte Hobmeier qui tenait le rôle principal incarné par Hannah Schygulla dans le film. Brigitte Hobmeier interprétait cette « Mata Hari du miracle économique », comme Maria Braun se décrit elle-même dans la pièce, comme une femme bouillante et passionnée d'une part, et comme une personne inaccessible et utilisant froidement son corps et ses charmes de l'autre. Dans la nouvelle version, on découvre avec Ursina Lardi une Maria Braun différente – fragile, vulnérable et marquée. Son autorité directe et presque maladroite dans l'univers masculin de l'après-guerre lui vient de ses blessures. La Maria d'Ursina Lardi se permet des sentiments, des fantasmes et des désirs. Dans la nouvelle version (avec Thomas Bading comme partenaire), sa relation avec le fabricant de textiles Karl Oswald s'étoffe de moments romantiques et touchants. Et à la fin, la vie de Maria n'est plus brisée par une réalité brutale, comme dans le jeu de Brigitte Hobmeier, mais vole en morceaux en même temps que l'explosion de gaz qui la tue, d'une façon plus mélancolique, comme un rêve.

Des femmes brisées, mais jamais des femmes faibles

Birdie Hubbard et Maria Braun : grâce à une interprétation puissante, surtout sur le plan formel, Ursina Lardi a incarné dans ces rôles – joués donc tous deux à la Schaubühne sous la direction de l'intendant Thomas Ostermeier – des femmes

7 *Le mariage de Maria Braun,* d'après Rainer Werner Fassbinder ; scénario : Peter Märthesheimer et Pea Fröhlich ; mise en scène : Thomas Ostermeier ; dramaturgie : Julia Lochte, Florian Borchmeyer ; reprise d'une production des Kammerspiele de Munich dans une nouvelle distribution. Avant-première : Festival d'Avignon, 23.07.2014; première : Berlin, Schaubühne am Lehniner Platz, 06.09.2014. L'auteur de ce texte a pu assister à la préparation du projet et à de nombreuses représentations.

brisées, mais jamais des femmes faibles. Elles essaient en vain de s'imposer d'égal à égal dans un monde dominé par les hommes, comme Maria Braun – pour se retrouver finalement seules face à un vide abyssal qui les brise toutes les deux. Comme l'écrit Barbara Behrendt dans son portrait de l'actrice : « Ursina Lardi porte le corset dans lequel les personnages se glissent – jusqu'à la suffocation. »[8] Lardi raconte, dans la mise en scène « sociologique » d'Ostermeier, le spectre d'un monde empressé et tourné vers le profit, que nous ne reconnaissons que trop.

8 Barbara Behrendt, « Ich komme und mach das einfach », art. cit., p. 24.

Moritz Gottwald als Bill und Ursina Lardi in der Titelrolle in *Die Ehe der Maria Braun,* nach Rainer Werner Fassbinder, Berlin, Schaubühne am Lehniner Platz, Juli 2014. Regie: Thomas Ostermeier; Drehbuch: Peter Märthesheimer und Pea Fröhlich; Dramaturgie: Julia Lochte und Florian Borchmeyer
Foto: © Arno Declair

Peter M. Boenisch

Donne inutili

Birdie Hubbard e Maria Braun nel teatro «sociologico» di Thomas Ostermeier

Per lungo tempo, nel dramma *Piccole volpi* di Lillian Hellman, il personaggio di Birdie Hubbard non fa che agitarsi come un fuoco fatuo. Nella lussuosa villa dei neoricchi Hubbard nessuno, men che meno il marito Oscar (di cui Birdie tenta di nascondere i segni delle frequenti percosse), presta attenzione alla sua esuberante vitalità e al talento artistico che dimostra a più riprese al pianoforte. Per Oscar la moglie, discendente da un'antica famiglia aristocratica, non è altro che un trofeo, la cui dote gli ha permesso di aderire alle attività bancarie dei suoi fratelli risoluti e senza scrupoli Ben e Regina. Da anni ormai Birdie non fa che metterlo in imbarazzo, in particolare quando annega la nostalgia nel punch alle fragole. Anche le spettatrici e gli spettatori, in un primo momento, non sanno cosa pensare di questa donna eccentrica e sovreccitata – finché l'alcool scioglie ogni inibizione e la facciata crolla. In un lungo monologo Birdie esprime la sua disperazione di fronte alla situazione di totale dipendenza. Alla fine, piuttosto confusa, con le parole «Sono di un'inutilità trionfale», rende palese la sua sconfortante superfluità mettendo anche a nudo la verità, che gli altri reprimono, sulle relazioni all'interno di questo clan famigliare. Lo sgargiante uccello del paradiso si rivela essere in realtà un triste giullare.

Ursina Lardi riceve regolarmente applausi spontanei per il suo monologo infuocato in questa versione della pièce scritta da Lillian Hellman nel 1939 e riscoperta da

Thomas Ostermeier nel 2014[1] (in Germania *Piccole volpi* era stato portato in scena solo una volta, nel 1956, da Wolfgang Heinz nell'ambito dei Kammerspiele del Deutsches Theater di Berlino Est). Si deve in gran parte a questa scena se il ruolo secondario di Birdie diviene l'antagonista del personaggio principale, Regina, un'intrigante e spietata donna di potere – interpretata da Nina Hoss nella messinscena di Ostermeier – che per preservare la propria libertà spinge il marito al suicidio, ricatta i fratelli e tradisce sua figlia. Grazie all'espressività grottesca ben dosata della sua recitazione, Ursina Lardi riesce ad evitare che Birdie cada nel ridicolo. L'attrice trascende l'effetto comico di questo progressivo collasso e avanza a tentoni verso l'abisso tragico del suo personaggio, incarnando Birdie – in un succinto abito rosa – come un bizzarro uccello in gabbia, il cui continuo cinguettio confuso non interessa a nessuno. La sua postura è remissiva, curva; vani i suoi frenetici tentativi di partecipare agli intrighi che l'attorniano; dopo le numerose angherie e i colpi subiti crolla rassegnata e ubriaca, ma si rialza ogni volta, con infaticabile resistenza, per sedersi al piano che solo lei sa suonare con maestria.

Studio teatrale sulla società tardo-borghese

Ursina Lardi non presenta uno psicogramma espressivo di Birdie, dimostra invece, con piglio brechtiano, come la sofferenza di questa coscienza sia determinata dallo spietato sistema economico. La sua interpretazione mette in luce le costrizioni sociali alle quali il personaggio tenta di sottrarsi con disperata veemenza. Il modo in cui Ursina Lardi ha impostato il tracollo di Birdie Hubbard s'inserisce alla perfezione nell'approccio registico di Thomas Ostermeier, che alcuni critici hanno definito, fraintendendolo, come un realismo da cronaca mondana[2] e che lui stesso, in riferimento

1 *Die kleinen Füchse – The Little Foxes* [*Piccole volpi*]. Regia: Thomas Ostermeier; adattamento per la Schaubühne di Thomas Ostermeier e Florian Borchmeyer. Debutto: Berlino, Schaubühne am Lehniner Platz, 18.01.2014. L'autore del presente contributo ha assistito a diverse rappresentazioni della pièce.

2 Secondo il critico Dirk Pilz *Piccole volpi* sarebbe «un prostrarsi a un realismo che fornisce una spiegazione per tutto e tutti.»; cfr.: «Wir stöckeln uns in den Abgrund», in: *Berliner Zeitung*, 19.01.2014 (http://www.berliner-zeitung.de/1157962; consultato il 31.07.2017). Andreas Schäfer, dal canto suo, vedeva già nella messinscena di Ostermeier del *Nemico del popolo* di Ibsen «l'espressione di una *hipness*, una caricatura da cronaca mondana e un teatro partecipativo altamente drammatico.»; cfr.: «Das ist die Berliner Luft», in: *Der Tagesspiegel*, 10.09.2012 (http://www.tagesspiegel.de/kultur/ibsens-volksfeind-an-der-

a Brecht, intende come un «teatro sociologico»[3]. Le attrici e gli attori non devono indossare delle maschere psicologizzanti ed esprimere gli stati d'animo dei loro personaggi, si tratta piuttosto di reagire a una determinata situazione con azioni concrete. Ursina Lardi dice ad esempio del suo ruolo in *Piccole volpi:* «Birdie ama la musica. E se si sa cosa una persona ama, si è capito molto di lei. Concretamente, ho suonato soprattutto il piano.»[4] La ricerca teatrale di Thomas Ostermeier incentrata sulla società tardo-borghese – in cui il neoliberismo imperante porta ormai a misurare anche le relazioni umane in termini di profitto – si basa su attività quotidiane e facilmente riconoscibili di questo tipo. Il regista ha analizzato questi aspetti anche nelle sue sperimentazioni precedenti e seguenti, in particolare nelle sue messe in scena di Ibsen e Schnitzler. Di *Piccole volpi* non lo interessa la fenomenologia sociale degli Stati Uniti meridionali, che l'autrice delinea attorno al personaggio di Birdie nella contrapposizione fra la vecchia nobiltà e gli ambiziosi industriali di provincia. Nell'adattamento per la Schaubühne, al posto dei commercianti di cotone intenzionati a lanciarsi nella produzione tessile industriale, troviamo investitori finanziari dell'attuale capitalismo globalizzato. Con la loro società bancaria famigliare, i fratelli Ben, Oscar e Regina Hubbard mirano ad accedere ai mercati mondiali. Anche per quanto riguarda Birdie, Thomas Ostermeier ha dato a Ursina Lardi la libertà di rimaneggiare il monologo della pièce di Lillian Hellman tramite l'improvvisazione. «Nel testo originale, Birdie rappresenta una donna dal grande talento musicale rimasta intrappolata in un matrimonio borghese di convenienza e schiava dell'alcolismo», afferma il regista e precisa: «Per ancorare maggiormente il monologo nella nostra epoca, ho incoraggiato Ursina ad arricchirlo con elementi che può osservare ogni giorno fra le donne della sua età, nel suo ambiente berlinese.»[5]

schaubuehne-das-ist-die-berliner-luft/7113034.html; consultato il 31.07.2017).

3 Cfr. Thomas Ostermeier, «Erkenntnisse über die Wirklichkeit des menschlichen Miteinanders. Plädoyer für ein realistisches Theater», in: Kai-Michael Hartig (a cura di), *Kräfte messen. Das Körber Studio Junge Regie,* vol. 6, Amburgo: Edition Körber Stiftung 2009, pp. 48–51. Si veda anche Peter M. Boenisch, Thomas Ostermeier, *The Theatre of Thomas Ostermeier.* Abingdon; New York: Routledge 2016.

4 Barbara Behrendt, «Ich komme und mach das einfach», in: *taz – die tageszeitung,* 08.10.2014, p. 24.

5 La citazione è tratta dall'intervista inedita dell'autore con Thomas Ostermeier, Berlino, 19.06.2017.

Amore per l'estetica espressionista

Per Ursina Lardi *Piccole volpi,* che ha debuttato nel gennaio del 2014 a Berlino, è la prima collaborazione con Thomas Ostermeier da quando, nel 2012, è entrata a far parte della compagnia stabile della Schaubühne diretta da Ostermeier. Eppure si conoscono da quasi vent'anni, negli Anni Novanta avevano infatti frequentato entrambi l'Accademia d'Arte Drammatica «Ernst Busch» di Berlino. Si erano incontrati durante il primo anno di studi, nel corso di base rivolto a futuri attori e registi della severa Gertrud-Elisabeth Zillmer, un'ex attrice del Berliner Ensemble. All'esame finale avevano presentato una scena tratta da *Mercedes* di Thomas Brasch, nella quale interpretavano i ruoli di Oi e Sakko. Inoltre, nel 1995, Ursina Lardi aveva recitato ne *La sconosciuta* di Aleksandr Blok, realizzata da Ostermeier al bat-Theater dell'Accademia. Non è solo la vena attivista di Ursina Lardi – concretizzatasi in progetti di aiuto allo sviluppo in America latina – ad averla avvicinata a Thomas Ostermeier, che a quel tempo era un punk, uno squatter e un trotzkista convinto. «All'Accademia eravamo amici per la pelle», ricorda il regista. «Avevamo gli stessi obiettivi, le stesse convinzioni, lo stesso spiccato fanatismo per l'arte. Per noi tutto ruotava attorno al teatro, alle prove e al lavoro.»[6] Mentre Thomas Ostermeier era riuscito ad affermarsi, subito dopo avere conseguito il diploma, con la Baracke da lui istituita presso il Deutsches Theater di Berlino, Ursina Lardi era stata ingaggiata prima a Düsseldorf e in seguito a Francoforte. Nel 2004, al fianco di Anne Tismer (una delle star del teatro di quel periodo), aveva impersonato la contessa Geschwitz nella *Lulu* di Frank Wedekind, portata in scena da Ostermeier alla Schaubühne. Ma l'interpretazione fortemente espressiva, a tratti carica di pathos di Ursina Lardi non collimava più con la regia di Ostermeier, il quale nel frattempo si era lasciato alle spalle l'amore condiviso per l'estetica espressionista e il teatro di Einar Schleef per evolvere verso un approccio più realistico incentrato sull'ensemble. Quando, otto anni più tardi, Ursina Lardi viene assunta nella compagnia stabile del teatro diretto da Thomas Ostermeier, c'è voluta un'intera stagione – durante la quale ha recitato in produzioni di registi del calibro di Alvis Hermanis, Katie Mitchell e Falk Richter – prima di collaborare nuovamente

6 Idem.

con il suo vecchio compagno di studi: per l'appunto nel ruolo di Birdie Hubbard.

Eccellenza formale

Nella stessa stagione, Thomas Ostermeier le affida anche la parte della protagonista nella versione rivisitata per la Schaubühne del suo adattamento scenico del celebre film di Rainer Werner Fassbinder, *Il matrimonio di Maria Braun,* che ha debuttato nel luglio del 2014 al Festival di Avignone e recentemente, nell'estate del 2017, è stato presentato anche in Cina.[7] Ostermeier aveva realizzato una prima versione già nel 2007, nell'ambito dei Kammerspiele di Monaco di Baviera; nel 2008 questa produzione, con Brigitte Hobmeier nel ruolo rivestito nel film da Hannah Schygulla, era stata invitata agli Incontri teatrali di Berlino. Nell'interpretazione di Brigitte Hobmeier questa «Mata Hari del miracolo economico», come Maria Braun descrive se stessa nella pièce, è una donna esuberante e passionale ma al contempo inaccessibile e calcolatrice, perfino nell'uso che fa del suo corpo e del suo fascino. Nella rivisitazione del 2014, con Ursina Lardi gli spettatori scoprono una Maria Braun diversa – fragile, vulnerabile e segnata. La sua autorevolezza diretta e un po' grossolana nel mondo del dopoguerra dominato dagli uomini si nutre delle sue sofferenze. Dietro questa facciata la Maria di Ursina Lardi si concede sentimenti, nostalgie e desideri; la sua relazione con il fabbricante di calze Karl Oswald (interpretato nel nuovo cast da Thomas Bading) assume ad esempio una nota romantica e commovente. Alla fine, il progetto di vita di Maria non viene annientato – come nella versione di Brigitte Hobmeier – da una crudele realtà, ma va in mille pezzi nell'esplosione di gas che pone fine alla sua vita, in maniera molto più melanconica, come un sogno.

7 *Il matrimonio di Maria Braun,* liberamente tratto dal film di Rainer Werner Fassbinder; copione: Peter Märthesheimer e Pea Fröhlich; regia: Thomas Ostermeier; drammaturgia: Julia Lochte e Florian Borchmeyer; rivisitazione con nuovi interpreti di una produzione realizzata nell'ambito dei Kammerspiele di Monaco di Baviera. Anteprima: Festival di Avignone, 23.07.2014; debutto: Berlino, Schaubühne am Lehniner Platz, 06.09.2014. L'autore del presente contributo ha avuto modo di seguire la fase di elaborazione della pièce e di assistere a varie rappresentazioni.

Donne spezzate ma mai deboli

Birdie Hubbard e Maria Braun: nelle due produzioni della Schaubühne – di cui il direttore artistico Thomas Ostermeier ha curato la regia – Ursina Lardi ha dato vita, in particolare grazie all'eccellenza formale della sua interpretazione, a due figure di donne spezzate ma mai deboli. Entrambe tentano invano d'imporsi in un mondo dominato dagli uomini o addirittura, nel caso di Maria, di mettersi sullo stesso piano, per ritrovarsi alla fine di fronte a un vuoto abissale nel quale soccombono. Come scrive Barbara Behrendt nel suo ritratto dell'attrice: «Ursina Lardi rende visibile il corsetto nel quale i personaggi sono stretti – fino quasi al soffocamento.»[8] In questo modo, nel contesto dell'approccio registico «sociologico» di Thomas Ostermeier, l'attrice ci mette davanti agli occhi l'orrore di un mondo indaffarato e orientato al profitto, che conosciamo fin troppo bene.

8 Barbara Behrendt, «Ich komme und mach das einfach», art cit., p. 24.

Peter M. Boenisch

Surplus to Requirements

Birdie Hubbard and Maria Braun in Thomas Ostermeier's "Sociological" Direction

For a long time the character of Birdie Hubbard wanders her way aimlessly through Lillian Hellman's *The Little Foxes*. No one in the glamorous nouveau riche Hubbard household, least of all Birdie's husband Oscar (whose frequent blows she's always trying to conceal), shows any interest in her bubbly vitality or her artistic touch at the grand piano. For Oscar, this woman from the established aristocracy is merely a trophy whose dowry enables him to have a stake in the banking wheeling and dealing of his jaded, go-getter siblings Ben and Regina. Birdie has long been nothing but an embarrassment to him, especially given her penchant for drowning her sorrows in drink. At first it's also difficult for the audience to get a handle on this overwrought eccentric – until alcohol dissolves all inhibitions and the facade crumbles at last. In a long monologue, Birdie vents her desperation at her complete dependence. Finally, quite deranged, she expresses the desolation of her superfluity and sense of uselessness while uttering all the truths about relationships in the family clan that everyone else is suppressing. This shrill, flamboyant personality impressively turns out to be a sad fool.

Ursina Lardi regularly gets spontaneous applause for her rousing solo in Thomas Ostermeier's rediscovery of Hellman's 1939 drama[1] (which had only been performed once previously in Germany when Wolfgang Heinz put it

1 *Die kleinen Füchse – The Little Foxes;* director: Thomas Ostermeier; version for the Schaubühne by Thomas Ostermeier and Florian Borchmeyer. Premiere: Berlin, Schaubühne am Lehniner Platz, 18 January 2014. The author of this article attended several performances.

on at the DT-Kammerspiele in East Berlin in 1956). Owing not least to this performance, her supporting role as Birdie becomes a second main character, the antithesis of Regina (played by Nina Hoss in Ostermeier's production), an ice-cold, scheming power woman who for the sake of her freedom drives her husband to his grave, blackmails her brothers and betrays her own daughter. Ursina Lardi portrays the role with deliberately constructed, grotesque expressiveness to rescue her Birdie from ridiculousness. Through the comicality of this gradual breakdown, she feels her way to the tragic abyss of the character. In a scanty pink summer dress, Birdie is a brightly coloured bird trapped in a cage whose permanent, confused twittering interests nobody. Her figurative posture is crouched and hunched; her attempts to take part in the scheming going on around her are hectic; after all the blows and bullying she falls over, resigned and drunken, only to draw herself up again and again, relentlessly resistant – not least at the piano, which only she has mastered.

Theatrical Studies of a Late Bourgeois Society

Instead of an expressive psychogram of Birdie, Ursina Lardi uses Brechtian gesture to show how this suffering consciousness is ruled by the mercilessness of economic conditions. Her acting reveals the societal circumstances which this character is striving to resist with powerful desperation. Lardi's skilful portrayal of Birdie Hubbard's breakdown thus fits in splendidly with Ostermeier's directorial approach, misinterpreted by so many critics as tabloid-style realism[2], but which Ostermeier himself, echoing Brecht, describes as "sociological theatre".[3] For the actors it's not about putting on psycholo-

2 For critic Dirk Pilz, the production is a "deep prostration before a realism that finds explanations for everyone and everything"; see: "Wir stöckeln uns in den Abgrund". In: *Berliner Zeitung*, 19 January 2014 (http://www.berliner-zeitung.de/1157962; last accessed 31 July 2017). Already in Ostermeier's *An Enemy of the People* Andreas Schäfer saw "hipness, tabloid-style exaggeration and highly dramatic play-along theatre" at work; see: "Das ist die Berliner Luft". In: *Der Tagesspiegel*, 10 September 2012 (http://www.tagesspiegel.de/kultur/ibsens-volksfeind-an-der-schaubuehne-das-ist-die-berliner-luft/7113034.html; last accessed 31 July 2017).

3 Thomas Ostermeier, "Erkenntnisse über die Wirklichkeit des menschlichen Miteinanders. Plädoyer für ein realistisches Theater". In: Kai-Michael Hartig (ed.), *Kräfte messen. Das Körber Studio Junge Regie*. Vol. 6. Hamburg: Edition Körber Stiftung 2009, p. 48–51. See also Peter M. Boenisch and Thomas Ostermeier, *The Theatre of Thomas Ostermeier*. Abingdon/New York: Routledge 2016.

gising masks and expressing the mental and emotional state of their character, but about responding to a given situation with concrete actions and approaches. Lardi says this about her flagship role: "Birdie loves music. If you know what a person loves, you've understood a lot about them. Actually I mainly played the piano."[4] Such everyday, recognisable actions form the basis of Ostermeier's theatrical studies of a late bourgeois society, in which an all-encompassing neoliberalism has long measured everything, including private relationships, in terms of its profit potential. The director has revisited this on a number of occasions, before and since, particularly in his experimental stagings of Ibsen and Schnitzler. In *The Little Foxes* too he is less interested in the Southern phenomenology Hellmann creates around the character of Birdie in the counterplay of established aristocracy and aspirant provincial industrialists. In the Schaubühne version of the text, the cotton plantation owners who want to get into industrial textile production become founding investors in the setting of modern-day global finance. Here the Hubbard siblings Ben, Oscar and Regina want to play in the global arena with their own family bank. This is why Ostermeier gave Lardi the freedom to rework the monologue from Hellmann's play on an improvised basis. According to the director, "This Birdie has something to say about a musically gifted woman who has got stuck in a bourgeois marriage of convenience and wallows in alcoholism. To be able to say more about the here and now I tried to encourage Ursina to augment the monologue with things she observes in the circles she moves in as a woman of her age, her world in Berlin."[5]

Love of Expressionist Aesthetics

The collaboration on *The Little Foxes,* which celebrated its premiere in Berlin in January 2014, was Ursina Lardi's first work with Ostermeier after becoming a permanent member of his Schaubühne ensemble in 2012. They had known each other for at least two decades before that, from the time they studied together at the Ernst Busch Academy of Dramatic Art in the mid-1990s. The trainee actor and director met in their first year at an introductory seminar led by the strict

4 Barbara Behrendt, "Ich komme und mach das einfach". In: *taz – die tageszeitung,* 8 October 2014, p. 24.
5 From the author's conversation with Thomas Ostermeier, Berlin, 19 June 2017 (unpublished).

former Berliner Ensemble actor Gertrud-Elisabeth Zillmer. For their assessment they prepared a scene together as Oi and Sakko in Thomas Brasch's *Mercedes*. In 1995 Lardi then also played in Ostermeier's student production of Alexandr Blok's *The Lady Unknown* at the academy's bat studio theatre. It wasn't just Lardi's activist streak, manifest at the time in her involvement in development projects in Latin America, that brought her together with the avowed punk, squatter and Trotskyist Ostermeier. "We were very close at drama school," the director remembers. "Back then we were on the same wavelength, had the same convictions, the same pronounced fanaticism for art. For us everything revolved around the theatre, rehearsals and work."[6] While Ostermeier enjoyed success at the Deutsches Theater fresh out of drama school with his *Baracke*, Lardi's jobs took her to Düsseldorf and Frankfurt. In 2004 she made a guest appearance in Ostermeier's production of Frank Wedekind's *Lulu* at his Schaubühne, playing Countess Geschwitz alongside the then-superstar of the theatre, Anne Tismer. But Lardi's highly expressive portrayal of this role, the way she played with moments of pathos, no longer sat entirely comfortably with Ostermeier's concept of direction, which had since evolved from the love of expressionist aesthetics and the theatre of Einar Schleef they had formerly shared towards a realistic ensemble approach. When eight years later Lardi became a fixed member of the ensemble at Ostermeier's theatre, it was a whole season – a season in which she first performed alongside Alvis Hermanis, Katie Mitchell and Falk Richter – before she collaborated again with her old friend from the academy – as Birdie Hubbard.

Formally Strong Acting

The very same season, Ostermeier had her play Maria Braun in the Schaubühne's new production of his stage version of the Fassbinder film, which premiered in July 2014 at the Avignon Festival and has more recently, in summer 2017, toured China.[7] Ostermeier had first staged his adaptation

6 Ibid.

7 *Die Ehe der Maria Braun,* after Rainer Werner Fassbinder; script: Peter Märthesheimer and Pea Fröhlich; director: Thomas Ostermeier; dramaturgs: Julia Lochte and Florian Borchmeyer; revival of a Münchner Kammerspiele production with a new cast. Preview: Festival d'Avignon, 23 July 2014; premiere: Berlin, Schaubühne am Lehniner Platz, 6 September 2014. The author of this

back in 2007 at the Münchner Kammerspiele, and was invited to bring it to the Berlin Theatertreffen, at the time with Brigitte Hobmeier in the main role played by Hannah Schygulla in the film. Hobmeier portrayed this "Mata Hari of the economic miracle", as Maria Braun describes herself in the play, as feisty and full of passion on the one hand, but at the same time unapproachable, cool and calculating, even when it came to sharing her body and her charms. The newly cast production featured another Maria Braun – fragile, vulnerable and drawn – in the shape of Ursina Lardi. Her direct, almost awkward aplomb in the post-war German world of men feeds on her wounds. Behind her facade, Lardi's Maria allows herself feelings, yearnings and desires. In the recast production, her relationship with hosiery manufacturer Karl Oswald in particular (played by Thomas Bading) has romantic, touching moments. In the end, Maria's life plan is no longer, as in Hobmeier's version, shattered by a brutal reality, but bursts in the same bang of the gas explosion with which Maria Braun extinguishes her life, in distinctly melancholy fashion, like a dream.

Women Who Are Broken But Never Weak

Birdie Hubbard and Maria Braun: In these roles, which she played in her two Schaubühne productions under the direction of theatre head Thomas Ostermeier, Ursina Lardi gave strong portrayals (strong particularly in formal terms) of two broken, but never weak women. These characters strive in vain to hold their own in a world dominated by men or even, in the case of Maria Braun, to play on the same footing – only to find themselves facing a lonely, bottomless abyss that leads to the breakdown of both characters. As Barbara Behrendt writes: "Ursina Lardi shows the corset these characters are stuck in – so tight they can hardly breathe."[8] Here, in Ostermeier's "sociological" directorial approach, she tells the horrific tale of a busy, profit-driven world that we recognise all too well.

article followed the process of creating the production and attended several performances.

8 Barbara Behrendt, "Ich komme und mach das einfach", loc. cit., p. 24.

Yvonne Schmidt

«Da war Kunst im Spiel»

Jürgen Flimm und Ursina Lardi über Salvatore Sciarrinos *Lohengrin*

Résumé
Riassunto
Abstract

233–241

Ursina Lardi als Elsa in der Kammeroper *Lohengrin* im Rahmen des Festivals INFEKTION!, Staatsoper Berlin, Werkstatt, Juni 2014. Komposition und Libretto: Salvatore Sciarrino (nach Jules Laforgues *Lohengrin, fils de Parsifal*); Regie: Ingo Kerkhof; Dirigent: Michele Rovetta
Foto: © Thomas M. Jauk

Résumé

La mise en scène de l'opéra *Lohengrin,* sous la direction d'Ingo Kerkhof, a enthousiasmé le public du Staatsoper de Berlin en été 2014. Elle a même ému aux larmes le compositeur de l'œuvre, Salvatore Sciarrino. Interprétant le personnage d'Elsa, Ursina Lardi y a non seulement démontré ses immenses qualités de comédienne, mais aussi ses compétences musicales. En dialogue avec l'orchestre, elle se sert de toute la palette des sons humains. Les instruments, les bruits et les tonalités deviennent ses interlocuteurs, et elle-même se transforme en élément d'une partition intériorisée avec dévotion. Jürgen Flimm, metteur en scène et directeur du Staatsoper, expert en musique contemporaine ayant mis en scène et produit plusieurs œuvres de Salvatore Sciarrino, estime que ce casting a été un « heureux hasard ». Avec Ursina Lardi, il évoque les frontières entre théâtre musical et théâtre parlé et revient sur une extraordinaire performance scénique.

Riassunto

Il *Lohengrin,* portato in scena dal regista Ingo Kerkhof nell'estate del 2014, ha entusiasmato il pubblico della Staatsoper di Berlino e ha commosso fino alle lacrime il compositore dell'opera, Salvatore Sciarrino. Nel ruolo di Elsa, Ursina Lardi ha dato prova non solo del suo virtuosismo sul piano della recitazione, ma anche del suo talento musicale. Attingendo all'ampia gamma dei suoni umani, instaura un dialogo con l'orchestra. Gli strumenti musicali, i rumori e le diverse tonalità diventano i suoi interlocutori e lei stessa si trasforma in un elemento della partitura, che ha interiorizzato con dedizione. Per il regista e direttore della Staatsoper di Berlino, Jürgen Flimm – esperto di musica contemporanea che ha prodotto e messo in scena diverse opere di Salvatore Sciarrino –, avere ingaggiato Ursina Lardi è stata una «felice coincidenza». Insieme a Ursina Lardi, Jürgen Flimm rievoca questa straordinaria interpretazione al confine fra musica e teatro.

Abstract

The summer 2014 production of the opera *Lohengrin* directed by Ingo Kerkhof excited audiences at the Staatsoper Berlin and even moved Salvatore Sciarrino, the composer, to tears. In the role of Elsa, Ursina Lardi demonstrated not just her great acting talent, but her musical skills as well, using the entire range of human vocal expression to engage in dialogue with the orchestra. The instruments, noises and sounds became her fellow actors, while she herself became part of the score, which she had devotedly mastered. For Staatsoper artistic and stage director Jürgen Flimm, who as an expert on contemporary music has staged and produced various works by Sciarrino, the casting was a "providential interposition". In this article Lardi and Flimm talk about crossing the border between musical and straight theatre, and an outstanding stage performance.

Yvonne Schmidt

«Da war Kunst im Spiel»

Jürgen Flimm und Ursina Lardi über Salvatore Sciarrinos *Lohengrin*

Unter der Intendanz von Jürgen Flimm hat die Berliner Staatsoper mehrere Werke des sizilianischen Komponisten Salvatore Sciarrino produziert oder koproduziert. Bei zwei Kammeropern führte der im Musik- und Sprechtheater aktive Regisseur auch selbst Regie. Für die Schauspielerin Ursina Lardi war der Ausflug in die Opernwelt als Elsa in Ingo Kerkhofs Inszenierung von Sciarrinos *Lohengrin* eine bedeutende Erfahrung.[1] Ein Gespräch über den Grenzgang zwischen Musik- und Sprechtheater.

Jürgen Flimm: Normalerweise wird die Rolle der Elsa in Sciarrinos Kammeroper *Lohengrin* mit einer Sängerin besetzt. Ich mochte diese Idee nicht, weil es in meinen Augen eine grössere schauspielerische Aufgabe ist. Man muss sich in diese Figur einfühlen können, und das können Sänger in der Regel eher nicht, weil sie primär mit ihrem Gesang beschäftigt sind. Wir hatten bereits 2013 eine wunderbare Erfahrung in der Koproduktion von Schaubühne und Staatsoper gemacht, als du die Hauptrolle in Falk Richters Projekt *For the Disconnected Child* gespielt hattest.[2] Für den

1 Ingo Kerkhofs Inszenierung eröffnete am 14.06.2014 das Festival INFEKTION! für zeitgenössische Musik in der Werkstatt der Berliner Staatsoper.
2 Auf der Website der Berliner Schaubühne wird die Koproduktion mit der Staatsoper, *For the Disconnected Child,* die am 14.06.2013 im Rahmen des Festi-

Lohengrin kamen wir schnell auf die Idee, dass wir dich anfragen müssen, weil du nicht nur eine tolle Schauspielerin, sondern auch sehr musikalisch bist. Du kannst zum Beispiel sehr gut Klavier spielen. Zu unserer grossen Freude sagtest du, dass du dich gerne damit beschäftigen wolltest.

Ursina Lardi: Ich habe die Aufgabe total unterschätzt. Zunächst dachte ich: «Musik, das kann ich, also ja, klar» *(lacht)*. Dass mir das doch so fremd ist und es ein langer Weg und eine harte Arbeit sein würde, war mir bei der Anfrage nicht klar. Aber auch nicht, wie schön es werden würde.

JF: In meiner Arbeit mit dem Komponisten Salvatore Sciarrino war es eine erstaunliche Entdeckung, dass seine Kompositionen auch grosse theatralische Kraft haben. Als ich bei einem Essen im kleinen Ort Città di Castello in Umbrien das Vergnügen hatte, zufällig neben ihm zu sitzen, kannte ich ihn noch nicht. Danach begann ich, mich mit seiner Musik zu beschäftigen. 2008 haben wir bei den Salzburger Festspielen, deren Intendant ich war, die Kammeroper *Luci mie traditrici* [*Meine trügerischen Augen*] aufgeführt. Inzwischen haben wir hier in Berlin insgesamt fünf Stücke von ihm aufgeführt: Ich habe 2014 *Macbeth* von ihm und 2016 *Luci mie traditrici* inszeniert. Nun inszeniere ich wieder ein Werk von ihm: *Ti vedo, ti sento, mi perdo* [*Ich sehe dich, ich fühle dich, ich verliere mich*], das im November im Teatro alla Scala in Mailand uraufgeführt und danach auch hier in der Staatsoper gezeigt wird.

UL: Es stimmt, seine Kompositionen haben eine grosse gestische Qualität. Zu Beginn war diese Musik für mich sehr schwer lesbar und sehr schwer hörbar. Ich fand sie sofort schön, konn-

vals INFEKTION! uraufgeführt wurde, so beschrieben: «In Falk Richters neuem Projekt geht es um die Sehnsucht nach Nähe, die Angst vor Verbindlichkeit, den ständigen Druck der Selbstoptimierung – und Tschaikowskis Oper *Eugen Onegin*. [...] Erstmals treffen Schauspieler der Schaubühne auf Tänzer, Sänger und Musiker der Staatsoper. Sieben Komponisten zeitgenössischer Musik [...] schreiben dazu die Musik. Die Bühne wird zum Experimentierfeld, auf dem sich die Beziehungen zwischen Schauspielern, Sängern und Tänzern ständig neu verhandeln, verbinden, auflösen.» (http://www.schaubuehne.de/de/produktionen/for-the-disconnected-child.html/m=315; letzter Zugriff: 21.05.2017).

te sie aber nicht verstehen. Als ich mich jedoch über die Figur der Musik näherte, habe ich gemerkt, wie spielerisch, wie emotional und sogar humorvoll sie ist. Das, was auf dem Papier oder beim Hören schwer zugänglich war, wurde beim Handeln plötzlich griffig und sehr nah. Ich konnte dann anfangen, mit den Mitteln zu arbeiten, die mir zur Verfügung standen. Sobald ich die Partitur beherrschte und mit der Figur vertraut war, ging mir die szenische Arbeit leicht von der Hand.

JF: Sciarrino selbst beschreibt seinen *Lohengrin* als eine «unsichtbare Handlung für Solistin, Instrumente und Stimmen». Daran habt Ingo Kerkhof und du euch Gott sei Dank nicht gehalten. Man soll mit solchen Anweisungen immer sehr vorsichtig sein. Ein Text oder ein Musikstück auf die Bühne zu bringen, hat nichts mit dem zu tun, was ein Autor oder ein Komponist geschrieben hat. Die Bühne ist etwas anderes.

UL: Und Sciarrino selbst hat ja dem Regisseur gesagt: «Mach einfach!». Diese Anweisung mit der «unsichtbaren Handlung» ist nur eine Vorsichtsmassnahme, glaube ich, damit man nicht übertreibt und anfängt, mit der Inszenierung die Musik zu bebildern. Er meint nicht wörtlich, dass man bloss dastehen soll. Ich habe den *Lohengrin* 2016 konzertant im Opernhaus Zürich aufgeführt. Es war auch wunderschön, aber es ist eine uneinholbare Erfahrung, wenn man dieses Werk auf der Bühne spielt. Man kann das mit der konzertanten Aufführung einer Partitur nicht vergleichen. Insofern ist es doch Theater und nicht unsichtbar.

JF: Und du hast etwas gemacht, was uns alle völlig sprachlos werden liess. Du hast die gesamte Partitur auswendig gelernt. Nur wenige Sänger können über den eigenen Schatten springen, um sich in ein gesamtes ästhetisches Konzept hineinzudenken. Deshalb warst du in diesem *Lohengrin* auch so gut. So gut, dass am Schluss, als du dieses italienische Kinderliedchen gesungen hast, dem Komponisten die Tränen kamen. Ich war auch ergriffen. Das ist etwas, was dich vor vielen Schauspielern, auch vor Musikern auszeichnet. Nämlich dass du dich in den Stoff dermassen vertieft hattest, als hättest du einen Pullover angezogen. Grandios!

UL: «Anziehen» ist ein gutes Stichwort, weil ich tatsächlich, da ich nicht wirklich gut singen kann, diese Rolle «anziehen» musste. Ich kann das Publikum nicht mit meiner Tonkunst «reissen», wie eine Sängerin das tun würde. Ich musste einen anderen Weg finden. Das Auswendiglernen der Partitur war für mich zwingend, weil ich vom Dirigenten unabhängig sein wollte. Ich wollte wirklich spielen und nicht nur so tun, als ob ich spiele. Wenn ich immer mit dem Augenwinkel auf die Einsätze des Dirigenten hätte achten müssen, wäre ich nie ganz frei gewesen, hätte nicht in der Figur bleiben können. Ich musste mich also davon lösen, um diese Musik und diese Figur vollständig zu betreten. Dass der Dirigent Michele Rovetta und die Staatskapelle sich darauf eingelassen haben, ist nicht selbstverständlich. War ja auch für sie ein Risiko.

> **JF:** Du hast dem Ganzen auch eine Grazie gegeben. Deine Interpretation war sehr leicht und graziös, im Kleist'schen Sinne. Sehr interessant, weil man sich auch als Zuschauer frei fühlte. Das sind die Wunder der Theaterkunst. Wir haben uns alle in dich verliebt, Männer, Frauen, Geigen, Oboen…

UL: *(Lacht)* Wie ich sonst auf Sätze meiner Schauspielerkollegen reagiere, wusste ich hier zum Beispiel, dass mein Einsatz nach dem «tk tk, tk tk, tk tk» der Oboe oder nach den vier gehauchten Triolen der Flöten kommt. Es gab nur wenige Momente, in denen ich auf das Zeichen des Dirigenten angewiesen war, so nach grossen Fermaten, weil es da wirklich nicht anders ging. Die Instrumente, die Klänge, die Geräusche wurden zu meinen Dialogpartnern. Alles bekam eine grosse Selbstverständlichkeit. Das war für mich ein besonderes Erlebnis.

Ich habe wochenlang, monatelang obsessiv die Partitur gelernt. Ein Musiker würde nicht so viel Zeit dafür brauchen, aber ich musste dafür erst die Strukturen im Gehirn schaffen. Für das Lernen von Text ist bei mir alles bereits formatiert, dafür aber waren keine Strukturen da, und diese Musik ist wirklich sehr schwer zu lernen. Das war die Vorarbeit, die Eintrittskarte sozusagen. Ich wusste, dass mit den Proben eine neue Realität beginnen würde. Es wird oft gesagt, dass man in der Form eine grosse Freiheit erreichen kann, es passiert jedoch sehr selten. In diesem Fall ist es tatsächlich geschehen. Mich hat diese künstlerische

Form nicht beengt, sondern sie konnte mich in Gebiete katapultieren, in denen ich noch nie war. Die langen Minuten, in denen Elsa ihren eigenen Namen ruft, bilden für mich das Herzstück dieser Komposition. Das war der Schlüssel zum ganzen Werk. Dieser Ankerpunkt ist eigentlich sehr einfach: Ein Mensch steht da, hat sich verloren und ruft, schreit, flüstert den eigenen Namen in allen erdenklichen Tempi, minutenlang. So etwas geht nur in der Musik. Das ist etwas vom Grössten, was ich bisher interpretieren durfte. Davon ausgehend konnte ich alles aufbauen. Ich bekam nicht nur den Zugang zur Innenwelt, sondern allmählich auch zur Aussenwelt der Figur: Das ferne Bellen der Hunde, das Gurren der Tauben, das Rauschen der Wellen und des Windes, das alles geht durch Elsas Körper, durch ihre Stimme hindurch. Die Figur stellt also nicht nur sich selbst dar, sondern auch die Welt, die sie umgibt. Und nicht nur das seelische Innenleben, auch das ganz leibliche, vegetative Innere wird hörbar, Atmen, Keuchen, Gluckern, Zähneklappern, Husten, Gähnen, Schlucken, alle diese Geräusche sind in der Partitur notiert ... Innenleben und Aussenwelt fallen in Elsa zusammen. Auch die verschiedenen Zeitebenen fallen in ihr zusammen. Zukunft, Gegenwart, Erinnerung. Es ist ein gedehnter Augenblick, ein Gehirnstrom, dem wir da beiwohnen. Diese Gleichzeitigkeit ist für mich das Abstrakte an der Handlung.

> **JF:** Also in deiner Darstellungsweise kam aber dieses Abstrakte nicht vor, alles war für die Zuschauer überaus konkret.

UL: Ingo Kerkhof schlug vor: «Wir machen eine konkrete Handlung, so simpel wie möglich: Es geht einfach nur um ein Paar in einem Hotelzimmer, mit einem Bett und einem Bad. Eine minimale Handlung, damit darüber der Assoziationsstrom laufen kann.» Ich weiss auf der Bühne in jedem Augenblick genau, was ich tue: Jetzt sind es die Hunde, die ich höre, also Aussengeräusche, die durch mich hindurchfliessen, jetzt erinnere ich mich an Lohengrin, an seine Worte, jetzt läuft mir die Spucke im Mund zusammen, jetzt bleibt mir die Luft weg, jetzt bin ich alt und in Todesnähe, jetzt bin ich siebzehn. Man kann sich ja nicht vornehmen, etwas Abstraktes zu spielen. Wir haben das ganze Stück aus vielen unterschiedlichen, sehr konkreten Momenten zusammengesetzt.

JF: Ich habe als Regisseur und auch als Zuschauer viel erlebt. Es sind seltsame Momente, in denen das, was gespielt wird, und das, was ich höre und sehe, so intensiv zusammenkommen. Ich bin auch einer von manchmal vielen Leuten im Zuschauerraum und jeder denkt, hört, sieht etwas anderes. Hier war es aber so, dass alle im Zuschauerraum sich tatsächlich auf die Figur auf der Bühne geeinigt und gedacht hatten: «Ja, mit der gehe ich jetzt mit!». Und du bist auch eine Verführerin. Das kannst du auch in vielen anderen Rollen. In Kombination mit der zärtlichen Musik von Sciarrino kam diese Eigenschaft stark zur Geltung. Und ich war hinterher stolz, dass wir dich engagiert hatten!

UL: Ich bin dir wirklich sehr dankbar, weil diese Erfahrung zu den wichtigen Momenten zählt, in denen ich weiss, wofür ich auf der Bühne stehe. Ich war mit dem, was ich tat, einverstanden. Und die Leute im Zuschauerraum hätten mitkommen können oder nicht, aber ich konnte alles wirklich vertreten.

JF: Es ist selten, dass man eine solche hochmusikalische Schauspielerin findet. Dass es bei dir der Fall ist, war eine glückliche Fügung.

UL: Wenn etwas ganz Fremdes auf mich zukommt, bin ich immer richtig froh. Bei diesem Projekt konnte ich nicht auf meine üblichen Mittel zurückgreifen und musste neue Wege gehen. Das ist gar nicht so einfach. Darum ist es so wichtig, dass man immer wieder Begegnungen mit Stoffen und mit Künstlern sucht, die einen dazu zwingen, den gewohnten Boden zu verlassen und ins Offene zu gehen. Natürlich kann es auch fürchterlich schiefgehen, das ist aber vollkommen egal. Wenn man keine solche Herausforderungen mehr annimmt, implodiert man, und das, was man tut, wird uninteressant.

JF: Den *Lohengrin* finde ich in der monologischen Qualität so interessant. Da sitzt eine Frau und erzählt. Das fand ich aufregend. Ich muss sagen, dass ich kein Fan von der Wagner-Oper bin. Es gibt wenige Wagner-Opern, die ich mag. Und auf einmal kommt dieser *Lohengrin* auf eine ganz andere Art und Weise an. Bei Wagner wird alles mit den grossen Tongemälden zugestellt. Bei Sciarrino kommt der Stoff ganz anders, auf eine graziöse, eine subjektive Weise. Und es ist eigentlich das, was wir an der Kunst am meisten lieben. Das Monologische ist ja eine alte Theatertradition. Im Monolog wird das Subjekt stark gefordert und es ist auch immer eine Art Dialog mit dem Publikum. Der Stoff bekommt dadurch eine andere Farbe und Wirkung.

UL: Es war sehr lustig, bei einer Aufführung sass eine ganze Carladung Touristen drin, die sich wohl gedacht haben, wie toll, ein Wagner an der Staatsoper für 20 Euro! Zuerst ging ein Raunen und Scharren durch die Gruppe, sie überlegten wohl zu gehen und sich zu beschweren. Aber dann wurden auch sie ruhig und haben sich auf dieses Stück eingelassen. Es ist ja eine sehr leise Musik, immer wieder an der Grenze zur Unhörbarkeit. Die Stille ist immer in der Nähe, sozusagen. Sciarrino war eine Woche bei den Proben dabei. Es ging ihm vor allem um das Orchester, da es für die Instrumentalisten zum Teil schwer zu spielen ist, aber er war auch für mich als Ansprechpartner da. Beim ersten Mal, als er dabei war, hatte ich ganz schön Angst, aber danach war es wunderbar. Er ist sehr mit mir mitgegangen und war immer vorsichtig mit seinen Rückmeldungen. Er äusserte sich zu einigen dynamischen Sachen, wie zum Beispiel: «dieser Ton hier vielleicht etwas schriller, oder etwas höher oder etwas leiser, etwas atemloser», also Dinge, die ich sofort umsetzen konnte, keine grundlegenden, irritierenden Fragen, aber dennoch hilfreich.

JF: Sciarrino weiss ja, dass man vorsichtig sein muss, dass man sich am Ende als Regisseur zurückziehen muss.

UL: Das Loslassen ist oft für einen Regisseur ein schwieriger Moment, oder?

JF: Nicht für mich, nicht das Loslassen ist schwer, sondern der Moment der Veröffentlichung ist schwer, ob es klappt. Es ist zentral, dass Schauspieler oder Sänger mit dem Publikum ins Gespräch kommen. Deswegen würde ich nie Schauspieler zwingen, was zu tun, was sie absolut nicht tun wollen.

UL: Nie! Es entwickelt sich nichts daraus.

> **JF:** Du kannst versuchen, sie zu überzeugen, aber wenn du mit deiner Meinung, deiner Haltung, deiner Interpretation nicht durchkommst, musst du das aufgeben. Man kann von niemandem verlangen, etwas auf der Bühne zu zeigen, wovon er nicht überzeugt ist. Das wissen aber wenige.

UL: Das wissen wirklich nicht alle. Vielleicht geht es bei der Premiere noch halbwegs, aber danach wird es schlechter. Ich finde, es liegt auch in der Verantwortung der Schauspieler, Anweisungen der Regisseure nicht zu befolgen, wenn sie sie nicht vertreten können. Viele tun es trotzdem, ich nicht. Man steht ja für achtzig oder hundert Vorstellungen auf der Bühne. Man darf nichts ohne Überzeugung tun. Das beschädigt einen als Künstler. Mit Ingo Kerkhof hatte ich zum Glück eine tolle partnerschaftliche Zusammenarbeit. Er ist Gott sei Dank nicht der Typ, der Schauspieler zu irgendetwas zwingt. Wir probierten verschiedene Dinge aus und waren uns schnell einig, dass fast nichts ging. Das Ganze wurde immer mehr aufs Wesentliche reduziert. Am Anfang dachten wir, dass es auch Momente geben würde, in denen wir andere Räume hätten betreten können. Vielleicht sogar phantastische, «wagnerische» *(lacht)*. Diese Optionen fielen aber sehr schnell weg, bis das Ganze nur noch auf ein einziges Zimmer und auf konkrete, aber minimalistische Handlungen reduziert wurde.

> **JF:** Brecht sagte: «Probenarbeit ist eine Anhäufung von Fehlern». Das ist ein wahrer Satz. Im Krankenhaus dürfte man ihn nicht anwenden. Aber wir im Theater sollten uns daran halten.

UL: Wir müssen sogar.

> **JF:** Wir müssen immer Neues ausprobieren und verwerfen, ausprobieren und verwerfen. Das sagte schon Beckett.

UL: Genau, und hoffen, dass am Schluss die vielen losen Enden zueinander finden und es «Klick» macht... Das ist dann Gnade.

JF: Da findet manchmal sogar Kunst statt, was beim *Lohengrin* der Fall war. Da war wahrscheinlich Kunst im Spiel.

Barbara Villiger Heilig

Eine Art von Glück

Lisa und Ranjewskaja in Thorsten Lensings *Karamasow* und *Der Kirschgarten*

Résumé
Riassunto
Abstract

246–249

Devid Striesow als Aljoscha und Ursina Lardi als Lisa in *Karamasow,* nach Fjodor Dostojewskis Roman *Die Brüder Karamasow,* Berlin, Sophiensæle, November 2014. Textfassung: Thorsten Lensing unter Mitarbeit von Dirk Pilz; Regie: Thorsten Lensing
Foto: © Arwed Messmer

Ursina Lardi als Ljubow Andrejewna Ranjewskaja in *Der Kirschgarten* von Anton Tschechow, Berlin, Sophiensæle, Dezember 2011. Übersetzung und Regie: Thorsten Lensing und Jan Hein
Foto: © David Baltzer / bildbuehne.de

Résumé

Une étroite collaboration lie Ursina Lardi et le metteur en scène allemand Thorsten Lensing. L'article se penche sur deux personnages qu'ils ont travaillés ensemble : Lisa, la jeune fille de 14 ans dans *Les Frères Karamazov* de Fiodor Dostoïevski, qui dans la version élégante et volontaire de Lensing, créée en 2014, s'appelait *Karamazov,* et Lioubov Andréïevna Ranevskaïa, la propriétaire foncière désargentée de *La Cerisaie* d'Anton Tchekov (2011). Que ce soit Lisa, jeune fille paralysée et hystérique, ou Lioubov Ranevskaïa, femme du monde déchue, les deux personnages sont très différents, mais la nature éclatante, extrêmement réactive et en même temps unique de l'actrice Ursina Lardi se personnifie en eux. « Jouer » est l'un de ses mots préférés quand elle parle de sa profession. Grâce à son jeu, l'art théâtral devient naturel.

Riassunto

Una stretta collaborazione artistica unisce Ursina Lardi e il regista tedesco Thorsten Lensing. Il presente contributo descrive, a titolo d'esempio, due dei personaggi ai quali hanno dato vita in scena: la quattordicenne Lisa dell'epopea *I fratelli Karamazov* di *Fëdor Dostoevskij* a cui Lensing, nel suo elegante ed eccentrico adattamento del 2014, dà il titolo *Karamazov,* e Liubov' Andreevna Ranevskaja, la proprietaria terriera caduta in rovina de *Il giardino dei ciliegi* di Anton Čechov (2011). Per quanto diversi siano fra loro, in entrambi i personaggi – nell'adolescente isterica e paraplegica Lisa come nella dama di mondo decaduta Ranevskaja – s'incarna la natura sfavillante, estremamente versatile e tuttavia inconfondibile di Ursina Lardi. «Recitare» è una delle sue parole preferite in riferimento alla professione di attrice. La sua interpretazione conferisce naturalezza alla recitazione.

Abstract

Ursina Lardi and German director Thorsten Lensing have a history of close collaboration. This article takes the example of two of the characters they have created together: fourteen-year-old Lisa from Fyodor Dostoyevsky's epic novel *The Brothers Karamazov,* called simply *Karamasov* in Lensing's elegant and maverick 2014 production, and Lyubov Andreievna Ranevskaya, the impoverished landowner in *The Cherry Orchard* by Anton Chekhov (2011). Despite the differences between the two characters – Lisa a paralysed and hysterical girl, Ranevskaya a has-been woman of the world – they both embody the shimmering, incredibly adaptable and nevertheless unmistakable essence of actor Ursina Lardi. "Play" is one of her favourite words when talking about her profession. Her play makes the art of acting seem completely natural.

Barbara Villiger Heilig

Eine Art von Glück

Lisa und Ranjewskaja in Thorsten Lensings *Karamasow* und *Der Kirschgarten*

Selten bin ich im Theater so sehr an mich selbst erinnert worden wie durch Ursina Lardis Lisa[1], wenn sie im Gespräch mit Aljoscha urplötzlich vom Normalton auf ein hochdramatisches Kreischen umschaltet. Lisa, das gelähmte Töchterlein der reichen Mme Chochlakowa, veranstaltet ihre gellende Darbietung natürlich nicht für den jüngsten Karamasow-Sohn, der in seiner Mönchskutte vor ihr steht, sondern für die Mama, deren Nahen sie spürt: Ihretwegen stellt sie sich als kränkelndes Nervenbündel dar, als schutzbedürftigen Problemfall. Gerade so sichert sie sich erfolgreich die Aufmerksamkeit der besorgten Mutter, welche nichts lieber vermiede, als solche hysterischen Anfälle zu provozieren. Wer kennt den Mechanismus nicht aus der eigenen Kindheit? Bloss lief er damals unbewusst ab, und was wir nun auf der Bühne vorgeführt bekommen, holt ihn ins Scheinwerferlicht des Bewusstseins: «Ich schrei jetzt mal», teilt Lisa dem Mönch vertrauensvoll und warnend zugleich mit, bevor sie loslegt.

Ein quecksilbriges Wesen

Ein vierzehnjähriges Mädchen, gehbehindert, aber intellektuell wach und äusserst keck, dazu fast hellsichtig in seiner

1 Ursina Lardi spielte die gehbehinderte, 14-jährige Lisa in *Karamasow,* nach Fjodor Dostojewskis *Die Brüder Karamasow.* Textfassung: Thorsten Lensing unter der Mitwirkung von Dirk Pilz; Regie: Thorsten Lensing; Premiere: 04.12.2014, Sophiensæle, Berlin. Der vorliegende Beitrag basiert auf dem Gastspiel vom 12.12.2015 in der Schiffbau-Box in Zürich.

Exaltiertheit und gegenüber den eigenen Gefühlen von einer Ehrlichkeit, die stellenweise Angst macht: Ursina Lardi hat sich das quecksilbrige Wesen auf ihre ganz persönliche Weise anverwandelt. Im rosaroten Minikleid sitzt die Schauspielerin auf dem Rollstuhl und kurvt damit derart sportlich herum, dass sie jegliche Idee von Behinderung Lügen straft. Sie wirkt dabei sogar ausgesprochen anmutig: Ihre zum Dutt hochgesteckten Haare rücken die Nackenpartie in den Blick, aus deren zartem Bogen Verletzlichkeit gepaart mit Charakterstärke spricht.

Alles ist Schwung an dieser Figur, nichts ist statisch – obwohl sie, wie reihum alle anderen Figuren, das Geschehen über ausgedehnte Phasen nur vom Bühnenrand verfolgt. Dann wartet Ursina Lardis Lisa lauschend aufs nächste Stichwort, fast reglos, aber kein bisschen passiv, sondern mit ihrer Aufmerksamkeit all das begleitend, was sie wahrnimmt. So, als Inbild der idealen Zuschauerin, schafft sie Konzentration – auch fürs Publikum, das dem langen, von Anfang bis Ende jedoch kurzweiligen Abend bald gerührt, bald belustigt beiwohnt.

Von Ursina Lardi habe ich erstmals vor rund zwanzig Jahren in einer Churer Wohngemeinschaft gehört. Da war die junge Schauspielerin bereits nach Deutschland ausgewandert. Kurz darauf sah ich sie in Frankfurt, später in Berlin, aber es dauerte, bis sie mir als aussergewöhnlich auffiel. Ihr Geheimnis: Sie geht im Ensemblespiel völlig auf und bleibt doch komplett bei sich.

Sonderklasse Lensing

So richtig klar wurde mir das anlässlich der Inszenierungen von Thorsten Lensing. Der Regisseur mag auch ein Grund dafür sein, dass Ursina Lardis Karriere eine Zeitlang jenen Happy Few vorbehalten war, die seine Produktionen zu sehen bekamen. Lensing arbeitet sehr langsam – und konsequent ausserhalb fester Theaterstrukturen. Nur alle paar Jahre zeigt er ein neues Stück. Das hängt mit seinem Willen nach Unabhängigkeit zusammen: Kooperationspartner müssen gesucht, Geldquellen gefunden werden. Ist eine seiner Aufführungen parat, findet die Premiere zum Beispiel in Münster statt (kein Hotspot für Theaterkritiker), worauf einige Gastspiele da und dort folgen – und schon ist Schluss.

Endlich aber begann sich bis nach Zürich herumzusprechen, für welche Sonderklasse Lensing mit seinen Schauspielenden steht. Stets handelt es sich um ein Ad-hoc-Ensemble, zusammengesetzt aus Stars (die auch anderswo Verpflichtungen haben: ein weiterer Grund, weshalb sich die Aufführungen nicht ad libitum verlängern lassen). Und nachdem mir Robert Walsers *Schneewittchen* (am Theater Neumarkt im Oktober 2005) und Tschechows *Onkel Wanja* (bei den Festspielen Zürich im Sommer 2008) entgangen waren, schaffte ich es dank der Internationalen Gastspielreihe des Zürcher Schauspielhauses zu *Karamasow* (so heisst Lensings Bearbeitung von Dostojewskis Roman) und zum *Kirschgarten* (wiederum nach Anton Tschechow)[2]. Beide Male spielte Ursina Lardi mit.

Fragil und robust

Und wie sie spielt! Sie nimmt uns mit. Wäre ihre Lisa in dieser auf wenige Personen und deren Blickwinkel reduzierten Fassung des Romanepos einfach eine Hysterikerin, wir könnten sie belächeln oder bemitleiden. Das jedoch erlaubt Lardi nie. Vielmehr eröffnet sie uns den spontanen Zugang zu einer komplizierten Seele – eine Seele, wie vielleicht nur weibliche Teenager sie besitzen. Das Wunder: Kompliziert wirkt hier gar nichts. Kind oder Frau? Sowohl das eine als auch das andere. Lisas Dürsten nach dem, was sie sich unter Liebe vorstellt, ohne zu wissen, was es sein könnte: Auch das kam mir nur zu vertraut vor. Die Pubertät ist ein schwieriges Alter. Wenn sich Lisa vorsätzlich Schmerzen zufügt, wird damit nichts erklärt und doch alles gezeigt. In Ursina Lardis Spiel koexistiert das Fragile mit dem Robusten.

Spielen: ein Lieblingswort der Schauspielerin. Doch was genau bedeutet es? Paradoxerweise weckt sie nie den Eindruck, etwas vorzuspielen. Ob Lisa oder Ljubow Andrejewna Ranjewskaja, die Gutsbesitzerin im *Kirschgarten* – so verschieden die Figuren sind, ist es unverkennbar Ursina Lardis Atem, der sie belebt. Der Atem: Körperlichkeit, Rhythmus. Spannung und Entspannung. Oder das, was wir Temperament nennen. Deshalb wohl wirkt hier Schauspielkunst wie Natürlichkeit.

2 Ursina Lardi verkörperte die Gutsbesitzerin Ljubow Andrejewna Ranjewskaja in *Der Kirschgarten,* nach Anton Tschechow. Deutsche Übersetzung und Regie: Thorsten Lensing und Jan Hein; Premiere: 09.12.2011, Sophiensæle, Berlin. Der vorliegende Beitrag basiert auf dem Gastspiel vom 18.12.2016 im Schauspielhaus Zürich.

Thorsten Lensing porträtiert die *Kirschgarten*-Welt als laute, heruntergekommene, brutalisierte Gesellschaft. Seiner Inszenierung zum Trotz ist Lardis Ranjewskaja eine souveräne Person. Würdevoll müsste man sie nennen, klänge das nicht zu bombastisch. Über die Vulgarität um sie herum erhebt sie sich ohne Hochnäsigkeit oder Standesdünkel. Sie verirrt sich auch nicht in phantastische Illusionen. Die unerbittliche Wirklichkeit – ihr geliebter Gutshof samt Kirschbäumen wird versteigert – mag zwar auch dieser Ranjewskaja den Boden unter den Füssen wegziehen. Doch nach dem Zusammenbruch steht sie auf und macht pragmatisch weiter.

In Ursina Lardis Stimme schwingt gern ein leichtes Staunen mit, eine kleine Melodie, die alles als offen, als möglich erscheinen lässt. So finden Ljubow Andrejewna Ranjewskaja und Lisa bei dieser Schauspielerin immer wieder eine Art von Glück. Und sie geben es weiter – an uns.

Andreas Wilink

Die Forderung des Absoluten

Einar Schleefs *Salome* in Düsseldorf

Résumé
Riassunto
Abstract

253–257

Ursina Lardi in *Salome* von Oscar Wilde / Einar Schleef, Düsseldorfer Schauspielhaus, Juni 1997. Adaption, Regie, Bühne und Kostüme: Einar Schleef
Foto: © Sonja Rothweiler

Résumé

Une nature morte panoramique avec personnages : c'est ainsi que s'ouvre la mise en scène de *Salomé* d'Einar Schleef, d'après Oscar Wilde, créée en juin 1997 au Schauspielhaus de Düsseldorf. Ce prologue de treize minutes, qui suspend la dynamique du drame et donne l'idée d'un rituel, est déjà une provocation en soi. Einar Schleef s'approprie le texte d'Oscar Wilde de façon radicale. Il l'enlève du contexte de la Décadence, le met en scène comme un Jeu de la Passion rugissant et déclenche une déflagration. Ursina Lardi elle-même parle d'« explosion, de tremblement de terre après une désastreuse année de débutante. » Dans le rôle de Salomé, elle incarne une innocente brisée, incendiaire – détestée par les hommes, que ce fut Hérode ou Jochanaan. Le désir de Salomé se cristallise dans cette phrase : « Le mystère de l'amour est plus grand que le mystère de la mort. » Son exigence est absolue et échappe à tout ordre étatique. La manière dont Ursina Lardi interprète ce rôle ne cesse, même a posteriori, d'étonner.

Riassunto

Una natura morta panoramica con personaggi: inizia così la *Salomè* di Einar Schleef, liberamente tratta dalla pièce di Oscar Wilde e presentata in prima mondiale nel giugno del 1997 allo Schauspielhaus di Düsseldorf. Questo prologo di tredici minuti, che sospende la dinamica del dramma e dà l'idea di un rituale, è già di per sé una provocazione. Einar Schleef si è appropriato il testo di Wilde in modo radicale, scardinandolo dal contesto della *décadence* e trasformandolo in un ruggente dramma della Passione. L'approccio del regista ha la potenza deflagrante di un big bang; la stessa Ursina Lardi parla di un'«esplosione, un terremoto dopo un disastroso anno d'esordio.» L'attrice incarna l'oggetto di odio degli uomini – di Erode o di Jochanaan – come un'innocente spezzata e ribelle. Il suo desiderio si cristallizza nella frase: «Il mistero dell'amore è più grande del mistero della morte.» La sua pretesa è assoluta, al di fuori dell'ordine costituito. Il modo in cui Ursina Lardi è riuscita a cogliere l'essenza di questo personaggio riempie ancora oggi di stupore.

Abstract

Einar Schleef's version of *Salome,* freely adapted from Oscar Wilde's drama, which premiered in June 1997 at the Düsseldorfer Schauspielhaus, started with a panoramic still life of the actors. Even in this thirteen-minute prologue, which overrode the dynamic of the drama and hinted at a ritual, there was a provocation. Einar Schleef radically appropriated Wilde's text, ripping the work out of its framework of decadence and staging it as an uproarious passion play. The start was like a Big Bang. Ursina Lardi herself speaks of an "explosion, an earthquake after a disastrous first year". She played the object of hate for the men – whether Herod or Jokanaan – as a broken, incendiary innocent. Salome's desire culminates in the insight that "the mystery of love is greater than the mystery of death." Her demand is absolute, and stands outside state order. The way Ursina Lardi filled the essence of her character, remains in retrospect truly astounding.

Andreas Wilink

Die Forderung des Absoluten

Einar Schleefs *Salome* in Düsseldorf

Für Ursina Lardi wurde die Verkörperung der Titelrolle in Einar Schleefs *Salome* (frei nach Oscar Wilde), die am 21. Juni 1997 am Düsseldorfer Schauspielhaus Premiere feierte, zum Urknall ihrer Theaterarbeit.

Pause vor dem Passionsspiel

Nicht der Rest ist Stille, sondern der Anfang von allem ist es, zu dem es sich am Blut-Ende wieder rundet. Ein Ring-Schluss. Als würde in das dreizehnminütige Schweigen der Ouvertüre des Standbildes unhörbar der Es-Dur-Akkord von Wagners *Rheingold* hineinklingen. Mit einem Panorama der handelnden Personen, das den gewohnten Zeitlauf entmachtet, beginnt Schleefs *Salome,* das Ensemble versammelt, bis auf Herodes, der von seinem Platz hinter dem Parkett des Düsseldorfer Schauspielhauses die Huldigung entgegennimmt. Der riesige Raum wird längs durchteilt von einem metallenen Steg, der die 60-Meter-Strecke von der Rückwand bis zur Stirnfront der Brandmauer zum Balance-Akt macht, zur Gratwanderung existenzieller Gefährdung.

Das Pausenzeichen des Prologs lässt die Katastrophe erahnen: Weltenbrand im jüdischen Land, fundamentaler Kampf der Weltanschauungen. In dieser Ruhezone, die für die Schauspielerinnen und Schauspieler in ihren Roben eine meditative Konzentrationsübung darstellt, liegt Provokation: lyrisches Stillleben statt Dynamik des Dramas. Hinweis darauf, dass ein Ritual und Weihefestspiel gestiftet werden wird. Zeremonie vor dem Vollzug der biblischen Tragödie, wie sie Oscar Wilde in seinem gleichnamigen Einakter von 1891[1] erzählt, aber bedeutend mehr Einar Schleef, der sich den Text radikal angeeignet hat. Das Sprachkleid aus dem blumigen Stoff des Fin de Siècle zerteilt der Sprach-Neuschöpfer Schleef, als risse der Vorhang des Tempels in Jerusalem. Er stanzt das Stück in seine Form, schneidet Ranken des Jugendstils heraus, pflanzt Blumen des Bösen, die am verkommenen Ufer wachsen und die der Sturm der Geschichte knickt. Schleef schlägt das Drama aus dem Rahmen der Décadence und installiert es als brüllendes Passionsspiel, näher an Heiner Müller als am Dichter des *Dorian Gray*. Bei Schleef ist bereits die Sprache wurmstichig, ein wüstes Feld, eine Kloake: «die Sonne ein schwarzer Sack.»[2]

Ein Urknall

Man muss diesen unerhörten Zugriff so ausgiebig darstellen, um klarzumachen, was für eine Sonderheit dieser Theaterabend war. Ein Urknall, zumal für eine Beinahe-Debütantin. Lardi selbst spricht von «Explosion, von Erdbeben nach einem desaströsen Anfängerjahr.»[3] Während Herodes, Salomes Stiefvater, noch politisch korrekt im Wilde-Text befiehlt «Man töte dieses Weib»[4], heisst es bei Schleef hammerhart: «Hackt dieses Vieh in Stücke»[5]. Das «Vieh» aber ist wie eine Vestalin, keusch und zart. Bei Lardi indes eine eigenartig gebrochene, aufrührerische Unschuld.

Schleef konstruiert Antagonismen: Rom und Judäa, das Christliche und das Heidnische, Patriarchat und Matriarchat, Staat und Sexus, Himmelsmacht und Totenreich, anarchischer Freiheitsanspruch und faschistoide Ordnung, Lusthölle und Golgatha, sakraler Kult und profanes Enter-

1 Deutschsprachige Erstausgabe: Oscar Wilde, *Salome. Tragödie in einem Aufzug*, Deutsch von Hedwig Lachmann, mit Zeichnungen von Aubrey Beardsley. In: *Wiener Rundschau*, 4/1900, S. 189–212.

2 Alle Zitate aus dem Theaterstück sind dieser Textvorlage entnommen: Einar Schleef, *Salome*, Frankfurt am Main: Suhrkamp / Theater Verlag 1997. (Der Text ist nicht als Buchausgabe vorhanden, kann aber beim Verlag angefordert werden).

3 Aus dem Interview des Autors mit Ursina Lardi, Berlin, 08.05.2017 (unveröffentlicht).

4 Oscar Wilde, *Salome. Tragödie in einem Akt*. Übertragen von Hedwig Lachmann. Zum ersten Mal mit sämtlichen Illustrationen von Aubrey Beardsley in Originalzustand. Frankfurt am Main: Insel-Verlag 2016 (21. Auflage; erste Auflage 1919), S. 61.

5 Aus Einar Schleef, *Salome*, a. a. O.

tainment. Bei ihm muss Salome Freibeuterin sein – eine andere Seeräuber-Jenny, die den Kopf des Jochanaan rollen lässt.[6]

Auf der Bühne blüht Lardi liliengleich bräutlich in ihrem das zarte Skelett wie auf einem Röntgenbild durchscheinen lassenden Lichtgewand: «Eine Taube verirrt im Häuserschacht.»[7] In rasender Geschwindigkeit und extremer Höhenlage spult diese Ekstatische, Ausserirdische, Manische, Unzüchtige («Ich bin der Verrat. Ich bin der Ungehorsam.»[8]) ihre Rede ab. Steiles Spiel im Pathos der Künstlichkeit. Klangerlebnis des in extreme Rhythmik und Modulation geschraubten Schleef-Sounds. Ihr Sehnen nach dem frommen Mann Johannes erfüllt sich mit seinem abgeschlagenen Haupt als Orgasmus-Gier in einem vampiristischen Gebet. «Grösser als das Geheimnis Tod ist das Geheimnis Liebe»[9], verkündet Salome vor der Hinrichtung. Ihre Forderung ist absolut, unkontrollierbar, ausserhalb der staatlichen Volksfürsorge. Die Schande lässt sich nur ausmerzen. Es geht aufs Ganze. Oder wie der Titel eines Prosatextes von Samuel Beckett zum Ausdruck bringt: *Worstward Ho* (1983) – *Aufs Schlimmste zu*[10].

Opfer des Triebs und des Triebverzichts

Eine «Sauerei», sagt Schleef, sei seine *Salome.*[11] Er setzt das Dogma der Familien-Katastrophe und einer ideologischen Krise, in der die christliche Leitkultur – trotz des erschlagenen Hungerleider-Propheten – bitter triumphiert. Er evoziert ein Begehren, das sich um Moral und faule Ordnung nicht schert. Aber in der Unerreichbarkeit des Anspruchs unbefriedigt bleibt. «Ich will Liebe, nicht Ehe»[12], revoltiert Salome. So wird sie zum «Monstrum als Ernstfall der Humanität»[13].

6 In der Ballade der Seeräuber-Jenny aus Bertolt Brechts *Dreigroschenoper* (1928) heisst es: «Und wenn dann der Kopf fällt, sag ich ‹Hoppla!›» (hier zitiert aus: ders., *Werke,* Bd. 1, Stücke I., hrsg. von Werner Mittenzwei und Fritz Hofmann. Berlin; Weimar: Aufbau 1973, S. 63.)

7 Einar Schleef, *Salome,* a. a. O.

8 Ebd.

9 Ebd.

10 Samuel Beckett, *Worstward Ho* (New York: Grove Press 1983 [first edition]); erste zweisprachige Ausgabe Englisch / Deutsch: ders. *Worstwart Ho. Aufs Schlimmste zu.* Aus dem Englischen von Erika Tophoven-Schöningh. Frankfurt am Main: Suhrkamp 1989.

11 Hier zitiert aus dem Gespräch des Autors mit Einar Schleef, Wien, 10.06.1999 (unveröffentlicht).

12 Einar Schleef, *Salome,* a. a. O.

13 Der Literaturwissenschaftler Hans Mayer prägte diesen Begriff durch sein

Dass und wie Ursina Lardi das Wesen dieser Figur erfüllte, lässt im Rückblick immer noch staunen. Als habe sie sich in einem Tabernakel verschlossen. Unberührbar. Schleef wollte, erinnert sie sich, «dass ich alleine war, nach den Proben hat er mich nach Hause geschickt.»[14] Sie beide hätten nicht viel geredet, sich in einem ambivalenten Zustand von Distanz und Nähe befunden: «Es war rein instinktiv, war einfach so da. Wie gegenseitige Scheu zum Schutz dieser Rolle.»[15] Die muterprobte Erfahrung, eine Kunst- und Gegenwelt radikal zu behaupten, wird für Lardi bestimmend bleiben.

«Die Frau friert in der Ausstossung, krümmt sich, empfindet körperlichen Schmerz, sie kann ihn nicht beruhigen, sondern mit der Erkenntnis wächst der Schmerz, die Unmöglichkeit, den immer noch blutenden Riss zu korrigieren. Im Fieber spürt sie ein Gift, spürt, wie sich die Wunde entzündet. Bis der Faden reisst, Panik ausbricht.»[16] So schreibt Schleef in seinem Mammut-Essay *Droge Faust Parsifal.* So zeigt Lardi die Salome. Ihr Monolog auf abgedunkelter Szene zur Intensivierung des Augenblicks vollzieht sich in Nachfolge von Isoldes Liebestod. Vielleicht mehr noch in einer Logik der besiegten Kundry: «In einer Zeit, die männlichen Triumph feiert, gelingt es einer weiblichen Figur nicht mehr, im Zentrum Fuss zu fassen.»[17] Das Triptychon der Abschlachtung im Finale bilden: die Prinzessin, kopfüber am Strick baumelnd, nicht zu Kreuze gekrochen, sondern eine widerständige Maria Magdalena; daneben der in sie unselig verliebte «Matrose im Totenschiff» Narraboth, der mit der Golgatha-Arie aus Bachs Matthäus-Passion als Märtyrer der Liebe ins Messer läuft; sowie der gestrenge Prophet (gespielt von Robert Beyer), zuvor an die Brandmauer gebunden, gestreckt wie der Mensch im Idealmass des Leonardo da Vinci, ein Asket im Kreuzzeichen des von ihm getauften Jesu, als dessen Vorläufer er sich begreift.

Salomes Solo bis zum Verstummen hebt das Gewalttätige auf in der weltlosen Totalität des Gefühls. Alle sind Opfer des Triebs – und des Triebverzichts, Herodes (Helmut Mooshammer) in seiner Sexualangst, Herodias (Bibiana Beglau hochfahrend als schillerndes, rabiat-frustriertes

Essay *Aussenseiter.* Frankfurt am Main: Suhrkamp 1975.

14 Aus dem Interview des Autors mit Ursina Lardi, a. a. O.

15 Ebd.

16 Einar Schleef, *Droge Faust Parsifal.* Frankfurt am Main: Suhrkamp 1997, S. 13.

17 Ebd., S. 155.

Reptil) und Salome. Eros schlägt Wunden. Schleefs wuchtige Reaktion ist Wut, Trauer, Schmerz. Das war kein symbolisches Theater, sondern offensives und doch graziöses Sein. Die Verweigerung von Deutung und einer metaphorischen Absicht macht Schleefs *Salome* mythisch gross. Jedem, der dabei war, hat es sich tief eingeschrieben. In atemlosen neunzig Minuten wurde das Atmen neu gelernt.

Miriam Dreysse

Weiblichkeitsbilder im Theater der Gegenwart

Beobachtungen am Beispiel der Schauspielerin Ursina Lardi

Résumé
Riassunto
Abstract

262–271

Ursina Lardi als Annas Gedanken in *Die gelbe Tapete* nach der Novelle von Charlotte Perkins Gilmann, Berlin, Schaubühne am Lehniner Platz, Februar 2013. Regie: Katie Mitchell; Dramaturgie: Maja Zade
Foto: © Stephen Cummiskey

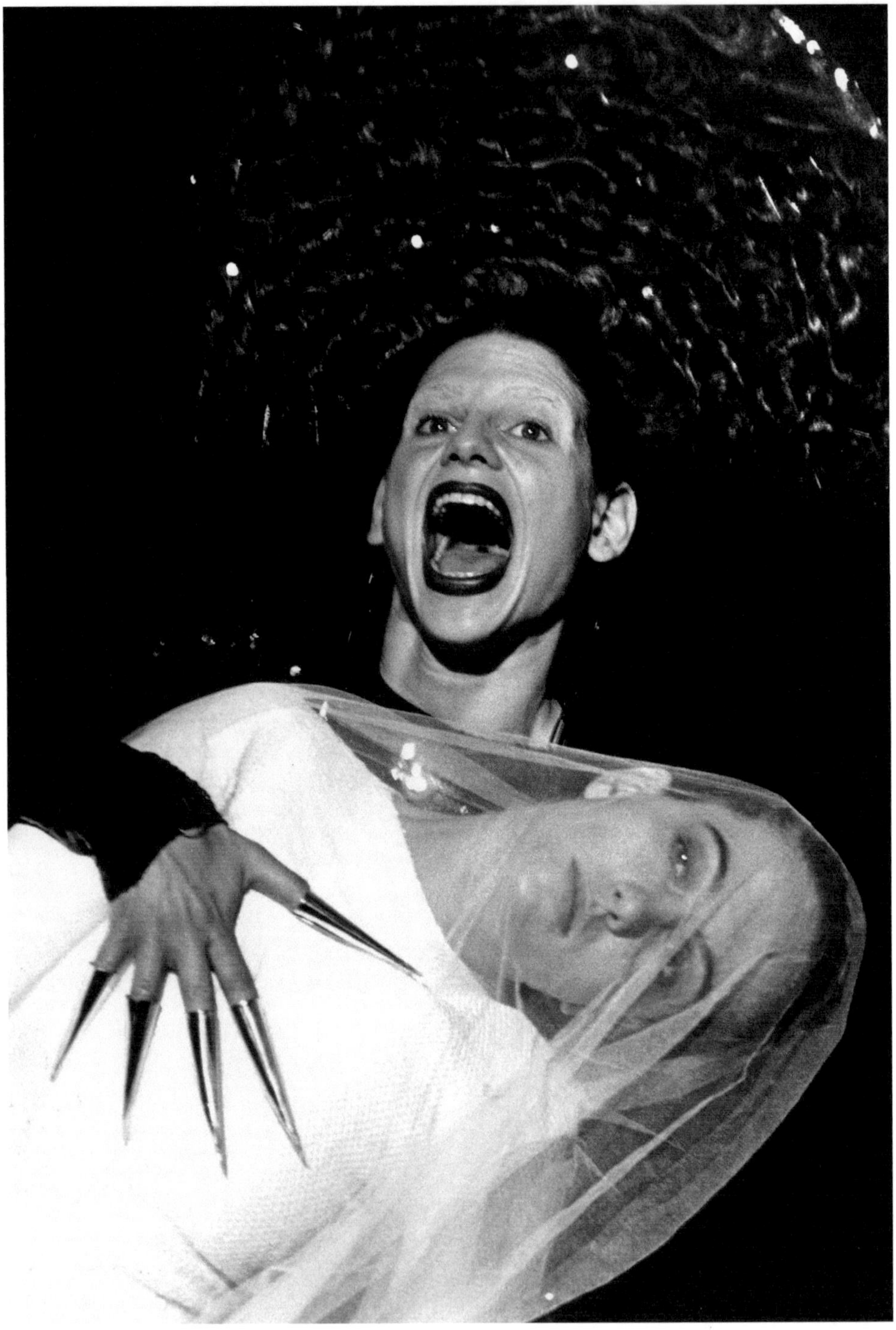

Ursina Lardi in der Titelrolle und Bibiana Beglau als Herodias in *Salome* von Oscar Wilde / Einar Schleef, Düsseldorfer Schauspielhaus, Juni 1997. Regie, Bühne und Kostüme: Einar Schleef
Foto: © Sonja Rothweiler

Résumé

Lorsqu'Ursina Lardi est décrite dans des articles de presse, c'est souvent avec des formules se référant à des stéréotypes féminins. Dans les photos prises lors de représentations et dans les portraits de la comédienne, c'est une certaine image de la femme qui est mise en scène, souvent celle d'une femme à l'allure de jeune fille, innocente et blonde, correspondant aux canons actuels de la beauté. Au premier regard, Ursina Lardi apparaît comme le personnage idéal pour représenter la femme traditionnelle, blanche, hétérosexuelle, symbolisant le modèle bourgeois des genres. L'article, en se basant sur différents exemples de mise en scène des années passées, cherche à savoir si Ursina Lardi est effectivement engagée pour ce genre de rôles et comment, sur scène, elle rompt avec les clichés par son jeu aux multiples facettes et contourne ainsi les images stéréotypées de la femme.

Riassunto

In articoli giornalistici Ursina Lardi è spesso descritta tramite immagini stereotipe della femminilità. Anche le foto di scena e i ritratti dell'attrice riproducono una determinata tipologia femminile, perlopiù quella della donna bionda, dall'aspetto da ragazza innocente, che corrisponde ai comuni canoni di bellezza. A prima vista Ursina Lardi potrebbe quindi sembrare l'interprete ideale per ruoli tradizionali di donne bianche ed eterosessuali, che affermano il modello borghese dei generi. Il presente contributo prende in esame diversi spettacoli degli anni passati allo scopo di determinare se Ursina Lardi viene effettivamente ingaggiata per questo tipo di ruoli e in che modo, in scena, grazie alla sua versatilità riesce a rompere con i cliché e ad aggirare gli stereotipi femminili.

Abstract

People writing about Ursina Lardi in press releases often resort to stereotypical female images to describe her. Portraits of Lardi and photos of productions featuring her also create a specific image of femininity, in most cases a girlish, innocent-looking blonde reflecting conventional ideals of beauty. At first glance Lardi would seem to be the perfect choice for traditional, white, heterosexual women's roles affirming the bourgeois idea of gender. This essay examines various past productions to find out whether Lardi is actually deployed in this way and explain how she uses her many-faceted acting in a variety of theatrical roles to break with clichés and undermine stereotypes of femininity.

Miriam Dreysse

Weiblichkeitsbilder im Theater der Gegenwart

Beobachtungen am Beispiel der Schauspielerin Ursina Lardi

Düsseldorfer Schauspielhaus, Juni 1997. In einem hautengen, weissen langen Kleid und hohen Plateauschuhen betritt Ursina Lardi als Salome den Steg, der in Einar Schleefs Inszenierung von Oscar Wildes gleichnamigem Drama durch das Publikum führt.[1] Es ist eine ihrer ersten Rollen. Kostüm und Schuhe lassen ihre schlanke Gestalt noch schlanker erscheinen. Das enggeschnittene Kleid ist hochgeschlossen, die ebenfalls schmal geschnittenen Ärmel reichen bis auf die Hand. Ein hauchdünner, weisser, bodenlanger Schleier fällt über Kopf und Körper, so dass ihre ganze Figur wie durchscheinend wirkt. Von oben betritt sie den Steg und geht ihn entlang in sehr gerader, aufrechter Haltung, den Kopf erhoben, den Blick in die Ferne der Bühne gerichtet, über die Zuschauerinnen und Zuschauer und den vor ihr kauernden jungen Syrer Narraboth hinweg. Sie scheint der Inbegriff weiblicher Schönheit in gleissendem Licht, Inbegriff auch der unschuldigen Braut sowie der Kindfrau mit ihrem schmalen, jugendlichen Körper. Als «ätherisches Wesen, betörende Sinnlichkeit und reine Lichtgestalt»[2] wird sie von einem Rezensenten bezeichnet.

Wird Ursina Lardi in Pressetexten beschrieben, geschieht dies häufig mit Formulierungen, die auf stereotype Weiblichkeitsbilder rekurrieren. Da erliegt in der Berliner *Tatort*-Folge *Dunkelfeld* (2016) ein Gangsterboss «den Rei-

1 Zu Einar Schleefs *Salome* siehe auch den Beitrag von Andreas Wilink im vorliegenden Band, S. 253–257.

2 Andreas Rossmann, «Salome, aufs Kreuz gelegt». In: *Frankfurter Allgemeine Zeitung*, 23.06.1997, S. 35.

zen der attraktiven Christine Maihack»[3], sie wird als «schöne Witwe»[4] oder «kühle Blonde»[5] bezeichnet. Als «harsche, elegante Jelena» bringt sie in Thorsten Lensings und Jan Heins Inszenierung von Anton Tschechows *Onkel Wanja* (2008) «beide Männer um ihre Ruhe und den Verstand»[6]. Andere Kritiker schreiben von «zaghaften Blicken»[7] oder einem «Vögelchen, das mit geknickten Flügeln irr umherflattert»[8].

Auch auf Porträtfotografien wird oft ein bestimmtes Weiblichkeitsbild inszeniert: ein schmales Gesicht mit sehr weisser, zarter Haut, gerahmt von blonden, weichen Haaren, häufig mit luftigen Strähnen, die Helligkeit und Zartheit betonen, grosse blaue Augen, weiche, manchmal leicht geöffnete oder sanft lächelnde Lippen.[9] Ihre helle Komplexion wird meist durch starke Ausleuchtung des Gesichts und der locker fallenden Haare betont, oft auch durch einen ebenfalls hellen, verwaschenen Hintergrund. Auf diese Weise wird das Bild einer mädchenhaft unschuldig wirkenden, sanften, teils geradezu fragilen Frau generiert. Ursina Lardi scheint den Typus der weissen, blonden Frau zu verkörpern, die gängigen Schönheitsidealen entspricht und nichts Widerständiges, Kantiges oder Widersprüchliches zu haben scheint. Sie wirkt auf den ersten Blick wie die ideale Besetzung für traditionelle, weisse, heterosexuelle Frauenrollen, die das bürgerliche Geschlechterdispositiv affirmieren. Die nachfolgenden Ausführungen spüren der Frage nach,

3 Vgl. «Tatort: Dunkelfeld. Ursina Lardi als ‹Femme fatale›». In: *Gala,* 11.12.2016 (http://www.gala.de/lifestyle/film-tv-musik/tatort--dunkelfeld--ursina-lardi-als--femme-fatale--21211198.html; letzter Zugriff: 21.06.2017).

4 Simon Strauss, «Er setzt alles auf eine Karte». In: *Frankfurter Allgemeine Zeitung,* 11.12.1016.

5 Dorrit Riege, «Das erotische Zittern, es bleibt». In: *Die Welt,* 06.03.2011.

6 Vgl. «Mit Zöpfen, im roten Kleid und im Angesicht des Todes». In: *Hamburger Abendblatt,* 09.03.2011 (http://www.abendblatt.de/kultur-live/article107966899/Mit-Zoepfen-im-roten-Kleid-und-im-Angesicht-des-Todes.html; letzter Zugriff: 21.06.2017).

7 Das schreibt z. B. Matthias Hanneman in seiner Rezension von Andreas Kleinerts Fernsehfilms *Sag mir nichts* (2016); «Warten, bis sich die Wogen glätten». In: *Frankfurter Allgemeine Zeitung,* 28.12.2016 (http://www.faz.net/aktuell/feuilleton/medien/der-mittwochsfilm-zeigt-eine-affaere-nebst-nachbeben-14593573.html; letzter Zugriff: 26.06.2017).

8 So Barbara Behrendt über Lardis Interpretation der Birdie Hubbard in Thomas Ostermeiers Inszenierung von Lillian Hellmans *Die kleinen Füchse* (2014); «Ich komme, und mach das einfach». In: *taz – die tageszeitung,* 08.10.2014 (http://www.taz.de/!285417/; letzter Zugriff: 29.07.2017).

9 Siehe z. B. Lardis Profil auf der Webseite der Agentur Felix Bloch Erben: http://www.felix-bloch-erben-agentur.deWauswahl.php?id=22 (letzter Zugriff: 21.06.2017).

ob dies tatsächlich so ist und wie Lardi mit dieser Disposition auf künstlerischer Ebene in unterschiedlichen Theaterrollen umgeht.

Geschlechterrollen im Theater der Gegenwart

Auch die für ihre Rollen entworfenen Kostüme legen zunächst die Vermutung nahe, dass Ursina Lardi aufgrund ihres Aussehens für bestimmte, stereotype Frauenfiguren besetzt wird bzw. die von ihr dargestellten Frauen stereotyp inszeniert werden. Als Birdie Hubbard in Thomas Ostermeiers Inszenierung von Lillian Hellmans *Die kleinen Füchse* (2014) trägt sie zum Beispiel hohe Absätze und kurze Kleidchen[10]; als Gutsbesitzerin Liubow Andrejewna Ranjewskaja in Thorsten Lensings und Jan Heins Inszenierung von Anton Tschechows *Der Kirschgarten* (2011) steht sie in Netzstrümpfen, rotem Minikleid und Pelz oder Spitzenwäsche auf der Bühne[11]; als Maria Braun in Ostermeiers Adaption des Fassbinder-Films *Die Ehe der Maria Braun* (2014) ist sie mit Pumps und einem schwarzen Negligé gekleidet; in Falk Richters *For the Disconnected Child* (2013) erscheint sie in einem weissen, seidenen Hemdchen. Sind auch heute noch die inszenierten Frauenfiguren auf der Theaterbühne «in erster Linie das Ergebnis männlicher Weiblichkeitsprojektionen», wie Renate Möhrmann 1989 schreibt?[12]

Tatsächlich ist es nicht ungewöhnlich, dass im deutschsprachigen Theaterwesen gerade Frauenrollen stereotyp besetzt, eingekleidet und inszeniert werden. Gängige Schönheitsideale, Normen der Attraktivität und bestimmte Körperkategorien sind hierbei ausschlaggebend. So führen manche Schauspielagenturen neben Kategorien wie Grösse, Augen- und Haarfarbe auch «Statur», «Konfektionsgrösse» und «ethnische Erscheinung» an.[13] Unter letzterer dominieren die «mitteleuropäischen», sprich: weissen Typen; unter der Kategorie «Statur» findet man beispielsweise auf der Website der Agentur Neidig bei den Schauspielerinnen mit

10 Siehe dazu den Beitrag von Peter M. Boenisch im vorliegenden Band, S. 206–211.

11 Vgl. das Coverbild sowie den Beitrag von Barbara Villiger Heilig in diesem Band, S. 246–249.

12 Renate Möhrmann (Hrsg.), *Die Schauspielerin. Zur Kulturgeschichte der weiblichen Bühnenkunst.* Frankfurt am Main: Insel 1989, S. 345.

13 Z. B. die Agentur Neidig, https://de.neidig.org/schauspielerinnen (letzter Zugriff: 26.06.2017).

einer Ausnahme («athletisch / sportlich») ausschliesslich die Bezeichnung «schlank», während es bei den männlichen Kollegen neben «schlank» und «sportlich» auch mehrmals «vollschlank / kräftig» und «kräftig / dick» gibt.[14] Ein Blick in die Websites anderer Agenturen bestätigt, auch ohne die ausdrückliche Benennung einer Kategorie wie «Statur», dass fast ausschliesslich schlanke Schauspielerinnen vertreten sind, während die Palette der Körperformen bei den Männern wesentlich vielfältiger ist. Die Beurteilung und Auswahl scheint sich bei Frauen in stärkerem Masse an normativen Vorstellungen von Attraktivität zu orientieren, als dies bei Männern der Fall ist. Dies trifft auch für die Ensembles der meisten öffentlichen Theater zu.

Dieser Eindruck wird durch eine Untersuchung der Theaterwissenschaftlerin Ellen Koban zur «Re/produktion» von (Geschlechter-)Typen im deutschen Stadttheater bestätigt. Sie stellt fest, dass «die Zusammenstellung von Ensembles und die Subjektivation von Schauspieler/innen» primär durch ein bürgerliches Geschlechterdispositiv als normatives Ideal reguliert werden.[15] Dabei gehe man auch heute noch von einer Rollenverteilung des Stückekanons von 2:1 Männer- zu Frauenrollen aus, mit der sich an den meisten Theatern eine Zusammensetzung der Ensembles aus ungefähr doppelt so vielen Männern wie Frauen begründet.[16] Als weitere wesentliche Kategorie für die Zusammenstellung eines Ensembles gilt das Alter sowie ein bestimmter Attraktivitätsgrad; die Körper werden also primär «nach Geschlechts-, Alters- und Attraktivitätsgraden differenziert» und nur sekundär nach «technischen bzw. handwerklichen Kompetenzen».[17] Zudem stellt Koban eine «vornehmlich hellhäutige Typen privilegierende Matrix» des deutschen Ensembletheaters fest.[18] Das Theater ist demnach bereits durch die Auswahl der Schauspielerinnen und Schauspieler aktiv an der Normierung und Normalisierung von Geschlechter- und Attraktivitätsvorstellungen sowie an kul-

14 Vgl: https://de.neidig.org/schauspieler (letzter Zugriff: 26.06.2017).

15 Ellen Koban, «Der Joker im Ensemble. Zur Re/produktion von Schauspieler/innen und Typen im deutschen Stadttheater». In: ders., Friedemann Kreuder, Hanna Voss (Hrsg.), *Re/produktionsmaschine Kunst. Kategorisierungen des Körpers in den Darstellenden Künsten*. Bielefeld: transcript 2017, S. 133–145, hier: S. 135.

16 Ebd., S. 137. Gerade an kleineren Theatern wie z. B. Erlangen wird dieses Verhältnis tatsächlich eingehalten (6:3), aber auch an grösseren Häusern wie z. B. dem Schauspiel Frankfurt (16:9) oder der Schaubühne Berlin (22:12).

17 Ebd., S. 138f.

18 Ebd., S. 143.

turellen und gesellschaftlichen Ausschlussmechanismen beteiligt. Zugleich ist das Theater auf ästhetischer Ebene aber ein Ort, an dem Geschlechter- und Subjektbilder nicht nur affirmiert und reproduziert, sondern auch verhandelt, hinterfragt und erneuert werden. Umso mehr drängt sich die Frage auf, welche Rolle eine Schauspielerin wie Ursina Lardi in diesem Kontext im zeitgenössischen Theater spielt. Vermag sie es, Normen zu hinterfragen, die sie selbst auf den ersten Blick zu verkörpern scheint?

Salome

Zurück nach Düsseldorf im Jahr 1997. Wie eingangs beschrieben, wird Lardi hier wie der Inbegriff des Weiblichkeitsklischees der jungfräulichen Braut inszeniert, bestehend aus weisser Haut, Licht und durchscheinendem, weissem Stoff. Doch das Kleid ist einen Tick zu eng, die Schuhe einen Tick zu hoch, die Gestalt einen Tick zu weiss, zu zart und zerbrechlich, so dass die Stilisierung sichtbar wird. Ihre Bewegungen sind eingeschränkt, in Trippelschritten geht sie über den Steg, in exponierten Posen verharrt sie sekundenlang, Arme und Finger künstlich abgespreizt, das Gesicht bewegungslos. Die Übersteigerung der Geste macht die Konstruktion sichtbar. Schleef stellt Salome als Männerphantasie, als eine Projektionsfläche, geformt von einer patriarchalen, abendländisch-christlichen Gesellschaft, dar. Es handelt sich offenkundig auch um die Idealisierung der *weissen* Frau in eben dieser Gesellschaft als Lichtgestalt, als himmlisches, transzendentes Wesen, unnahbar und begehrenswert zugleich.[19] Ihr zur Seite steht Bibiana Beglau als Herodias, ebenso künstlich überzeichnet, im schwarzen Kleid mit überdimensioniertem schwarzem Kopfschmuck und künstlichen, ebenfalls schwarzen Fingerspitzen, die Frau, die als Hure beschimpft und von ihrem Mann, dem König, verstossen wird, weil sie ihm keinen männlichen Thronfolger gebiert. Äusserlich stellen beide Schauspielerinnen die Stereotype aus, in die Weiblichkeit in der abendländischen Kultur aufgespalten wird, und widersetzen sich szenisch zugleich durch Brüche und Ambivalenzen, durch aufrechten Gang und gerichteten Blick und durch ihre Forderung nach weiblicher Lust sowie ihrer Verweigerung männlicher

19 Zur Idealisierung der weissen Frau als transzendentes Wesen siehe Richard Dyer, *White*. London; New York: Routledge 1997, S. 122.

Lust – ein Schleiertanz findet nicht statt. Bei Einar Schleef ist *Salome* (nach Oscar Wilde) – die biblische Geschichte um Herodes, Johannes und Salome – eine Erzählung über den Geschlechterkampf in der patriarchalischen Gesellschaft, über die Stereotypisierung und den Ausschluss der Frau aus dieser Gesellschaft, aber auch aus der Tragödie. Ihm zufolge ist die Geschichte des europäischen Theaters eine Geschichte der Verdrängung der Frau aus dem zentralen Konflikt.[20] Konsequenter Weise führt Schleef nicht nur den Chor wieder auf der Bühne ein, sondern versucht auch, weibliche Figuren ins Zentrum seiner Inszenierung zu stellen.[21] Und so trippelt auch Ursina Lardi nicht nur, sondern tritt auch energisch auf den metallischen Steg auf, so dass der gesamte Raum widerhallt, und artikuliert sich lauthals in der Öffentlichkeit des Theaters. Sie widersetzt sich dem Mythos Salome, der Rolle der Frau und ihrer Verdrängung in die Sprachlosigkeit. Salome ist Schleef zufolge «der letzte weibliche Widerstand» gegen den Ausschluss der Frau aus Politik, Gesellschaft und Religion:

> Das männliche Christentum braucht das weibliche Opfer, es ist dessen Fundament. Unterm Kreuz Christi windet sich die Schlange. Salome ist der letzte weibliche Widerstand. Er wird gebrochen. Damit ist die Enkelin des Grossen Herodes, die zukünftige Königin, die Romgegnerin, vernichtet.[22]

Am Ende der Aufführung wird diese Opferung als brutaler Mord sichtbar: Ursina Lardi hängt, eben noch ätherische Lichtgestalt, nunmehr kopfüber, blutend, wie ein Stück Schlachtvieh vom Schnürboden.

Schwarz und Weiss

In Schleefs *Salome* spielt die Inszenierung des Weissseins von Ursina Lardi eine wesentliche Rolle. Die Farbe Weiss erzeugt im Zusammenspiel mit dünnem Stoff und Licht den Eindruck der Körperlosigkeit und Transzendenz. Laut Richard Dyer privilegiert die Technologie der visuellen Medien seit ihrer Entwicklung im 19. Jahrhundert mittels der

20 Einar Schleef, *Droge Faust Parsifal.* Frankfurt am Main: Suhrkamp 1997, S. 9.
21 Siehe hierzu Miriam Dreysse, « Le retour de la femme dans le conflit central : mise en scène des rôles féminins dans le théâtre d'Einar Schleef ». In: Florence Baillet (éd.), *Einar Schleef par-delà le théâtre. Mise en scène, écriture, peinture, photographie.* Rennes: Presses Universitaires 2016, S. 57–70.
22 Einar Schleef, *Salome nach Oscar Wilde.* Frankfurt am Main: Suhrkamp 2001, S. 4.

Beleuchtung das Weisssein nicht nur, sondern konstruiert es geradezu.[23] Ihm zufolge wird der weisse Körper als transzendenter inszeniert, und speziell der weibliche, weisse, heterosexuelle Körper als ein solch durchscheinender, heiliger idealisiert: «Idealised white women are bathed in and permeated by light. It streams through them and falls onto them from above. In short, they glow.»[24] Blonde Haare, ebenfalls durch Beleuchtung hervorgehoben, sind wesentlicher Bestandteil dieser Inszenierung. Der weisse weibliche Körper steht Dyer zufolge für Vorstellungen von Reinheit, sexueller Unschuld und göttlicher Erleuchtung und damit auch für die vermeintliche Vorherrschaft der weissen «Rasse».[25]

Eine solche Idealisierung findet sich, wie eingangs beschrieben, auf vielen Porträts und Aufführungsfotos von Lardi; anders als bei Schleef allerdings auf eine Weise, die nicht bewusst wahrgenommen werden soll und vermutlich auch nicht bewusst inszeniert wird. Es handelt sich vielmehr um eine in der westlichen Welt normalisierte Privilegierung der weissen Haut.[26] Im Jahre 2016 macht sich auch Milo Rau die helle Komplexion von Ursina Lardi zunutze. In seiner Inszenierung *Mitleid. Die Geschichte des Maschinengewehrs* an der Schaubühne Berlin kontrastiert er Ursina Lardi und Consolate Sipérius, eine schwarze Schauspielerin.[27] Die Aufführung setzt sich mit dem Verhältnis von Europa und Afrika auseinander, mit der Verdrängung kolonialer Vergangenheit und postkolonialer Verantwortung und mit Ohnmacht und Schuld des Einzelnen angesichts humanitärer Grausamkeiten.

Milo Rau reproduziert dabei wissentlich bestehende Macht- und Aufmerksamkeitsverhältnisse. Sipérius sitzt während der gesamten Aufführung am Rande der Bühne im Halbdunkel, während Lardi im Zentrum und im Scheinwerferlicht steht und einen etwa einstündigen Monolog hält. Sipérius spricht lediglich zu Beginn und am Ende zwei kurze Monologe; in beiden erzählt sie von sich selbst. Sie spricht dabei in die Kamera, die neben ihr steht, und blickt nur auf der Projektion ins Publikum, während Lardi die ganze Zeit

23 Dyer, *White,* a.a.O., S. 122.

24 Ebd.

25 Ebd., S. 124.

26 Zur normalisierten, rassistischen Privilegierung weisser Haut in der Gegenwart siehe Noah Sow, *Deutschland Schwarz Weiß. Der alltägliche Rassismus.* München: Bertelsmann 2008.

27 Vgl. den Beitrag von Milo Rau im vorliegenden Band, S. 130–138.

sich sowohl über ihr filmisches Bild als auch direkt an das Publikum wendet. Zudem spricht Lardi deutsch, Sipérius aber Französisch, sodass sie sprachlich als «fremd» markiert ist. Das Kostüm der Lardi, ein kurzes, blaues Kleid, betont ihr Weisssein, während Sipérius dunkel gekleidet und immer halb von dem Pult, an dem sie sitzt, verdeckt ist. Ob die Reproduktion solch rassistischer Strukturen diese tatsächlich zu kritisieren vermag, bleibt fraglich.

Auch die erzeugten Weiblichkeitsbilder kontrastieren: Lardi wirkt betont weiblich in ihrem kurzen Kleid und mit hochhackigen Schuhen sowie offenen Haaren, während Sipérius durch ihre sehr kurzen Haare und eine Kapuzenjacke eher unisex zurechtgemacht ist. Auch wenn Rau in erster Linie die westliche Europäerin und eine «Betroffene» des europäischen Mitleids repräsentieren möchte, so inszeniert er doch in der Figur der Lardi zugleich ein Weiblichkeitsklischee, das, im Gegensatz zu den Hautfarben- und Herkunftsunterschieden, nicht benannt oder inhaltlich reflektiert wird.

Lardi spricht in der Rolle der «Lardi» über ihre Vergangenheit als junge NGO-Mitarbeiterin im Kongo. Mit ironischer Distanz entwirft sie das Klischee des jungen, naiven, blonden Mädchens, das schlecht vorbereitet in die Fremde kommt und auf verschiedenen Ebenen (faktisch, moralisch, politisch) scheitert. Glaubt man Bernd Stegemann, so war es Ursina Lardi, die während der Vorbereitungen darauf bestand, eine Rolle zu spielen und nicht sich selbst.[28] Dies ermöglicht es ihr, eine Distanz zu der Figur einzunehmen und die Problematik selbstgefälliger westlicher Hilfspraxis sichtbar zu machen. Es gelingt ihr aber auch, sich von der denunziatorischen Haltung Milo Raus der weissen Frau gegenüber zu emanzipieren, indem sie sie, und dies zunehmend im Laufe der Aufführung, als Figur ernst nimmt. Sie spricht dann nicht mehr mit ironischer oder gar sarkastischer Distanz, sondern wirkt plötzlich nüchtern und ernst, in manchen Momenten auch ernsthaft berührt, so dass der Inhalt des Gesagten, die Erfahrungen des Grauenhaften und des

28 Stegemann sagt wörtlich, Lardi habe sich «kategorisch geweigert [...], als Ursina Lardi auf die Bühne zu gehen [...]»; das habe «auf den Proben zu großen Diskussionen geführt [...]» und fügt hinzu: «Am Ende musste sie Milo Rau als Schauspielerin inszenieren [...]»; vgl. ders., «Zwischen Tahrir-Platz und Stadttheater. Was ist politisches Theater? Florian Malzacher, Leiter des Impulse Theater Festivals, und Bernd Stegemann, Autor und Dramaturg, im Gespräch». In: *Theater der Zeit,* Juni 2016, S. 20–25, hier: S. 2.

eigenen Scheiterns, in den Vordergrund rückt. Damit bricht sie das durch Konzept und Regie angelegte Weiblichkeitsklischee der naiven Blonden und verunsichert das Verhältnis von Darstellung und Dargestelltem.

Die gelbe Tapete

Ein ganz anderes Bild der Lardi sehen wir in Katie Mitchells Inszenierung *Die gelbe Tapete,* ebenfalls in der Schaubühne Berlin (2013). Hier steht sie in Jeans und olivfarbenem T-Shirt auf der Bühne, die Haare zu einem lockeren Zopf zurückgebunden, das Gesicht ungeschminkt. Hauptfigur der Kurzgeschichte von Charlotte Perkins Gilman aus dem Jahr 1892 ist eine junge Frau, der von ihrem Ehemann und Arzt zur Behandlung einer postnatalen Depression absolute Ruhe verordnet und das Arbeiten und Schreiben «strengstens verboten» wird.[29] Eingeschlossen in einem Zimmer mit gelber Tapete, wird sie von der Wahnvorstellung heimgesucht, eine Frau wäre hinter der Tapete gefangen. Katie Mitchell inszeniert diese Erzählung aus der frühen Zeit des Feminismus auf ihre gewohnte Weise als live auf der Bühne produzierten Film. Sie trennt dabei Bild und Ton, Körper und Stimme der Protagonistin. Judith Engel spielt Anna, Ursina Lardi ist ihre Stimme. Sie steht an einem Mikrophon in einer Tonkabine mitten auf der Bühne, neben ihr das gelbe Zimmer, über ihr die Leinwand. Meist ist die Kabine ausgeleuchtet, so dass man Lardi beim Sprechen zuschauen kann. Sie befindet sich in der gläsernen Kabine zwar mitten im Geschehen, aber doch von der Umgebung und allen anderen Schauspielerinnen und Schauspielern isoliert. Sie steht still und spricht den Text leise, konzentriert und präzise, begleitet nur von wenigen Gesten der rechten Hand, mit denen sie einzelne Akzente setzt oder sich selbst ein Tempo gibt. Wie ihre Erscheinung ist auch ihre Darstellung sachlich und nüchtern. Weder durch das Kostüm noch die Darstellungsweise wird ein bestimmtes, eindeutiges Weiblichkeitsbild erzeugt. Auch stimmlich verwendet sie keine Stereotype, wie etwa hysterische oder besonders melodiöse Stimmmuster.[30] Die Sachlichkeit ihres Aussehens und

29 Charlotte Perkins Gilman, *Die gelbe Tapete.* Wien: Braumüller 2015, S. 6.
30 Zu geschlechtsspezifischen Stimmmustern s. Miriam Dreysse, «Die stimmliche Konstruktion und Dekonstruktion von Geschlechteridentitäten auf der Bühne». In: Hans-Peter Bayerdörfer (Hrsg.), *Stimmen, Klänge, Töne. Synergien im szenischen Spiel.* Tübingen: Narr 2002, S. 81–92.

der Ausführung ihrer Aufgabe erzeugt in erster Linie den Eindruck von Professionalität und widersetzt sich jedem klischierten Bild von Weiblichkeit (das übrigens in der Textfassung von Lindsey Turner durchaus vorhanden ist). Zwar ist sie in ihrer gläsernen Kabine wie ein Ausstellungsobjekt den Blicken der Zuschauenden ausgesetzt, aber sie bedient diese Objektivierung nicht, sondern ignoriert sie und lenkt die Aufmerksamkeit auf den Akt des Sprechens, auf ihre Profession.

Auch wenn Katie Mitchell in ihrer Inszenierung die Widerständigkeit der Frauenfigur unter anderem durch Aktualisierung abschwächt, so werden durch die Aufspaltung der Anna in Bild und Stimme bzw. in zwei verschiedene Körper und eine Stimme doch verschiedene Weiblichkeitsentwürfe sichtbar, die der Stereotypisierung entgehen.

Schlussbemerkung

Ursina Lardi spielt im Theater sehr unterschiedliche Rollen, von der Salome über Rita im Solo *Die Kleider der Frauen* (nach Geschichten von Brigitte Kronauer und in der Regie von Thorsten Lensing und Jan Hein, 2011) oder Gudrun Ensslin in Felicitas Bruckers Inszenierung von Elfriede Jelineks *Ulrike Maria Stuart* (2006) bis zu Lisa in Thorsten Lensings Inszenierung *Karamasow* nach Dostojewskis Roman (2014) oder auch ein weiblicher *Ödipus der Tyrann* in der Inszenierung von Romeo Castellucci (2015)[31]. Sie zeigt dabei eine grosse Wandlungsfähigkeit und Mut zu Widersprüchen, auch zu Hässlichkeit und Antipathie. Aufgrund ihrer Professionalität, Virtuosität und Sensibilität als Schauspielerin gelingt es Lardi, die Frauenfiguren jenseits von Stereotypen darzustellen, indem sie, wie in den Lensing-Inszenierungen, Ambivalenzen erzeugt, oder, wie beispielsweise in der *Gelben Tapete,* durch Sachlichkeit und Präzision ihre Profession betont. Dennoch zeigt sich am Beispiel von Lardi auch das Bestreben des Theater- und Kulturbetriebs bzw. einzelner Regisseure, tradierte Weiblichkeitsbilder und damit auch das bürgerliche Geschlechterdispositiv zu reproduzieren und Normen der Attraktivität zu bedienen und zu affirmieren.

31 Zu *Ödypus der Tyrann* nach Friederich Hölderlin siehe das Interview von Paola Gilardi im vorliegenden Band, S. 178–186.

Marcy Goldberg

«Die perfekte Heroine für einen Hitchcock-Film»

Regisseur Volker Schlöndorff über Ursina Lardi

Volker Schlöndorff und Ursina Lardi mit Komparsen bei den Dreharbeiten für den ZDF-Fernsehfilm *Der namenlose Tag* (2017), nach dem Roman von Friedrich Ani (Deutscher Krimi-Preis 2016). Drehbuch und Regie: Volker Schlöndorff; Kamera: Thomas Erhart; Produktion: Provobis Film, Berlin
Foto: © Conny Klein

Résumé

Volker Schlöndorff est l'un des réalisateurs allemands les plus connus et ayant rencontré les plus grands succès depuis son apparition, avec le Nouveau Cinéma Allemand, dans les années 1960. Il a ainsi gagné un Oscar pour son adaptation du *Tambour* (1980), d'après le roman de Günter Grass. Outre sa riche filmographie, il a aussi signé des mises en scène pour l'opéra et le théâtre. Début 2017, il a réalisé le thriller *Der namenlose Tag* [*Le jour sans nom*] pour la télévision allemande, avec Ursina Lardi dans le rôle de deux jumelles parfaitement identiques. Grand admirateur de l'art de la comédienne sur scène, le réalisateur explique ce qui l'a poussé à travailler avec elle pour son film et il décrit comment ils ont relevé ensemble le défi de développer ce double rôle. Selon Volker Schlöndorff, Ursina Lardi aurait toutes les qualités d'une héroïne d'Hitchcock : sous le masque, réservé, de son apparence extérieure, crépite un tourbillon d'énergie.

Riassunto

Volker Schlöndorff è uno dei cineasti tedeschi più conosciuti e apprezzati da quando, negli anni Sessanta, è apparso sulla scena con il Nuovo cinema tedesco. Il suo adattamento del romanzo di Günter Grass, *Il tamburo di latta* (1980), gli è valso l'Oscar come miglior film straniero. Oltre a una ricca filmografia, ha anche firmato regie teatrali e d'opera. All'inizio del 2017 ha realizzato il giallo *Der namenlose Tag* [*Il giorno senza nome*] per l'emittente tedesca ZDF, con Ursina Lardi nei panni di due gemelle perfettamente identiche. Grande ammiratore delle interpretazioni teatrali dell'attrice, Schlöndorff spiega cosa l'ha spinto a ingaggiarla per il suo film, e descrive come hanno sviluppato insieme questo doppio ruolo impegnativo. Secondo Schlöndorff, Ursina Lardi avrebbe tutte le caratteristiche di un'eroina di Hitchcock, dal momento che dietro la sua apparenza riservata si celano energie crepitanti.

Abstract

Volker Schlöndorff has been one of Germany's best-known and most successful film directors since he burst onto the scene with the New German Cinema movement of the 1960s. For his adaptation of Günter Grass's novel *The Tin Drum* (1980) he won an Academy Award. Alongside his prolific filmography, he has also directed for the opera and the stage. In early 2017 he directed the crime thriller *Der namenlose Tag* [*The Day with No Name*] for German television, casting Ursina Lardi as a pair of identical twin sisters. A longtime admirer of Lardi's performances on the stage, Schlöndorff explains what inspired him to work with her on a film, and describes how they developed this challenging double role together. To Schlöndorff, Ursina Lardi has the qualities of an ideal Hitchcock heroine, her reserved exterior masking crackling energies under the surface.

Marcy Goldberg

«Die perfekte Heroine für einen Hitchcock-Film»

Regisseur Volker Schlöndorff über Ursina Lardi

Volker Schlöndorff war in den 1960er und 1970er Jahren ein wichtiger Vertreter des Jungen Deutschen Films und bleibt bis heute einer der international erfolgreichsten deutschen Regisseure. Für seine Verfilmung der *Blechtrommel* von Günter Grass gewann er 1980 den Oscar für den besten fremdsprachigen Film. Neben zahlreichen Spielfilmen inszeniert er auch für die Oper und das Theater. Im Frühjahr 2017 verfilmte er für den deutschen Fernsehsender ZDF *Der namenlose Tag,* nach dem gleichnamigen Roman von Friedrich Ani (Gewinner des Deutschen Krimi Preises 2016). Ursina Lardi spielt darin eine doppelte weibliche Hauptrolle, an der Seite von Devid Striesow und Thomas Thieme.

Marcy Goldberg: Herr Schlöndorff, wie sind Sie auf Ursina Lardi aufmerksam geworden?

Volker Schlöndorff: Ich kannte sie ursprünglich über das Theater. Milo Raus *Mitleid. Die Geschichte des Maschinengewehrs* an der Schaubühne in Berlin war die auslösende Aufführung. Aber ich hatte sie natürlich auch schon vorher in Thomas Ostermeiers Inszenierung *Die kleinen Füchse* gesehen. Es eilt ihr ja ein sehr guter Ruf voraus, weil die Besucher der Schaubühne sie nun schon seit Jahren kennen und lieben. Bei Casting-Gesprächen in Berlin fällt auch immer wieder der Name Ursina Lardi.

In *Die kleinen Füchse* war sie fantastisch. Sie spielte hier neben Nina Hoss, und wie man so sagt, stiehlt Ursina ihr die Show. Das mag auch an der Figur liegen, die natürlich die sympathischere ist: Ursina interpretiert die völlig durchgedrehte Schwägerin von Nina Hoss, die ihrerseits in ihrer Rolle als Regina so eiskalt wirkt wie eine Bette Davis. Da gewinnt natürlich Ursina Lardi die Sympathie des Zuschauers.

Aber am stärksten fand ich den Monolog in *Mitleid,* mit der Flüchtlingsfrau im Hintergrund. Ursina verkörpert einerseits das ganze Elend der Europäer, die nicht wissen, wie sie auf die Flüchtlingskrise reagieren sollen, und sich gleichzeitig bewusst sind, dass das erst der Anfang ist und dass natürlich Millionen von Flüchtlingen aus der ganze Welt nach Europa kommen werden. Auf der anderen Seite bringt sie auch die Verlorenheit mit sich selbst zum Ausdruck, also wie sie in diesem Stress die Kontrolle über sich und auch die Kontrolle über ihre Körperfunktionen verliert. Das führt sie so drastisch auf der Bühne auf, dass es für die Zuschauer mehr zum Wegschauen als zum Hinschauen ist. Es ist ein unglaublich starker Vorgang, dem man sich stellen muss.

MG: Was hat Sie bei diesen Auftritten besonders beeindruckt?

VS: Ursina lässt einen als Schauspielerin nie gleichgültig, man muss entweder für oder gegen sie Partei ergreifen. Man kann nicht einfach nur die Arme verschränken und ihr zuschauen. Sie fordert immer eine Reaktion und ein Engagement von Seiten des Publikums, sie duldet keinen passiven Zuschauer. Dafür ist das, was sie auf der Bühne bietet, zu extrem.

Und das zeichnet sie natürlich auch im Leben aus. Wenn sie an den Drehort kommt, ist sie unglaublich engagiert. Sie bezieht andere mit ein, stellt Fragen, hat eine eigene Meinung und fordert die anderen heraus, ebenfalls eine Meinung zu haben und diese zu äussern. Für «befehlsgewohnte» Darstellerinnen und Darsteller ist das unüblich. Mit ihrer Art gewinnt sie aber natürlich die Sympathie der Gleichgesinnten. Mir macht es jedenfalls sehr viel Freude, mit ihr zu arbeiten.

MG: Wie kam es dazu, einen Film mit Ursina Lardi zu drehen?

VS: Ursprünglich hatte ich sie beim Casting für meinen vorhergehenden Film, *Rückkehr nach Montauk,* gesehen. Als ich sie ein erstes Mal getroffen habe, waren wir schnell in ein lebhaftes Gespräch verwickelt, das nichts mit dem Film oder mit der Rolle zu tun hatte. Da wurde mir klar, dass ich unbedingt mit ihr arbeiten muss.

> **MG:** Bei *Rückkehr nach Montauk* wurde Ursina Lardi schliesslich nicht gecastet. Dafür aber für Ihr nächstes Projekt …

VS: Ja, bald darauf gab es dieses Projekt fürs Fernsehen, *Der namenlose Tag,* das ich schon ein bisschen im Hinterkopf hatte. Ein Krimi, der eigentlich kein Krimi ist, das heisst, es gibt keine Toten. Mehr kann ich nicht verraten. Da war die Wahl zwischen zwei Rollen, die Ursina hätte spielen können. Weil ich mich schliesslich nicht entscheiden konnte, habe ich aus den beiden Frauen Zwillingsschwestern gemacht, sodass sie beide verkörpern konnte. Nur ihretwegen! Das hat etwas Akrobatik im Drehbuch verlangt. Nun spielt sie einerseits die Frau von Devid Striesow, und anderseits die Schwägerin.

> **MG:** Für die Schauspielerin und auch für den Regisseur ist eine solche Doppelrolle sicher eine grosse Herausforderung. Wie sind Sie damit umgegangen?

VS: In der Vorbereitung haben wir uns mit eineiigen Zwillingsschwestern getroffen, und Ursina hat die beiden sehr genau beobachtet. Die waren sich zwar zum Verwechseln ähnlich, aber in ihrer Körperhaltung waren sie verschieden. Die eine hat der anderen immer zugehört und zugeschaut, wenn sie unsere Fragen beantwortet hat, während die andere in der gleichen Situation eher den Kopf gesenkt und sich auf sich selbst konzentriert hat. Das war ganz verblüffend. Die eine war forscher und die andere nachdenklicher. Das hat Ursina für die Darstellung der Zwillingsschwestern im Film konsequent angewendet. Sie musste ja mal die eine, mal die andere spielen – mit moderner Tricktechnik geht das ja. Sie hatte manchmal auch Einfälle fürs Drehbuch: Wenn sie die Nachdenkliche ist, könne sie ja eigentlich diesen Satz nicht sagen. Das ist nur ein Beispiel, wie konsequent sie sich in ihren Rollen engagiert.

Das war eine grosse Bereicherung für den Film. Ursprünglich waren es normale Schwestern, eine ältere und eine jüngere. Jetzt ist es oft sehr verwirrend, auch für die anderen Figuren, wenn sie nicht genau wissen, welche Schwester gerade vor ihnen ist. Es sind also sehr verwirrende Dinge, die sich daraus ergeben haben, dass ich mich nicht für die eine oder die andere entscheiden konnte. Und Ursina hat das natürlich geliebt, von Anfang an.

MG: Planen Sie eine weitere Zusammenarbeit?

VS: Ich habe im Augenblick noch keine Projekte geplant. Mir ist oft aufgefallen, dass Ursina die perfekte Heroine für einen Hitchcock-Film wäre, weil sie etwas Reserviertes hat, und doch knistert es gleichzeitig hinter der Fassade. Man muss vielleicht noch dazu sagen, dass sie unglaublich fotogen ist. Ich habe mich auch gewundert, dass sie nicht bereits eine grössere Filmkarriere gemacht hat. Sie war schon in *Das weisse Band* von Michael Haneke grossartig. Aber das ist ja das Elend des deutschen Films. Es gibt immer Ansätze und dann geht es nicht weiter, es gibt nicht genug Kontinuität. Auf der Bühne hat Ursina aber Gott sei Dank diese Kontinuität.

Caroline Wloka

«Im Schneideraum ist schon so mancher Schauspieler zu Boden gegangen»

Anmerkungen zum Schauspiel in Theater und Film

Résumé
Riassunto
Abstract

284–290

Ursina Lardi als Lena in *Sag mir nichts* (2016). Regie: Andreas Kleinert; Buch: Norbert Baumgarten; Kamera: Johannes Louis; Musik: Daniel Dickmeis; Produktion: EIKON GmbH Berlin für SWR
Foto: © SWR / Julia von Vietinghoff

Ursina Lardi in der Rolle der Journalistin Charlotte Senn im Fernsehfilm *Im Nirgendwo* (2016). Regie: Katalin Gödrös; Drehbuch: Simone Schmid; Kamera: Michael Saxer; Musik: Balz Bachmann; Produktion: Susann Henggeler und Anita Wasser (TURNUS FILM, Zürich)
Foto: © TURNUS FILM

Ursina Lardi als Lisa mit (v.l.n.r.) Ernst Stötzner als deren Mutter und Devid Striesow als Aljoscha in *Karamasow,* nach Fjodor Dostojewskis Roman *Die Brüder Karamasow,* Berlin, Sophiensæle, November 2014. Textfassung: Thorsten Lensing unter Mitarbeit von Dirk Pilz; Regie: Thorsten Lensing
Foto: © Arwed Messmer

Résumé

Ursina Lardi compte parmi les actrices suisses les plus polyvalentes, ayant réussi à passer de la scène au petit et au grand écrans. Ce texte se penche sur les particularités de l'art de l'acteur pour le théâtre et le cinéma, éclairant en particulier la manière de faire naître les émotions. Cet élément, central autant au théâtre qu'au cinéma, prend une forme différente dans les deux arts. L'un des critères de différenciation est la présence du corps, ou son absence : au cinéma, les acteurs ne sont présents qu'à travers leur image, photographique, bidimensionnelle, tandis qu'au théâtre, leur corps est sans cesse présent sur scène ; et c'est dans cette permanence qu'ils doivent s'affirmer.

Riassunto

Ursina Lardi è una delle attrici svizzere più versatili che, accanto al teatro, è riuscita a passare anche al grande e al piccolo schermo. Il presente contributo illustra le differenze fra il teatro e il cinema sul piano attoriale, soffermandosi in particolare sulle varie modalità di suscitare emozioni. Questo aspetto riveste un ruolo centrale sia in ambito teatrale che cinematografico, benché nei due casi prenda forma in maniera diversa. Uno dei principali criteri di differenziazione fra il cinema e il teatro è la presenza rispettivamente l'assenza del corpo: un film riproduce solo l'immagine fotografica, bidimensionale degli attori; sul palcoscenico essi sono invece costantemente presenti in tutta la loro fisicità e devono essere in grado di affermarsi in ogni istante.

Abstract

Ursina Lardi is one of the most versatile Swiss female actors to have managed the leap from the theatre to the sets of major cinema and TV productions. This article looks at the differences between stage and film acting. In particular it examines the different types of emotionalisation, key in both stage and film, but varying in guise from one to the other. An important criterion used to distinguish between stage and film acting is "physicality" or the "disembodiment" of acting. In film the actors are present only as a photographic, two-dimensional image. In the theatre they bring their whole physicality to the stage, asserting themselves again and again in a process of successive snapshots.

Caroline Wloka

«Im Schneideraum ist schon so mancher Schauspieler zu Boden gegangen»

Anmerkungen zum Schauspiel in Theater und Film

Ursina Lardi gehört zu den erfolgreichsten und wandlungsfähigsten Schweizer Schauspielerinnen, die neben der Theaterbühne auch den Sprung zu grossen Kino- und Fernsehproduktionen geschafft haben. Für den Spagat zwischen Theater und Filmschauspiel muss sie keine Dehnübungen mehr machen, da sie in beiden Metiers zu Hause ist: «Ich kann nicht sagen, dass das eine für mich wichtiger ist als das andere, mich muss die Aufgabe interessieren»[1], konstatiert sie in einem Interview.

Seit Abschluss ihrer Schauspielausbildung an der renommierten Hochschule für Schauspielkunst «Ernst Busch» in Berlin spielt sie auf den bedeutendsten Theaterbühnen und fand 2001 mit ihrer Rolle als Valerie in *Mein langsames Leben* (2001) von Angela Schanelec[2] den Weg zum Film. Der grosse Durchbruch gelang ihr 2009 mit der Rolle der Baronin Marie-Louise in Michael Hanekes preisgekröntem Film *Das weisse Band – Eine deutsche Kindergeschichte* (2009).[3] Es handelte sich dabei für Lardi um eine anregende Erfahrung, die es ihr ermöglichte, die eigene Skepsis in Bezug auf das Filmschaffen zu überwinden.[4] Für sie besteht der wesentliche Unterschied zwischen dem Film-Set und der Bühne

1 Vgl. das Interview von Christian Ruch mit Ursina Lardi anlässlich der Verleihung des Schweizer Grand Prix Theater / Hans-Reinhart-Ring: «Ich freue mich irrsinnig». In: *Südostschweiz,* 26.05.2017.

2 Siehe dazu den Beitrag von Seraina Rohrer und David Wegmüller im vorliegenden Band, insbesondere S. 296.

3 Siehe dazu das Interview mit Regisseur Michael Haneke sowie den Beitrag von Seraina Rohrer und David Wegmüller im vorliegenden Buch, S. 303–307 bzw. 295–299.

darin, dass «[im Film] eine Schauspielerin in der Regel auf ihre körperliche Erscheinung festgeschrieben wird», während im Theater «sie sich eine unglaubliche Freiheit der Figuren erspielen [kann], ob sie nun König Ödipus gibt oder ein Mädchen im Rollstuhl.»[5]

Das Spiel vor der Kamera und auf der Theaterbühne fordert Schauspielerinnen und Schauspieler auf unterschiedliche Weise heraus. Auf die spezifischen Eigenschaften und Produktionsbedingungen des Film- und Theaterschaffens und deren Einfluss auf das Schauspiel wird im Folgenden eingegangen.

Bühnenpräsenz vs. Entkörperlichung

Im Theater ist der künstlerische Ausdruck der Schauspielenden immer mit der körperlichen Präsenz verbunden, im Film ist er davon losgelöst. Ein Film entsteht erst aus der Kombination des Schauspiels mit der Montage der einzelnen Kamera-Einstellungsgrössen. Filmschauspielerinnen und -schauspieler sind folglich Teil eines reproduzierbaren Werkes, das sich jederzeit konsumieren lässt; sie können nach der Fertigstellung des Films jederzeit vor der Leinwand ihrem eigenen Abbild gegenübertreten und sich wiederholbar visuell mit ihrem Schauspiel auseinandersetzen.

Eine weitere Parzellierung wird im Film durch die Zerstückelung des integralen Schauspielerkörpers geschaffen.[6] Der ursprünglich ganzheitliche Körperausdruck wird auf diverse Körper- und Bewegungsdetails reduziert. Diese werden durch die Montage mit anderen Einstellungen in vollkommen neue, von den Schauspielenden unabhängige Bedeutungszusammenhänge gebracht.[7] Im Gegensatz zu Theaterschauspielenden, die tendenziell eine wesentlich längere Vorbereitungszeit haben, um eine Figur zu entwickeln, müssen Filmschauspielende durch die Ablösung der Körperbilder von ihrem reellen Körper oft aus dem Stand he-

4 Vgl. Stefania Summermatter, «Ursina Lardi: ‹Ich will nicht alles über meine Charaktere wissen›». In: *Swissinfo,* 28.01.2016 (https://www.swissinfo.ch/ger/kultur/theater--und-filmschauspielerin_ursina-lardi---ich-will-nicht-alles-ueber-meine-charaktere-wissen-/41923818; letzter Zugriff: 14.07.2017).

5 Florian Keller, «Ursina Lardi: Die Metadiva». In: *WOZ – Die Wochenzeitung,* 21.01.2016 (http://www.woz.ch/1603/ursina-lardi/die-metadiva; letzter Zugriff: 13.07.2017).

6 Vgl. Knut Hickethier, *Film und Fernsehanalyse.* Stuttgart: Metzler 1996, S. 158.

7 Ebd.

raus eine angemessene Darstellung finden.[8] Auf der Bühne wird der Ablauf einer Inszenierung in seiner zeitlichen Chronologie durchgespielt. Im Film hingegen wird meistens aus logistischen Gründen diskontinuierlich gedreht. Das bedeutet, die einzelnen Einstellungen werden nicht in der Abfolge des späteren Films aufgenommen, sondern unabhängig davon. Oft liegen der Logistik der Disposition eines Films produktionstechnische Belange zugrunde, auf die die Schauspielenden keinen Einfluss haben. Da die Produktion des Films nicht mit der Chronologie seiner Handlungen korrespondiert, kann es vorkommen, dass die Aufnahme zweier Szenen mit vollkommen unterschiedlichen Stimmungen direkt nacheinander gedreht werden, was erhöhte Anforderungen an den einzelnen Filmschauspielenden stellt. Im Gegensatz zum Bühnenschauspiel, bei dem sich die von den Schauspielenden dargestellte Bühneninstanz im Verlauf einer Aufführung aufbaut und sich die Schauspielenden – bei psychologisierten Rollen – langsam in eine Rolle begeben können, bedingen die wechselnden Einstellungen einer hohen «Auflösung»[9] beim Film für die Schauspielenden per se eine gewisse Distanz zur Rolle.

Die unterschiedlichen Produktionsbedingungen und die Eigenheiten des Mediums beeinflussen nicht nur die Arbeitsweise, sondern auch den Status der Schauspielenden. Wie Ursina Lardi in einem Videointerview in der TV-Sendung *Kultur* konstatiert, besteht für sie der grösste Unterschied zwischen Theater und Filmschauspiel darin, «dass man so viel abgibt, an die Regie und den Schnitt. Marlon Brando hat so schön einmal gesagt, ‹im Schneideraum ist schon so mancher Schauspieler zu Boden gegangen.›»[10] Bei einer Theateraufführung sind es hingegen immer die einzelnen Schauspielerinnen und Schauspieler, die sich Abend für Abend vor dem Publikum zeigen und behaupten müssen und somit ihren Auftritt kontrollieren können. Die Regie ist nach der Premiere in der Regel nicht

8 Vgl. Dorothea Neukirchen, *Vor der Kamera. Camera-Acting für Film und Fernsehen*. Frankfurt am Main: Zweitausendeins 2000, S. 18.

9 Bei der «Auflösung» handelt es sich um die theoretische Inszenierung der Szene. Sie beinhaltet sowohl die Bewegungen der Schauspielenden als auch die Bewegungen und Einstellungen der Kamera; vgl. Dorothea Neukirchen, *Vor der Kamera,* a.a.O., S. 211.

10 Vgl. das Videointerview auf Schweizerdeutsch mit Ursina Lardi in der TV-Sendung *Kultur,* SF-SRF, 26.01.2016: https://www.srf.ch/play/tv/kultur/video/5-fragen-an-ursina-lardi?id=4a1be80a-5c4e-4b3a-a817-f0c1436151c7; letzter Zugriff: 20.08.2017).

mehr anwesend. Beim Film hingegen haben die Schauspielenden oft kein Mitspracherecht bei der Auswahl der jeweiligen Einstellungen in den Szenen. Erst am Schneidetisch wird entschieden, in welchen unterschiedlichen Einstellungsgrössen ein Schauspieler bzw. eine Schauspielerin auf der Leinwand erscheint.

Raum und Zeit

Das Spiel auf einer Bühne oder vor der Kamera stellt auch in Bezug auf die Wirkung von Raum und Zeit unterschiedliche Anforderungen an die Schauspielenden. Im Theater müssen sie z. B. die Atmung bewusst einsetzen, um Tempo und Rhythmus ihres Sprechens zu kontrollieren. Bei Filmschauspielenden entsteht das Sprechtempo oft erst am Schneidetisch. Wenn eine Sprechpause zu lang oder zu kurz ist, kann diese durch die Montage gekürzt oder verlängert werden.

Der Schnitt hat im Film nicht nur Einfluss auf den Dialog, sondern entscheidet auch darüber, ob und wie eine Figur hervorgehoben wird. Durch die Intensivierung des Ausdrucks auf der Kinoleinwand wirken die Handlungen und Bewegungen einer Schauspielerin bzw. eines Schauspielers automatisch stärker und dynamischer als auf der Bühne. Dies ist ein Grund für die Notwendigkeit der Reduktion des mimischen und gestischen Ausdrucks beim Film. Auf der Leinwand kann ein neutraler Blick ausreichen, um den geforderten Ausdruck zu erzeugen, der dann durch den Schnitt zum gewünschten emotionalen Ergebnis führt.

Dem Spiel auf der Bühne liegt hingegen stets eine gewisse räumliche Logik zugrunde, die sich auf die Beschaffenheit des Raums bezieht. In der Tradition des elisabethanischen Theaters etwa wird durch den Bühnenraum die Beziehung der einzelnen handelnden Personen untereinander akzentuiert.[11] Jede Bewegung auf der Bühne ist durch die räumliche Bühnenkonstruktion begrenzt. Der Film hat demgegenüber andere räumliche Gesetzmässigkeiten, da er nicht an einen Ort oder eine bestimmte Zeitlichkeit gebunden ist. Während das Theater ein Live-Ereignis ist, können im Film die einzelnen Szenen beliebig oft wiederholt werden, bis sie für den Regisseur bzw. die Regisseurin zufriedenstellend sind. Durch die Weiterentwicklung der Technik ist es heute für Filmdarstellerinnen und -darsteller Alltag,

11 Vgl. John Marner St. Terrence, *Filmregie.* Kassel: Günter Gottlieb 1984, S. 145.

in einem leeren Raum vor einer grünen Wand o. ä. zu spielen. Die Kamera kann dabei einen Schauspieler bzw. eine Schauspielerin zur Unbedeutsamkeit reduzieren oder ihm bzw. ihr grösste Dominanz verleihen.[12]

Während Theateraufführungen in einem dreidimensionalen Raum (auf der Bühne oder in der Öffentlichkeit) stattfinden, wird die Räumlichkeit im Film – wie bei der Fotografie – zweidimensional wahrgenommen. Der wichtigste Indikator für die Raumwahrnehmung beim Film ist die Kameraperspektive. Diese kann sich von der Wahrnehmung der einzelnen Filmschauspielenden während der Dreharbeiten stark unterscheiden. Aus Zuschauerperspektive werden die visuellen Möglichkeiten durch die scharfe Abgrenzung des Bildrahmens räumlich begrenzt.[13]

Im zeitgenössischen Theater wird auch oft auf das Medium Film zurückgegriffen und dieses unter Berücksichtigung räumlicher Aspekte mit in die Vorstellung integriert. Die duplizierte Präsenz der Schauspieler und Schauspielerinnen – etwa in den Inszenierungen Frank Castorfs, René Polleschs oder Milo Raus, die gleichzeitig auf der Bühne und auf der Leinwand erscheinen – fügt sich wirkungsvoll in das jeweilige Inszenierungsgeflecht ein.

Emotionen übermitteln

In der Literatur zu Camera Acting wird festgestellt, dass der Rhythmus das elementarste, am besten wahrnehmbare und wirkungsvollste Mittel darstelle, das sowohl Theater- als Filmschauspielenden zur Verfügung steht.[14] Das Publikum reagiere unabhängig vom Medium primär sensibel auf Rhythmus und Rhythmuswechsel.[15] Der Rhythmuswechsel bilde dabei gleichzeitig die wirkungsvollste Möglichkeit des körperlichen Ausdrucks. Am Anfang einer ausdrucksvollen Szene ist es für Theater- und Filmschauspielende gleichermassen wichtig, die inneren emotionalen Befindlichkeiten auf den gleichen Ausgangspunkt mit dem Rhythmus zu legen. Der festgelegte Rhythmus bestimmt massgeblich den Charakter einer Figur. Die Dynamik ist dabei fundamental,

12 Ebd.
13 Ebd., S. 192–193.
14 Vgl. Tony Barr, *Acting for the Camera. Schauspielen für Film und Fernsehen. Techniken & praktische Tipps für Anfänger und Profis*. Köln: Hermann-Josef Emons 2001, S. 104.
15 Ebd.

damit den Zuschauenden eine mehrdimensionale, spannende Darstellung geboten werden kann.

Die Hauptaufgabe der Schauspielenden in Theater und Film besteht im Wesentlichen darin, bestimmte Inhalte und Emotionen an ein Publikum zu übermitteln: «Es geht darum, unter unnatürlichen Bedingungen Handlungen und Gefühle, projiziert auf eine fiktive Figur, so zu reproduzieren, dass der Zuschauer davon gefesselt ist und mitgeht.»[16]

Im Gegensatz zum Film, der als ein fertiges Produkt betrachtet werden kann, lässt jede Theateraufführung neue Emotionen und Reaktionen im Publikum entstehen, weil die Schauspielenden eine bestimmte Rolle aufgrund der jeweiligen Verfassung jedes Mal ein wenig anders interpretieren und die Zuschauerreaktionen wahrnehmen. Demzufolge ist eine Theaterinszenierung als eine Art kommunikativer Prozess zwischen Schauspielenden und Publikum, der sich kontinuierlich weiterentwickelt, und demnach als unvollendetes künstlerisches Werk zu verstehen.[17]

Fazit

Theater und Film stellen unterschiedliche Anforderungen an die Schauspielenden, wie anhand verschiedener Aspekte gezeigt wurde. Der Wechsel zwischen beiden Medien ist eine besondere Herausforderung, welcher sich die Schauspielerin Ursina Lardi stellt. Auf den ersten Blick scheint es, dass die Theaterbühne für die Schauspielerin vielseitigere Spielaufgaben ermöglicht[18], während im Film tendenziell öfter Typecasting[19] stattfindet. Ein Umstand, dem die

16 Dorothea Neukirchen, a. a. O., S. 13.

17 Vgl. Zaneta Sobota, «Die Faszination des Theaters im Zeitalter von Film und Fernsehen». In: *Aurora: Magazin für Kultur, Wissen und Gesellschaft* (http://www.aurora-magazin.at/medien_kultur/sobota_druck.html; letzter Zugriff: 28.08.2008).

18 Ihre Bandbreite im Theater reicht beispielsweise von der Titelrolle in Thomas Ostermeiers Theateradaption des Fassbinder-Films *Die Ehe der Maria Braun* (2014) bis hin zu einem weiblichen *Ödipus der Tyrann* (2015) in der Inszenierung von Romeo Castellucci oder Lenin im gleichnamigen Stück von Milo Rau, das im Oktober 2017 an der Berliner Schaubühne uraufgeführt wird. Über Ursina Lardis Interpretation in Ostermeiers Inszenierungen siehe den Beitrag von Peter M. Boenisch; zu ihrer Rolle als Ödipus siehe das Interview von Paola Gilardi mit Romeo Castellucci und zu *LENIN* siehe den Text von Stefan Bläske im vorliegenden Band, S. 206–211 bzw. 178–186 und 121–127.

19 Beispielsweise in Michael Hanekes *Das weisse Band* (2009), in Petra Volpes *Traumland* (2013) oder in Claudia Lorenz' *Unter der Haut* (2015) wurde Ursina Lardi in Rollen von leidenden Ehefrauen besetzt. Zu diesen drei Filmen siehe den Beitrag von Sereina Rohrer und David Wegmüller im vorliegenden Band, S. 295–299.

Schauspielerin zuversichtlich entgegentritt: «Es stimmt, auf der Bühne ist mein Spektrum viel breiter, als ich es im Film bisher zeigen konnte. Aber ich bin mir sicher, das kommt noch.»[20]

20 Vgl. Florian Keller, «Die Metadiva», a. a. O.

Seraina Rohrer
David Wegmüller

Präzision und Intuition: Ursina Lardis Filmrollen

Résumé
Riassunto
Abstract

295–299

Ursina Lardi als Lena in *Traumland* (2013). Drehbuch und Regie: Petra Volpe; Kamera: Judith Kaufmann; Musik: Sascha Ring & Nackt (Apparat); Koproduktion: Zodiac Pictures Ltd Zürich, Wüste Film Ost OHG Berlin
Foto: © Zodiac Pictures Ltd

Ursina Lardi als Alice in *Unter der Haut* (2015). Regie: Claudia Lorenz; Drehbuch: Claudia Lorenz und Rolando Colla; Kamera: Jutta Tränkle; Musik: Bernd Schurer; Produktion: Peacock Film Zürich
Foto: © Peacock Film

Résumé

Depuis 2001, Ursina Lardi a participé à plus de trente films de cinéma et de télévision, dans des rôles principaux et des rôles secondaires. Quatre rôles-clé marquent son palmarès cinématographique : le rôle de Valerie, une femme individualiste, dans le film *Mein langsames Leben* d'Angela Schanelec (2001) ; celui d'une riche baronne malheureuse dans *Le Ruban blanc,* le drame couronné de prix de Michael Haneke (2009) ; le rôle de Lena, une femme enceinte dont la vie de famille n'est heureuse qu'en apparence, dans *Traumland* (2013) de Petra Volpe, et enfin son grand rôle le plus récent dans *C'est entre nous* (2015), premier film de Claudia Lorenz, où elle incarne le personnage d'Alice, une femme confrontée au coming out de son mari (2015). Dans une analyse de quatre scènes extraites de ces films, les auteurs approfondissent des aspects du jeu d'Ursina Lardi, s'interrogeant sur les forces dont la comédienne se sert et desquelles semble émaner l'impact de son jeu.

Riassunto

Dal 2001 Ursina Lardi ha interpretato ruoli principali e secondari in più di trenta film per il grande e il piccolo schermo. In ambito cinematografico nel suo palmarès spiccano quattro ruoli chiave: l'individualista Valerie in *Mein langsames Leben* (2001) di Angela Schanelec; la ricca ma infelice baronessa nel pluripremiato dramma *Il nastro bianco* (2009) di Michael Haneke; Lena, una donna incinta la cui vita familiare è solo in apparenza felice, in *Traumland* (2013) di Petra Volpe, e infine il suo ruolo più recente da protagonista nel film d'esordio di Claudia Lorenz, *Unter der Haut* (2015), in cui impersona Alice, una moglie confrontata con il coming out del marito dopo anni di matrimonio. Prendendo in esame quattro scene tratte da questi film, gli autori mettono in luce vari aspetti della recitazione di Ursina Lardi e s'interrogano sulle forze alle quali l'attrice attinge e da cui sembra emanare l'effetto delle sue interpretazioni.

Abstract

Since 2001 Ursina Lardi has played leading and supporting roles in more than thirty feature and TV films. Four key parts dominate her cinema roll of honour: social individualist Valerie in Angela Schanelec's *Passing Summer* (2001); a rich but unhappy baroness in Michael Haneke's award-winning drama *The White Ribbon* (2009); Lena, a pregnant woman in Petra Volpe's *Traumland* (2013) whose family life is only superficially happy; and most recently Alice, a woman confronted with the coming-out of her husband of many years in Claudia Lorenz's feature film debut *Unter der Haut* (2015). The authors analyse four scenes from these films to explore aspects of Ursina Lardi's acting in more depth and investigate the inner forces Lardi taps into, the apparent source of her acting power.

Seraina Rohrer
David Wegmüller

Präzision und Intuition: Ursina Lardis Filmrollen

Was kommt uns in den Sinn, wenn wir an Ursina Lardi denken? Wir haben die Schauspielerin im Januar 2016 während vier Tagen anlässlich ihrer Retrospektive an den Solothurner Filmtagen kennengelernt. In Erinnerung geblieben sind uns Szenen dieser Begegnung: wie auf einem Podium mit Weggefährten eine längst vergessene Geschichte aufbricht, wie sie ihren Lieblingsfilm, Xavier Dolans *Mommy* (2014), vor dem Publikum verteidigt und wie sie sich mit Vehemenz gegen Schubladisierungen aller Art wehrt.

Die Rollen einer Schauspielerin zu vergleichen, birgt genau diese Gefahr. Im harmlosen Fall wird dann die Kategorie der «Wandelbarkeit» gepriesen, im gravierenden steht schnell der Vorwurf des Typecastings im Raum. Wir wollen Ursina Lardis Interpretationen nicht in ein Ordnungsprinzip zwängen. Wenn wir an die Rollen denken, die sie im Film bekleidet hat, kommen uns ganz bestimmte Szenen in den Sinn. Es sind Momente, die sich eingeprägt haben, weil sie auf unvergleichliche Weise von ihr gespielt wurden. Wer etwas über Ursina Lardis Schauspielkunst erfahren will, muss diese filmischen Augenblicke untersuchen und dort ins Innere ihrer Figuren eintauchen.

Seit 2001 hat Ursina Lardi in über dreissig Spiel- und Fernsehfilmen in Haupt- und Nebenrollen mitgewirkt. Wir konzentrieren uns auf vier Szenen aus Filmen, die in Ursina Lardis Filmografie einen wichtigen Platz einnehmen: *Mein langsames Leben* (2001) von Angela Schanelec (Ursina Lardis erste Hauptrolle), *Das weisse Band – Eine deutsche Kindergeschichte* (2009) von Michael Haneke, *Traumland* (2013) von Petra Volpe (Schweizer Filmpreis als beste Hauptdarstellerin) sowie *Unter der Haut* (2015) von Claudia Lorenz (Ursina Lardis jüngste Hauptrolle).

Valeries Tanz

Auf der Berlinale 2001 gibt Ursina Lardi ihr Debüt auf einer Kinoleinwand. In *Mein langsames Leben* von Angela Schanelec[1] spielt sie Valerie, eine Architekturstudentin, die den Sommer über in Berlin bleibt, weil sie keine Lust auf Urlaub hat. Die Haare trägt sie kurz, nicht als Pose der Abgrenzung, sondern als Statement ihrer Individualität. Valerie ist eine unabhängige, aber nicht unverbindliche junge Frau.

Irgendwann im Film erreicht sie ein Brief. Ihr Bruder Ben (Devid Striesow) teilt ihr mit, dass der Vater im Sterben liegt. Also unterbricht sie den Berliner Sommer und reist nach Süddeutschland. Dort gehen Bruder und Schwester am Abend zusammen aus. An der Bar kommen sie auf vergangene Zeiten zu sprechen. «Früher hast du die ganze Tanzfläche für dich beansprucht», sagt Ben. «Jetzt tanze ich anders», entgegnet Valerie und beginnt sogleich damit.

In einer zweiminütigen Tanzszene – einer der sinnlichsten des europäischen Gegenwartskinos – wird sichtbar, wie Ursina Lardi die Emotion ihrer Figur zu «verkörpern» versteht. Ihre Bewegungen zur Musik sind ganz und gar Ausdruck von Valeries Persönlichkeit. Man ahnt, was Freiraum für sie bedeutet, weshalb sie nicht mehr in der Provinz, sondern in Berlin ihre Kreise zieht. Es scheint, als vertraue die Schauspielerin dabei einer physischen Intuition.

Es ist die Fähigkeit, in die Körper ihrer Figuren «einzutreten», deren Gefühle in Körpersprache zu übersetzen, die Ursina Lardis Spiel immer begleiten wird. Das Erstaunliche daran ist, dass es im Film genauso gut funktioniert wie im Theater und doch nie theatralisch wirkt. Wo Bühnenpräsenz die Physis der Schauspielerin voraussetzt, besteht Leinwandpräsenz aus einer Art Ausstrahlung vor der Kamera. Doch allein auf ihre schauspielerische Aura, ihre Metaphysis, wird sich Ursina Lardi nie verlassen.

1 Für weitere Informationen siehe die Filmwebsite: http://www.peripherfilm.de/meinlangsamesleben/mll.htm (letzter Zugriff: 15.08.2017).

Das Geständnis der Baronin

2009 gehört Ursina Lardi zum Schauspieler-Ensemble, das dem Regisseur Michael Haneke seine erste Goldene Palme in Cannes beschert. Im Film *Das weisse Band – Eine deutsche Kindergeschichte*[2] spielt sie eine Baronin, die zu Beginn des Ersten Weltkriegs unter dem Stumpfsinn des Landlebens zu ersticken droht. Obwohl sie gesellschaftlich privilegiert ist, lebt die Baronin in nervöser Anspannung. Die unheimlichen Ereignisse im Dorf bedrohen ihre Familie.

Nachdem sie von einem Auslandsaufenthalt zurückkehrt, gerät sie mit ihrem Mann (Ulrich Tukur) in eine heftige verbale Auseinandersetzung. Trotz ihres Pflichtgefühls als Ehefrau entscheidet sie unvermittelt, dem Baron ihre Affäre mit einem lombardischen Bankier zu gestehen. Der Sinneswandel geschieht in kurzer Zeit und ohne viel Dialog – eine Herausforderung für die Schauspielerin. Der Wunsch der Baronin nach Veränderung ist gereift, aber genau jetzt, in diesem Moment, verwandelt sich ihre passive Duldsamkeit in aktive Entschlossenheit. Es ist eindrücklich, wie Ursina Lardi diese Szene spielt – davon zeugt nicht nur die Erinnerung des Regisseurs an den Dreh.[3] Zu keiner Zeit hat man das Gefühl eines sprunghaften Wandels – im Gegenteil. Der Druck der Notwendigkeit baut sich gleichsam innerlich und äusserlich auf, am Schluss bleibt der Baronin kein Raum mehr für einen Kompromiss.

Die Baronin ist willensstark wie die meisten Charaktere, die Ursina Lardi spielt. Solche Charaktere erzeugen Erwartung – sie können jederzeit agieren und eine Veränderung herbeiführen. In diesem *Können* liegt ein Hinweis, weshalb man in Filmen mit Ursina Lardi stets aufs Neue von ihr fasziniert ist.

Lenas Heiligabend

Ihre Interpretation der Baronin weckt das Interesse zahlreicher Regisseurinnen und Regisseure an der Filmschauspielerin Ursina Lardi. 2010 erhält sie eine Hauptrolle im Krimi *Der Kameramörder* von Robert Adrian Pejo. Als Eva gibt sie mit dem impulsiven Heinrich (Andreas Lust) ein

2 Für weitere Informationen siehe die Filmwebsite: http://dasweisseband.x-verleih.de/ (letzter Zugriff: 15.08.2017).

3 Siehe das Interview von Seraina Rohrer und David Wegmüller mit Michael Haneke im vorliegenden Band, S. 303–307.

ungleiches Paar.[4] Drei Jahre später gewinnt sie für ihre Rolle in *Traumland*[5] den Schweizer Filmpreis als beste Hauptdarstellerin.

Im Episodenfilm von Petra Volpe steht Ursina Lardi wieder mit Devid Striesow vor der Kamera. Als Martin und Lena bilden sie ein gut situiertes Ehepaar, das sein zweites Kind erwartet. In der Villa stehen Designersessel und davor ein weisser Offroader. Darin entdeckt Lena kurz vor Weihnachten einen Gleitgel-Blister mit der Aufschrift «Easy Anal». Kein guter Vorbote für den ohnehin von Heuchelei geprägten Besuch der Schwiegereltern.

Lena geht aufs Ganze und macht das Weihnachtsessen zum Tribunal für den Seitensprung ihres Mannes. Während die Schwiegermutter den Hausfrieden retten will, zitiert Martins Vater Schopenhauer, um seinen Sohn zu verteidigen. Von der Tischmitte aus orchestriert Lena die Szene und verlässt sie angewidert noch vor dem Dessert.

Die Chemie zwischen den Schauspielern Striesow und Lardi hatte schon in *Mein langsames Leben* gestimmt. Nun entfaltet sie ihr komisches Potenzial. Lustvoll treibt Lena ihren drucksenden Martin vor sich her. Dabei fällt auf, wie die Schauspieler von zwei emotionalen Polen aus – in diesem Fall Schuld und Sühne – Spannung generieren. In *Der Kameramörder* waren es latente Gewalt und Erotik, die einen ähnlichen Effekt zeitigten.

Ursina Lardis Fähigkeit zur Übersetzung von Emotionen in Körpersprache ist das eine. Das andere ist ihr Talent, das Wesen ihrer Figuren auf eine direkte, unmittelbare Weise zu enthüllen. Je drohender der Konflikt und je stärker ihr filmischer Gegenpart, desto unberechenbarer die Wirkung. Im Fall von Lena und Martin wird so am Heiligabend das Drama ihrer Beziehung zu einer Groteske des Bildungsbürgertums.

Alice

Körperliche und emotionale Präsenz, kompromisslose Charakterdarstellung, Lust am Spiel – alle Elemente finden sich in Ursina Lardis Interpretation der Alice in Claudia Lorenz'

4 Weitere Informationen zu dieser Filmproduktion sind hier abrufbar: http://www.austrianfilms.com/film/der_kameramoerder (letzter Zugriff: 15.08.2017).
5 Für weitere Informationen zu *Traumland* von Petra Volpe siehe die Filmwebsite: http://www.traumland-film.de/ (letzter Zugriff: 15.08.2017).

Unter der Haut[6]. Nach fast zwanzig Jahren Ehe und drei Kindern wird Alice in ihrer Würde als Frau erschüttert: Ihr Partner Frank (Dominique Jann) hat sich in einen Mann verliebt. Mit den Konsequenzen dieses Ereignisses muss die Familie klarkommen.

Exemplarisch ist die Szene auf dem Balkon der Wohnung, als Frank endlich sagen kann, dass er jemanden kennengelernt hat. Alice ist zunächst einfühlsam, dann kippt ihre Stimmung in Enttäuschung und endet in einem Wut- und Lachanfall.

Von Fürsorglichkeit über Enttäuschung, Wut und Stolz zu Galgenhumor – in zwei Minuten durchläuft Alice eine seelische Extremsituation nach der anderen. Der geringste Zweifel an einer ihrer Emotionen würde aus Alice eine melodramatische Figur machen. Doch Ursina Lardi fährt in dieser Szene nicht bloss ein schauspielerisches Repertoire auf. Sie scheint jederzeit genau zu wissen, *welche Kräfte* die Gefühle ihrer Figur geweckt haben.

Das Wissen um diese Kräfte, soviel steht fest, kann nur bedingt mit Rollenstudium erworben werden. Ursina Lardi, wie wir sie an den Solothurner Filmtagen kennengelernt haben, verfügt über eine ausgeprägte schauspielerische Präzision, aber auch über ein Naturell und eine Intuition, die sich Kategorisierungen und Psychologisierungen auf eindrückliche Weise permanent entziehen.

6 Für weitere Informationen siehe die Filmwebsite: http://www.unterderhaut.ch/ (letzter Zugriff: 15.08.2017).

Seraina Rohrer
David Wegmüller

«Eine gute Schauspielerin kann mir etwas bieten, das meine Vorstellungen übertrifft»

Ein Gespräch mit Michael Haneke

Résumé
Riassunto
Abstract

303–307

Ursina Lardi als Baronin Marie-Louise mit (v.l.n.r.) Burghart Klaussner als Pfarrer, Fion Mutert als Sigi und Ulrich Tukur als Baron in *Das weisse Band* (2009). Buch und Regie: Michael Haneke; Kamera: Christian Berger; Koproduktion: WEGA-Film Wien, X Filme Creative Pool Berlin, Les Films du Losange Paris, Lucky Red Rom
Foto: © WEGA-Film Wien

Résumé

En 2009, Ursina Lardi s'est retrouvée devant la caméra du réalisateur autrichien Michael Haneke dans *Le Ruban blanc.* Le film a gagné la Palme d'or à Cannes et Ursina Lardi a reçu par la suite de nombreuses propositions de rôles au cinéma. *Le Ruban blanc* a pris une place importante dans sa filmographie. Aux côtés d'Ulrich Tukur, elle y joue le rôle d'une baronne qui au début de la Première Guerre mondiale souffre de la monotonie de la vie à la campagne et est prisonnière d'un mariage malheureux. Dans cet entretien, le cinéaste Michael Haneke se souvient de leur collaboration et donne un aperçu de sa façon de travailler. Il explique aussi comment le jeu d'Ursina Lardi l'a profondément ému, et affirme : « Cela n'arrive pas souvent à un réalisateur ».

Riassunto

Nel 2009, Ursina Lardi si è ritrovata sul set de *Il nastro bianco* del celebre regista austriaco Michael Haneke, film vincitore della Palma d'oro a Cannes. A questa esperienza hanno fatto seguito numerosi altri ingaggi in ruoli principali e secondari. *Il nastro bianco* riveste dunque grande importanza nella filmografia dell'attrice. Al fianco di Ulrich Tukur, impersona una baronessa che all'inizio della Prima guerra mondiale si sente soffocare nella monotonia della vita di campagna ed è intrappolata in un matrimonio infelice. Nell'intervista, il cineasta Michael Haneke rievoca la collaborazione con Ursina Lardi e consente di gettare uno sguardo sul suo metodo di lavoro. Haneke spiega inoltre il motivo per il quale l'interpretazione di Ursina Lardi lo ha profondamente commosso e sottolinea che «ciò non capita spesso a un regista.»

Abstract

In 2009 Ursina Lardi was on camera in *The White Ribbon* by Austrian director Michael Haneke. The film won the Palme d'Or at Cannes, and Lardi went on to play numerous other leading and supporting roles in cinema. For this reason *The White Ribbon* has an important place in her filmography. Alongside Ulrich Tukur she plays the role of a baroness at the start of World War I who is lapsing into the stupor of country life and trapped in an unhappy marriage. In this interview the filmmaker Michael Haneke talks about working with Ursina Lardi and gives an insight into the way he operates. He explains why Lardi's acting moved him so deeply, claiming "that's not something that happens to a director every day."

Seraina Rohrer
David Wegmüller
(Solothurner Filmtage)

«Eine gute Schauspielerin kann mir etwas bieten, das meine Vorstellungen übertrifft»

Ein Gespräch mit Michael Haneke

Michael Haneke ist einer der renommiertesten europäischen Regisseure und Drehbuchautoren. Der internationale Durchbruch gelang ihm mit der Verfilmung von Elfriede Jelineks Roman *Die Klavierspielerin* (2000). Sein Film über die Liebe und das Altern, *Amour* (2012), wurde u. a. mit der Goldenen Palme in Cannes und dem Oscar als bester ausländischer Film geehrt. Ein weiterer Höhepunkt seiner Karriere ist *Das weisse Band – Eine deutsche Kindergeschichte* (2009). Ursina Lardi spielte darin an der Seite von Ulrich Tukur eine Baronin. Der Film, der u. a. die Goldene Palme in Cannes und den Golden Globe als bester fremdsprachiger Film gewann, löste für Ursina Lardi zahlreiche weitere Engagements als Haupt- und Nebendarstellerin in Kinofilmen aus. Er nimmt deshalb einen wichtigen Platz in ihrer Filmografie ein. In einem Gespräch erinnert sich der Filmemacher an die Zusammenarbeit.

Solothurner Filmtage: Sie haben Ursina Lardi in Ihrem Film fürs Kino gewissermassen wiederentdeckt. Wie haben Sie sie gefunden?

Michael Haneke: Gute Frage, denn oft schreibe ich für Schauspieler, mit denen ich bereits gearbeitet habe. In diesem Fall war es ein Vorschlag meines Casting-Agenten. Ziemlich zur gleichen Zeit habe ich auch einen Fernsehfilm mit ihr gesehen, der mir sehr gut gefallen hat.

SF: Wie ist das Casting verlaufen?

MH: Bei mir entwickelt in der Regel zuerst der Casting-Direktor eine Szene. Und wenn mir diese gefällt, mach' ich selber auch nochmals eine. Bei der Besetzung der Schauspieler, also auch bei Ursina Lardi, brauchten wir nicht so viel Zeit, weil unter den Profis die Auswahl nicht so gigantisch ist – vor allem, wenn man einen bestimmten Typ in einem bestimmten Alter sucht, der eine bestimmte Sprache spricht. Es war zudem auch klar, dass Ulrich Tukur den Baron, also den filmischen Partner von Ursina Lardi, geben würde. Viel mehr Arbeit hatten wir beim Casting der Kinder – es gibt ja einige im Film. Wir haben ein halbes Jahr lang 7000 Kinder gecastet.

> **SF:** Wonach suchten Sie, als Sie Ursina Lardi besetzten?

MH: Ich suche immer nach Schauspielern, deren Ausstrahlung sich in einem Spannungsverhältnis zu den Figuren im Drehbuch befindet. Man kann gute Schauspieler auch falsch besetzen. Dann kann man arbeiten, solange man will, es wird nichts Gescheites dabei herauskommen. Bei Ursina Lardi und der Baronin, die ich im Sinne hatte, befanden sich Rollenprofil und Schauspielerin in einer produktiven Spannung.

> **SF:** Ursina Lardi spielte eine blaublütige Frau am Anfang des letzten Jahrhunderts. Welche Informationen zur Figur gaben Sie ihr?

MH: Das Drehbuch. Intelligente Schauspieler lesen das Drehbuch und dann sage ich: «Spiel' das mal!». Dann kommentiere ich, was mir gefällt und was nicht. Ich mag es nicht, endlos über Figuren reden zu müssen. Wenn eine Schauspielerin für die richtige Rolle besetzt ist – und das liegt in meiner Verantwortung –, dann spielt sie ihre Rolle schon gut. Beim Film ist es nicht wie beim Theater, wo man sich über fünfundzwanzig Interpretationen der jeweiligen Rolle streiten kann. Und weil ich bei meinen Filmen selber der Autor bin, weiss ich ziemlich genau, wie die Figur sein soll, und stelle schnell fest, ob es passt.

> **SF:** Im Drehbuch ist die Baronin als «schöne, nervöse Frau Mitte 30» beschrieben ...

MH: Ja, das passt doch gut zu Ursina!

SF: … und sie wird eingeführt an einem Flügel sitzend, als sie «[…] gerade mit einem ärgerlichen Seufzer ihr Spiel unterbrochen hat.» Wie haben Sie sich die Figur der Baronin im Buch vorgestellt?

MH: Ich wollte eine Figur haben, die die Zuschauer mögen. Und natürlich nimmt das Publikum an Figuren, die sozusagen «auf der leidenden Seite» sind, mehr Anteil. Opfer zu spielen ist immer dankbarer als Täter – schauspielerisch gesehen. Die Rolle der Hebamme, die Susanne Lothar spielt, ist diesbezüglich ja auch sehr eindrücklich, nur auf einem anderen sozialen Niveau als die Baronin. Bei der Baronin bin ich einfach davon ausgegangen, dass sie eine Frau ist, die in ihrer Ehe vernachlässigt wird und in ihrer Situation verzweifelt ist.

SF: Wie haben Sie das am Set mit Ursina Lardi umgesetzt?

MH: Die wenigen spezifischen Vorbereitungen haben wir gemeinsam gemacht: die Auswahl des Kostüms, der Frisur etc. Die Frage, ob sie Klavier spielen könne, war auch schnell geklärt, denn das konnte sie. Am Set hat sie es auf Anhieb perfekt gemacht. Bei der zentralen Szene, der Auseinandersetzung mit dem Baron, haben wir nur zwei oder drei Takes gemacht. Sie hat sich das offenbar sehr gut zurechtgelegt und für sich bearbeitet, es war keine grosse Arbeit für mich als Regisseur.

SF: Wie nahmen Sie Einfluss auf ihr Spiel?

MH: Durch Korrigieren. Wenn ich merke, dass jemand einen Satz anders auffasst, als ich ihn als Autor gedacht habe, dann sage ich das und wir arbeiten daran, damit die Schauspielerin oder der Schauspieler diesen Satz von sich aus aussprechen kann und er trotzdem meine Intention ausdrückt. Ich bin zwar sehr detailliert in meinen Anforderungen an die Kamera und an das Timing, aber innerhalb dieses Rahmens haben die Schauspieler grosse Freiheiten. Sie sagen mir das auch häufig. Ich bin nicht jemand, der die Leute quält, etwas unbedingt genau so zu sagen, wie ich es mir gedacht habe. Eine gute Schauspielerin kann mir etwas bieten, das ich mir *nicht* gedacht habe und das meine Vorstellungen übertrifft.

SF: Konnte Ihnen Ursina Lardi so etwas bieten?

MH: Ich erinnere mich an die erwähnte Szene, die Auseinandersetzung zwischen Baronin und Baron. Als sie die ersten Aufnahmen gemacht hatte, war ich wirklich fast zu Tränen gerührt. Ich konnte nicht unmittelbar nach dem Take gleich «Danke» sagen oder eine Kritik geben, weil ich so bewegt war, wie sie das gespielt hatte. Und das passiert einem als Regisseur ja nicht ununterbrochen.

SF: Gab Ursina Lardi auch selber Inputs zu ihrer Rolle?

MH: Eine Schauspielerin ist schon durch ihre Präsenz ein «Input». An Diskussionen kann ich mich nicht erinnern. Ich hätte sie wahrscheinlich auch nicht gefördert, denn ich hasse Diskussionen am Set. Wenn Schauspieler Fragen zur Rolle haben, können sie mich fragen, bevor wir drehen, dann stehe ich gerne Rede und Antwort. Weil die Szenen relativ eindeutig und klar geschrieben sind, fragen mich die Schauspieler im Allgemeinen aber nicht viel.

SF: Wie lief das Zusammenspiel zwischen Ursina Lardi und Ulrich Tukur?

MH: Wenn wir wieder die Szene der Auseinandersetzung zwischen Baron und Baronin nehmen, war es für Ulrich Tukur ein bisschen frustrierend, weil ich bei ihm sehr viele Takes gemacht habe. Er hatte in der Szene etwas mehr Mühe als Ursina, aber ich glaube, die beiden haben sich sehr gut verstanden. Ich habe zuerst die Takes auf Ursina gedreht, denn sie muss ja weinen in der Szene und ich wollte nicht, dass sie ihre Gefühle verschleisst, wenn sie im Off sitzt und nur die Stichwörter für ihren Partner gibt, der im Bild ist.

SF: Was zeichnet Ursina Lardi Ihrer Meinung nach als Schauspielerin besonders aus?

MH: Sie ist sehr sensibel und sehr professionell. Wenn man mit guten Schauspielern arbeitet, ist das Leben einfach. Wenn man mit schlechten arbeitet, ist es zum Haare raufen. Die Arbeit mit den Schauspielern – also den guten – ist für mich immer das Angenehmste am Ganzen. Und mit Ursina war es eine schöne Zusammenarbeit, absolut.

SF: Ursina Lardi sagte über das Verhältnis zwischen Regie und Schauspiel in einem Interview: «Eine Regie-Idee kann Schärfe haben, aber wir, die Schauspieler, geben der Figur Tiefe.» Was würden Sie als Regisseur da entgegnen?

MH: Da habe ich gar nichts dagegen. Das Wichtigste beim Film ist ein gutes Drehbuch und das richtige Casting. Das richtige Casting heisst nicht: lauter Weltmeister der Schauspielkunst, sondern die für den jeweiligen Charakter richtige Besetzung. Was man «Casting» nennt, ist ein grosses Talent. Das Gespür, ob die Schauspielerin die Richtige ist für eine Rolle, ist das Wichtigste für einen Regisseur. Sie können als Regisseur die klügsten Ideen haben, wenn Sie keine Schauspieler haben, die sie umsetzen, können Sie sich erschiessen.

SF: Werden Sie wieder einmal mit Ursina Lardi drehen?

MH: Wenn sich eine Gelegenheit ergibt, werde ich gerne unsere Zusammenarbeit erneuern, aber dazu müsste ich zuerst die richtige Rolle und die richtige Geschichte haben.

Anhang
Annexes
Appendice
Appendix

Autoren / Auteurs / Autori / Authors

Stefan Bläske

Stefan Bläske lehrte Theater- und Medienwissenschaft an den Universitäten in Erlangen und Wien sowie Dramaturgie u. a. an der Zürcher Hochschule der Künste ZHDK sowie in München an der August-Everding-Akademie und der Otto Falckenberg Schule. Von 2011 bis 2013 arbeitete er in der Dramaturgie des Residenztheaters München, seit 2014 für Milo Rau und das IIPM – International Institute for Political Murder, u. a. für *Five Easy Pieces* (2016), *Empire* (2016) und *LENIN* (2017). Ab der Spielzeit 2018/19 wird er Chefdramaturg am Nationaltheater in Gent (Belgien).

Peter M. Boenisch

Peter M. Boenisch ist Professor für Europäisches Theater am Forschungszentrum European Theatre Research Network (ETRN) der University of Kent (Canterbury, Grossbritannien) und Fellow am Forscherkolleg *Interweaving Performance Cultures* der FU Berlin. Forschung zu methodischen Aspekten von Schauspielregie sowie der politischen Ästhetik des Gegenwartstheaters. Jüngste Buchveröffentlichungen: *Directing Scenes and Senses: The Thinking of Regie* (2015) sowie das gemeinsam mit Thomas Ostermeier verfasste *The Theatre of Thomas Ostermeier* (2016).

Miriam Dreysse

Die habilitierte Theaterwissenschaftlerin unterrichtet an der Universität der Künste Berlin und der Universität Hildesheim. Zu ihren Schwerpunkten in Lehre und Forschung gehören zeitgenössisches Theater und Performance, Gender Theorie und Geschlechterkonstruktionen in den darstellenden Künsten. Publikationen (Auswahl): *Mutterschaft und Familie. Inszenierungen in Theater und Performance* (2015); *Experten des Alltags. Das Theater von Rimini Protokoll*, hrsg. mit Florian Malzacher (2007); *Szene vor dem Palast. Die Theatralisierung des Chors im Theater Einar Schleefs* (1999).

Anne Fournier

Anne Fournier a suivi des études de Lettres à l'Université de Lausanne. Elle rejoint ensuite l'Université de Paris 3 pour y effectuer un diplôme d'études approfondies en Arts de la scène. Elle a travaillé comme correspondante à Zurich pour le quotidien *Le Temps* (2004–2014), puis pour la Radio Télévision Suisse (2014–2017). Cette année, elle a été nommée correspondante à Paris pour la Radio Télévision Suisse (RTS). Depuis 2010 elle est co-présidente de la Société suisse du théâtre et depuis 2014 membre du jury fédéral de théâtre.

Paola Gilardi

Paola Gilardi è redattrice responsabile della collana *MIMOS. Annuari svizzeri del teatro.* È pubblicista e corrispondente freelance da Berlino per la Rete Due della Radiotelevisione svizzera (RSI). Si è laureata in Germanistica, Italianistica e Scandinavistica a Basilea e ha insegnato in seguito presso le Università di San Gallo e Friburgo e presso l'Università delle scienze applicate di Zurigo (ZHAW). In ambito teatrale ha collaborato a vari progetti, fra cui il *Dizionario teatrale svizzero* (2005). Dal 2001 è membro del Comitato direttivo della Società Svizzera di Studi Teatrali e dal 2017 fa parte del Consiglio di fondazione dell'Archivio svizzero delle arti della scena (SAPA) di Berna.

Marcy Goldberg

Marcy Goldberg ist in Montréal, Kanada, aufgewachsen. Sie hat Film- und Kulturwissenschaft in Toronto studiert und wohnt seit 1996 in Zürich. Sie arbeitet als selbständige Medienberaterin, Dozentin, Publizistin und Übersetzerin. Seit 2008 ist sie regelmässiger Gast in der Radio-Talksendung *Kultur-Stammtisch* auf SRF4 News.

Andreas Klaeui

Andreas Klaeui ist Theaterkritiker und Redakteur beim Schweizer Radio SRF 2 Kultur. Bis 2008 war er verantwortlicher Redaktor von *du – Die Zeitschrift der Kultur.* Seine Texte erscheinen ausserdem in den Fachpublikationen *nachtkritik.de* und *Theater heute.* Seit 2017 ist er in der Auswahljury des Berliner Theatertreffens zuständig für die Schweiz und Mitglied im Vorstand der Schweizerischen Gesellschaft für Theaterkultur.

Thomas Ostermeier

Thomas Ostermeier ist Regisseur und seit 1999 Künstlerischer Leiter der Schaubühne am Lehniner Platz in Berlin. Er zählt zu den einflussreichsten zeitgenössischen Theaterregisseuren, dessen Inszenierungen weltweit gastieren. Nach dem Regiestudium an der Hochschule für Schauspielkunst «Ernst Busch» erlangte er ebenso durch die Entdeckung neuer Dramatik wie für seine sozialkritischen Inszenierungen klassischer Dramen einen internationalen Bekanntheitsgrad. Mehrere seiner Regiearbeiten wurden zum Berliner Theatertreffen eingeladen. 2004 wurde Thomas Ostermeier zum *Artiste Associé* des Festivals d'Avignon berufen, wo er seitdem mit seinen Produktionen regelmässig vertreten ist. 2011 wurde er mit dem Goldenen Löwen der Biennale Venedig für sein Lebenswerk ausgezeichnet. 2015 folgte die Ernennung zum *Commandeur des Arts et des Lettres* vom französischen Kulturministerium. Für seine Verdienste um das europäische Theater wurde ihm 2016 die Ehrendoktorwürde der University of Kent verliehen.

Milo Rau

Milo Rau studierte Soziologie, Germanistik und Romanistik in Paris, Berlin und Zürich, u. a. bei Pierre Bourdieu und Tzvetan Todorov. Seit 2002 realisierte und veröffentlichte er über 50 Theaterstücke, Filme, Bücher und Aktionen. Seine Produktionen gastieren weltweit und werden regelmässig an namhafte Festivals wie das Berliner Theatertreffen, das Festival d'Avignon oder das Kunstenfestivaldesarts in Brüssel eingeladen. Milo Rau ist künstlerischer Leiter der Theater- und Filmproduktionsgesellschaft IIPM – International Institute of Political Murder, die er 2007 gründete. Er wurde mit zahlreichen Auszeichnungen, darunter 2014 mit dem Schweizer Theaterpreis und 2017 mit der Saarbrücker Poetikdozentur für Dramatik und dem 3sat-Preis, geehrt. Sein Stück *Five Easy Pieces* (2016) wurde von der Kritikerumfrage der Zeitschrift *Theater heute* als beste Inszenierung des Jahres ausgewählt, und für dieselbe Regiearbeit hat die Kritikerumfrage der Deutschen Bühne Rau als Schauspielregisseur des Jahres 2017 erkoren. Ab der Spielzeit 2018/19 übernimmt Milo Rau die Intendanz des Nationaltheaters in Gent (Belgien).

Seraina Rohrer

Seraina Rohrer studierte Filmwissenschaften, Publizistik und Informatik an der Universität Zürich und promovierte u. a. an der University of California (UCLA) zum Thema *Transnationale Low-Budget-Filme* mit Fokus auf Mexiko und den USA. Seit 2011 ist sie Direktorin der Solothurner Filmtage. Sie ist zudem als Journalistin und Dozentin tätig. Im Jahr 2005 lancierte sie einen Netzwerk-Masterprogramm im Bereich Film an unterschiedlichen Schweizer Universitäten und Fachhochschulen, darunter die ECAL (Lausanne), die HEAD (Genf) sowie die ZHDK (Zürich). Von 2003 bis 2009 leitete sie das Pressebüro des Filmfestivals Locarno. Sie ist Mitglied des Stiftungsrates der UBS Kulturstiftung sowie des Erbprozents Kultur und hat Einsitz in zahlreichen Jurys.

Yvonne Schmidt

Yvonne Schmidt ist Dozentin und Leiterin des SNF-Forschungsprojektes *DisAbility on Stage* am Institute for the Performing Arts and Film der Zürcher Hochschule der Künste ZHDK. Sie studierte Theaterwissenschaft und Komparatistik in Mainz, Paris und Bern und promovierte über nicht-professionelle Darsteller im Gegenwartstheater an der Universität Bern. Ihre Schwerpunkte umfassen Schauspieltheorie, Performance und Disability Studies sowie praxisorientierte Forschung mit Theater, Tanz und Film. Seit 2017 ist sie Vorstandsmitglied der Schweizerischen Gesellschaft für Theaterkultur.

Barbara Villiger Heilig

Barbara Villiger Heilig hat Romanistik an der Universität Zürich und der Università di Pavia studiert und war ausserdem Fellow am Istituto Svizzero di Roma. Nach beruflicher Tätigkeit an Gymnasien (Sprachunterricht), in Verlagen (Lektorat) und als Freelance-Journalistin für Zeitungen und Radio ist sie 1991 in die Feuilletonredaktion der *Neuen Zürcher Zeitung* (Schwerpunkte: Romanistik und Sprechtheater) eingetreten. Daneben unterrichtete sie an der Universität und an der Volkshochschule. Während 25 Jahren hat sie die nationale und internationale Theaterszene beobachtet und schreibend begleitet.

David Wegmüller

David Wegmüller studierte Germanistik und Journalistik in Fribourg und Trieste. Er arbeitet als freier Autor und Übersetzer. Seit 2006 ist er bei den Solothurner Filmtagen in verschiedenen programmlichen und redaktionellen Funktionen tätig, aktuell als Kurator der Retrospektiven.

Andreas Wilink

Nach dem Studium der Germanistik, Geschichte und Kunstgeschichte begann Andreas Wilink Anfang der 1980er Jahre mit dem journalistischen Schreiben. Fünfzehn Jahre lang war er als Kulturredakteur bei der in Düsseldorf erscheinenden *Westdeutschen Zeitung* für die Ressorts Film und Theater zuständig. Danach war er Redakteur im Feuilleton der *Süddeutschen Zeitung*. Seit 2003 leitet er als einer der Mitbegründer das nordrhein-westfälische Kulturmagazin *k.west*. Sechs Jahre lang gehörte er der Jury des Berliner Theatertreffens an. Er schreibt als Autor u. a. für *Theater heute*, *nachtkritik.de* und den Westdeutschen Rundfunk.

Caroline Wloka

Caroline Wloka arbeitet seit über zehn Jahren als Produzentin und Regisseurin für diverse Film-, Werbe-, Image-, Theater- und TV-Produktionen. Seit 2016 ist sie Inhaberin der Filmproduktionsfirma Cine Royal Productions GmbH in Zürich. Sie studierte Theater-, Film- und Medienwissenschaft an der Universität Wien mit Schwerpunkt Regie und promoviert derzeit an der Filmuniversität Babelsberg «Konrad Wolf» in Potsdam zum Thema *Performatives Realitätsfernsehen zwischen Inszenierung und Authentizität*. Buchpublikation: *Spielende Seelen. Untersuchungen zur Schauspielkunst in Theater und Film* (2014).

Übersetzer / Traducteurs / Traduttori / Translators

Übersetzungen ins Deutsche
Andreas Klaeui

Traductions en français
Ariane Gigon (entretien avec Ursina Lardi, contribution de Milo Rau, résumés)
Dorine Kouyoumdjian (contribution de Peter M. Boenisch, préface de Thomas Ostermeier, résumés)
Pierre Lepori (entretien avec Romeo Castellucci)

Traduzioni in italiano
Paola Gilardi

English Translations
Michael Craig (conversation with Ursina Lardi, contributions of Peter M. Boenisch and Milo Rau, abstracts)
Roy Sellars (introduction by Anne Fournier, preface by Thomas Ostermeier)
Francesca Ferrando (conversation with Romeo Castellucci)

Übersetzungen der Rede von Bundesrat Alain Berset und der Laudatio der Jury
Sprachdienste des Eidgenössischen Departements des Innern (EDI)

Danksagungen / Remerciements / Ringraziamenti / Acknowledgements

Das Herausgeberteam bedankt sich herzlich bei Herrn Bundesrat Alain Berset, beim Künstlerischen Leiter der Berliner Schaubühne, Thomas Ostermeier, und bei allen Autorinnen und Autoren für ihre Texte sowie bei Romeo Castellucci, Jürgen Flimm, Michael Haneke und Volker Schlöndorff für die Interviews. Ein grosses Dankeschön gebührt der Preisträgerin Ursina Lardi, Claudia Rosiny vom Bundesamt für Kultur und Angelica Scholze vom Verlag Peter Lang für ihre wertvolle Unterstützung. Dank gilt auch den Übersetzerinnen und Übersetzern sowie Delphine Abrecht, Martina Albertini, Sylvie Jeanneret, Roy Sellars und Lisa Stearns für die akkurate Korrektoratsarbeit. Sehr verbunden sind wir den Fotografinnen und Fotografen und den Filmproduktionsfirmen für die Bereitstellung ihrer Bilder.